# 大宋最官场

## 权力博弈的玄机 官场起落的门道

叶之秋——著

中国发展出版社
CHINA DEVELOPMENT PRESS

**图书在版编目（CIP）数据**

大宋最官场/叶之秋著. —北京：中国发展出版社，2013.9
ISBN 978-7-80234-923-0

Ⅰ.①大…　Ⅱ.①叶…　Ⅲ.①官制—中国—宋代—通俗读物
Ⅳ.①D691.42-49

中国版本图书馆CIP数据核字（2013）第071869号

**书　　名：** 大宋最官场
**著作责任者：** 叶之秋
**出 版 发 行：** 中国发展出版社
（北京市西城区百万庄大街16号8层　100037）
**标 准 书 号：** ISBN 978-7-80234-923-0
**经　销　者：** 各地新华书店
**印　刷　者：** 北京科信印刷有限公司
**开　　本：** 700mm×1000mm　1/16
**印　　张：** 20
**字　　数：** 270千字
**版　　次：** 2013年9月第1版
**印　　次：** 2013年9月第1次印刷
**定　　价：** 38.00元
**联 系 电 话：**（010）68990642　68990692
**购 书 热 线：**（010）68990682　68990686
**网 络 订 购：** http：//zgfzcbs.tmall.com//
**网 购 电 话：**（010）68990639　88333349
**本 社 网 址：** http：//www.develpress.com.cn
**电 子 邮 件：** fazhanreader@163.com

---

# 自序

## 权力的玄机

我并非官员，也不向往官场，可是却经常写一些官场文字。朋友曾经嘲笑说，你这是意淫，现实中得不到，于是在文字的世界潇洒一回。我笑笑，不反驳。

我喜欢历史。中国的历史很长，记述历史的著作也很多，从《史记》《汉书》到《清史稿》，煌煌“二十五史”，说穿了，就是一部“官”史。史传当中人物众多，职业众多，自然不限于官。可是，淡泊名利的真隐士少，渴求富贵的假隐士多。僧人道士，方外之人，本应该不受世俗影响吧。《水浒》相国寺知客僧介绍，大相国寺职事僧人分三等，上等如首座、都寺、监寺、院主，掌管人事财政大权，非大功业不能得到；中等如殿主、阁主、化主、浴主，那也是部门领导，要数十年修行方可；下等如塔头、饭头、茶头、菜头，这些都是具体管事人员。知客告诉鲁智深，若非因为有领导推荐信，想当最低等的菜头也没资格呢。

原来，官场在我们的世界已无处不在。只要有人的地方，必定有官；只要有官的地方，就会形成官场。生活中我们还会说到“气场”“电场”，官场与之相比也有种相似之处，总在不知不觉中将人们吸引。在官场的强大魔力之中，人总是不知不觉在变，于是有许多人慨叹，“人在官场，身不由己”。

究其原因，则是权力在作怪。

权力是什么，很难定义。但有许多故事，已经将权力的玄机蕴含其间。

说个宋太祖的小故事。宋太祖喜欢打猎，可又不愿听御史唠叨，就躲在御花园中用弹弓打鸟玩。不想还是被一个御史打听到了。御史不高兴了，身为皇帝，怎么能玩物丧志呢。御史告诉宦官，自己有要事禀奏皇帝。宋太祖也不高兴，可还是出来接见了御史。不料御史说的都是些鸡毛蒜皮的小事。宋太祖大怒，你这不是玩我吗！挥起手上的玉如意就砸了下去，把御史的牙齿砸掉几颗。御史没有害怕，他趴下身子把掉落的牙齿捡起揣到怀中。宋太祖奇怪了，莫非你小子还想到哪里告我吗？御史摇摇头，说，我当然没有地方告您，可是史官会如实记载这件事情。宋太祖听后改换脸色，扶起御史，赏赐御史一些丝帛，算是补偿。

当宋太祖得知自己被戏弄时，断然出手，打掉御史门牙，就因宋太祖手握权力。所谓官员，就是握着大大小小权力的人。只要有权力，就可以超越一般人，甚至超越一般官。一旦有了权力，就可以耍弄威风，轻则打落门牙，重则砍人脑袋。那他人为什么不敢反抗呢？拥有权力的人，不仅仅是拥有一个印章，一个官名，同时必须拥有或者赐予或者剥夺他人财物权力的能力。否则的话，官就是伪官。可还有一个原因，历史上有极少的另类是不在乎富贵不在乎官职的，但他们依然在乎名声，依然在乎影响。于是，雷霆雨露，均为君恩。千百年来，无数英雄尽为权力折腰。

不过，就算是位高权重如宋太祖之流，也并不能横行无忌。除却朝廷与官员之间的利益纠葛，皇帝很多时候也要借助大臣的力量。还有一样是宋太祖不得不遵从的东西，那就是史官的力量。史官本人身份卑微，宋太祖可以像捏死一只蚂蚁一样处死史官。不过史官所代表的千古以来的道德舆论、礼仪规范，却又并非权力所能控制。

权力源自利益又产生利益，道德却能够超脱利益，于是，历史对一个人物的评价往往和现世的荣华衰颓无关。只是，真正的有道君子永远都是少数，道德的力量也过于虚空。舆论常常为权力所掌控，成为当权者追逐更大权力的一个筹码。

我写官场，本意是想写出苍白历史文字背后不同人物的悲欢离合、爱恨情仇，写出在激烈官场争斗中不同的人性，或者高贵或者丑陋。我的文字多体悟人物内心，虽然有几分主观臆断，却也可能是一种真实。当然，才力有限，或有许多蒸不透嚼不烂分析不到位的地方，也请读者多多包涵。

我非名人，读者能在万千著作中挑到拙文，在读者是偶然，在我是幸运。若读者能在阅读之后偶有所得，便是我最大的安慰。

是为序。

叶之秋书于秋雨轩

2013年7月15日

# 目 录

## 第一章 上 位

## 第二章 保 身

## 第三章 御 下

## 第四章　内　斗

## 第五章 禁 忌

## 第六章　潜规则

# 第一章 上位

- 『老实』的度
- 炒作与政绩的默契
- 时机在一句话之间
- 谎言的三个境界
- 『新』与『心』
- 『退』的哲学
- 婚姻这副官场牌
- 低调不是被动式
- 行走在『情』与『法』之间
- 认死理是种勇气

# “老实”的度

晏殊，真宗、仁宗朝重臣，范仲淹、富弼、欧阳修等名臣皆出其门下。

“老实为官，老实做事”，让晏殊青云直上，不过“老实”不足以让其在官场的斡旋里自持，而有选择的“老实”之道为其换取了无尽的荣光，但同时也让“老实人”晏殊迷失。最终，其官路倒在了其丢失的“老实”本性上。

## “老实”之福

晏殊曾经是个老实人。老实人当然常说老实话。

晏殊很牛，七岁时就有神童之名，十四岁时由两度为相的张知白大人郑重推荐，宋真宗特许，直接参加皇帝亲自主持的殿试。晏殊小小年纪，在众目睽睽之下，气定神闲，举止有度。题目下发之后，晏殊主动起身，说：“臣十日前已作此赋，乞别命题。”宋真宗一听很高兴。一般人见到考题是自己写过的，肯定心里偷着乐，而晏殊竟然将此说出来，可见晏殊之老实。于是，宋真宗单独命题，让晏殊写来。晏殊毫无迟疑，一挥而就，文章既快又好，令群臣赞叹不已。宋真宗更是高兴，当场赐晏殊同进士出身，到秘书省（国家史馆）任职。老实人晏殊的前途一片光明。

晏殊才思敏捷远过常人，确实值得嘉许，不过更让宋真宗满意的还是晏殊的老实。一个官员，如果能够有一说一，对上不隐瞒，对下不欺骗，自然能够成为一个勤政爱民的好官，自然能够成为忠心不二的好下属。宋真宗的高兴，颇有道理。

宋真宗对晏殊很关注，经常私下里派人去了解晏殊的行为，看看他是不是真的那么老实。当时的一些秘书省官员，在工作之余经常在家中搞聚餐，有时候还跑到外面的酒楼上歌舞享乐，风气很是不好。可是，晏殊与众不同，经常待在家里，和几个兄弟一起读书学习。宋真宗看在眼里，记在心上。

之后，宋真宗给太子赵祯（日后的宋仁宗）选择东宫的辅佐官员，特意挑选了晏殊。宰相们对此搞不懂了，就请示皇帝。宋真宗说，近来朕听说馆阁中的一些臣子们闲暇时间没有不参加宴饮游乐的，唯独晏殊闭门读书。这样严谨厚重的人，就应该在东宫辅佐太子啊。看来，晏殊的“谨厚”，和之前应对的坦诚，前后一致，都是老实人的优良作风，让宋真宗很满意。

等到晏殊接到任命之后，进宫谢恩，宋真宗当面对其说起越级提拔晏殊的原因，褒奖晏殊要继续踏实做人，老实为官。没想到晏殊竟然下跪，说：“臣非不乐燕游者，直以贫无可为之具。臣若有钱，亦须往。”面对皇帝的褒奖，晏殊没有默默承认，而是宣称自己没有皇帝说的那么高尚，自己之所以闭门读书，并非由于什么严谨厚重，而是自己太穷了，没钱请吃请喝。要是自己有钱，早就去啦。宋真宗听后，看了晏殊很久，心中更是高兴：像晏殊这样老实的人实在难得！

宋真宗晚年，把晏殊安排在少年宋仁宗身边，并且多番交代皇后刘娥，要好好考察晏殊。晏殊步步高升，三十来岁就参与中央决策。宋真宗有什么疑难问题，经常用很小的纸片写下问题，交给晏殊，而晏殊也将自己的答案细细写下，并将皇帝的纸片原样封好，一起送回，以免泄密。朝廷上下都认为晏殊必然大用，拜相是早晚的事情。

## “老实”之惑

可是，人总是会变的，尤其是一个人身在权力场，面对权力、名利的诱惑的时候，就更容易改变心志。那么，老实人晏殊有没有继续保持自己的老实作风呢？很遗憾，没有。改变晏殊做人为官风格的原因有很多，有一件事情很关键。

那时候，宋真宗的身体已经很不好了，朝廷内外风声鹤唳，许多宰臣们都惶惶不可终日。他们都知道，宋真宗驾崩前后，必然会有大的人事变动，而早一点知道消息，就可以早做准备。于是，各位大臣八仙过海，各显神通，用尽各种手段打探皇帝的意图。宋真宗则严防死守，严禁皇宫内外私自传递消息。

一天，宋真宗勉强起身，写好了一封密诏，然后招呼来人。宋朝时候，皇帝身边负责起草诏令传达旨意的秘书班子分为两批，以翰林学士身份担任知制诰的称之为内制，以其他官职担任知制诰的称为外制。那一天值班的内制官员刚好不在，晏殊当时是外制官员，却被传唤太监误宣入殿。晏殊一看是任免朝臣的重要诏令，急忙说："臣是外制，不敢越职。"宋真宗点点头，下令传召翰林学士入宫。晏殊跪着没有起来，说："臣恐泄漏，请止宿学士院。"晏殊为了表示清白，主动请求晚上睡在宫内的翰林学士院，绝不外出，以保证消息不会泄密。宋真宗脸色铁青，点点头，没有多说。等到第二天清早，晏殊打听到皇帝果然下诏任免宰臣，但是名单却和昨晚自己见到的全部不同。晏殊胆战心惊，"深骇之而不敢言"，心中有千万疑问，可是对谁也不敢说。

宋真宗为什么要调换名单呢？晏殊不是说了晚上会在翰林学士院不会出宫，不会泄露消息吗？原因只有一个，就算晏殊再怎么保证，宋真宗也根本不相信他。身在官场，权力争斗瞬息万变，尤其是在宋真宗驾崩前后，就算是对关系最亲密的皇后刘娥，宋真宗也会留一手，更不要说对臣子晏殊了。

而晏殊，在经历了这场风波之后，也意识到了信任的危机。老实为官，说老实话，做老实事，真的能够让领导满意吗？真的能够让自己在风云变幻的官场继续生存下去吗？不知不觉，晏殊在逐渐改变自己行事的风格。有时候，老老实实说自己的真心话，远不如说领导愿意听到的“老实话”来的实在。

## “老实”是个选择项

之后，宋真宗去世，年幼的宋仁宗即位，皇太后刘娥执政，晏殊官职一路升迁。晏殊这个老实人，说话做事越来越艺术，也学会了玩太极、打埋伏，光挑漂亮话来说了。

晏殊为官多年，提拔了许多人才，比如说名臣范仲淹、富弼。这两人都是晏殊从微末小吏一手提拔起来的心腹，富弼更是成为晏殊的女婿，关系自然亲密。

范仲淹进入官场时，官职很小，但口气很大，曾经向宰相上万言书，对朝廷政策的不足之处大加批驳。宰相王曾看了很高兴，觉得范仲淹很了不起。当时，晏殊有一个出任国史馆（宋代中央高官多出自馆阁）的推荐名额，可是晏殊却没有推荐范仲淹。宰相王曾奇怪了，就说:“公知范仲淹，舍而不荐，而荐斯人乎？已为公置不行，宜更荐仲淹也。”意思是说，你晏殊不是很了解范仲淹吗？为什么不推荐了解的范仲淹，却推荐别人呢？王曾更表示，晏殊你提出的推荐信我已经替你压下来了，你还是改一改，推荐范仲淹吧。晏殊一看宰相王曾都说话了，只能听从，就推荐了范仲淹。

那么，晏殊为什么把范仲淹带入官场，却不让范仲淹进入中央呢？很简单，就是因为范仲淹是个炮筒子、直肠子，看到一些不符合自己心意的事情就要说出来。当年在地方为官，晏殊还可以保住范仲淹，可是身在朝廷，晏殊自顾不暇，万一被范仲淹牵连，那就划不来了。

果然，不久之后，皇太后刘娥暗示礼部官员商定礼仪，要穿戴天子的冠冕去祭拜太庙，还要求天子率领百官在大殿为皇太后刘娥贺寿。范仲淹听到消息，公开上奏此举违背祖制绝不可以。晏殊知道消息后非常害怕，把范仲淹叫来狠狠骂了一顿，说范仲淹实在太狂妄。是啊，皇太后刘娥执政十年，俨然女主，只是没有正式登基罢了。现在自己推荐的人竟然公开对抗刘太后，后果不堪设想。可范仲淹怎么说？范仲淹端正脸色，说："仲淹受明公误知，惧不称，为知己羞，不意更以正论得罪于门下也。"意思是我范仲淹能够受到老领导的推荐，心中经常担心不称职，让老领导丢脸，没想到我竟然会因为说一些正直的言论而让老领导批评。范仲淹委屈，委屈之余又对晏殊有点鄙视，这是当初提拔自己的晏殊吗？晏殊听后，"惭无以应"，很愧疚。

不过，愧疚归愧疚，现实就是这么残酷。不久之后，范仲淹因为对刘太后大不敬被宋仁宗贬斥，而作为推荐人的晏殊自然也被贬。晏殊当日的担忧终于成真。

不过，人世间福祸难定。正是因为范仲淹这么一搞，反倒为范仲淹和晏殊带来了之后十多年的官运。转过年来刘娥去世，宋仁宗亲政。亲政之后，宋仁宗开始清除太后势力，培植自己的心腹，当初公开反对皇太后刘娥的范仲淹和晏殊自然受到重用。结果，晏殊四十岁出头就入阁，担任副宰相。

官职变大了，晏殊也变得更加圆滑了。

晏殊当副宰相不久，朝廷和西夏就爆发大战，和辽国也摩擦不断。北宋的基本国策是和辽国和谈，和西夏动兵。辽国看到北宋忙于和西夏作战，无力北顾，趁机提出希望北宋割让十个县代替以往的岁币的要求。富弼出使辽国，对其严词拒绝，说："北朝既以得地为荣，南朝必以失地为辱。兄弟之国，岂可使一荣一辱哉？"富弼的应对很是得体，既顾全了辽国的颜面，又不失大宋的国格，并且强调，唯独如此，才可以维系兄弟之国的情谊，这是对彼此都是有利的事情。可是，当时辽国皇帝没有立刻签署国书，只是作出了继续接纳岁币的口头承诺。等到富弼回到北宋，看到辽国递交的国书上，称呼北宋给辽国岁币为"献"，明显是把北宋当成下属藩国。富弼于是再次出使辽国，坚持不能用这个具有侮辱性的词语。可是辽国皇帝的态度非常强硬，说，就算是不用“献”字，也必须用“纳”字（纳，依然是藩国对宗主国的关系），并且以武力威胁。富弼据理力争，毫不退让。辽国皇帝无可奈何，答应再派使者，更改国书。可是，等到富弼回来之后，北宋的宰相们竟然签署了北宋“纳币”的国书。富弼辛苦获得的胜利，被当时担任宰相的吕夷简一笔抹杀。

富弼很生气，禀告皇帝：“政府如此，欲置臣于死地。臣死不足惜，如国事何？”确实，富弼本来取得了外交的胜利，可转过身来宰相吕夷简却接受了侮辱性的国书。富弼说，个人的生死事小，大宋的荣辱事大，事关国体，怎么能够做出如此丧权辱国的事情呢？宋仁宗原本没有注意到这个问题，听富弼一说，很是重视。北宋虽然和辽国兄弟相称，但是一直是平等相待，绝非臣属关系。宰相吕夷简慌了，争辩说自己估计是一时笔误，一定会让辽国再做修改。这时候，宋仁宗说：“枢使晏殊何如？”当时，晏殊升任负责全国军事的枢密使，他的意见非常重要。晏殊说：“夷简决不肯为此，诚恐误尔！”晏殊竟然将吕夷简的重大错误认定是一时笔误，并且语气比吕夷简本人还要肯定。这一下富弼火了，说：“晏殊奸耶？党夷简以欺陛下。”要知道富弼和晏殊是女婿和岳父的关系啊。连富弼都看不过晏殊，认为他对待如此严重的外交问题，竟然阿附吕夷简，看吕夷简脸色说话，完全丧失了一个最高军事长官应该有的公正。

当年敢于直抒胸臆、老实为官的晏殊已经不见了，为官多年的晏殊早就修炼成一身铜皮铁骨的工夫。要想在官场屹立不倒，那就要依靠权门。晏殊虽然是枢密使，可是吕夷简却是统管军政的宰相，官更大，权更重。揣测领导意图，说领导想听的话，就算歪曲事实，也要维护小集团的利益，慢慢成为“老实人”晏殊做官的原则。

## 成也“老实”，败也“老实”

晏殊五十来岁的时候正式拜相，多年媳妇熬成婆，终于也到了只需看皇帝一人脸色的高位了。可是为相两年之后，他却因为一件陈年旧事被宋仁宗罢官了。

宋仁宗的生母本是李宸妃，可是，嫡母刘娥从小将宋仁宗抱养，一直到刘娥去世，宋仁宗也不知道自己生母是谁。在皇太后刘娥去世的同年，李宸妃先几个月去世，当时由晏殊负责撰写墓志铭。晏殊的墓志铭中只提到了李宸妃曾经生养了一个公主，完全没提生了宋仁宗的事情。多年之后，蔡襄把这件事情翻了出来，说晏殊身为侍从，当然了解真相，可是却歪曲事实，罔顾真相。宋仁宗大怒，很是恼恨晏殊。当然，也有其他大臣为晏殊说情，他们认为晏殊也是无奈，当时皇太后临朝，根本不能容忍晏殊说出真相。毕竟，连皇帝老子也是在皇太后刘娥去世之后才知道自己的生母是谁嘛。

可是，宋仁宗于理智上可以理解，于感情上却不能接受。晏殊为什么不能像范仲淹、富弼等大臣据理力争，甚至以死相拼呢？当年宋真宗高度赞许的老实人晏殊哪里去了呢？

宋仁宗终究把晏殊贬到了地方当官。之后的十来年，晏殊虽然几度起落，却再也无缘中央。一旦皇帝对晏殊做人的准则都产生了怀疑，晏殊要想再获得信任，实在比登天还难。

# 炒作与政绩的默契

滕子京，仁宗朝官员，与范仲淹同科进士，因范仲淹的《岳阳楼记》而为世人所知。

“炒”政绩让贬官滕子京迅速完成形象再造，但滕子京的“炒”之妙处，在于能在“炒”之“虚”、“实”之间找到一个契合点，让炒作与政绩二者达成一个平衡。有此一悟，其升迁自然水到渠成。

范仲淹的《岳阳楼记》流传千古，“庆历四年春，滕子京谪守巴陵郡（岳州古称）。越明年，政通人和，百废俱兴，乃重修岳阳楼。”范仲淹的笔下，后人的心中，岳州知州滕子京是个勤政务实、政绩卓越的好官。可是，当了解历史之后，人们却将发现，这一切或许只源于滕子京的精湛炒作。

## 贬谪之伤

滕子京，本名滕宗谅，字子京。此人和范仲淹同科考中进士，担任州县级地方长官多年，多次被纪检部门弹劾，可谓官运蹭蹬。那么，在庆历四年春，滕子京为什么被贬到巴陵郡（岳州）呢?

之前，滕子京曾经担任泾州知州，因防御西夏入侵有功，升迁为庆州知州。到任不久，纪检官员就弹劾滕子京在泾州担任知州之时，滥用公款十六万贯（约合五千万元）。（在讨论古代货币的时候通常会有一个假设：一两黄金=十两白银=十贯铜钱=一万文铜钱。在不同时期，价格会有不同，通常以米价作为基准，进行大约核算。在大米基准上，大约一两白银为三百元人民币）朝廷派出专案组前往调查，滕子京提前收到消息，竟然把有关的财物档案、人员名单一把火全部烧光，搞得专案组查无可查，无功而返。

滕子京这样做，无疑是此地无银三百两，纪检官员对其更揪住不放。宋仁宗听到汇报，龙颜大怒，滕子京玩忽职守、藐视国法竟然到了如此地步，就算杀头也不为过！

幸亏担任参知政事（副宰相）的范仲淹和担任翰林学士（皇帝贴身秘书）的欧阳修一力求情，反复申辩所谓的十六万贯公款，其实是当时每月发给泾州驻军的军费总数。滕子京在泾州防御战胜利之后，为了犒赏有功之臣确实从军费中挪用了一部分做招待费，但花费不过是三千贯（约九十万），数额不算很多。至于滕子京烧毁证据，或许是因为滕子京不想牵连到其他人。

宋仁宗一贯敬重范仲淹和欧阳修，既然两位大臣极力求情，宋仁宗也不好太驳两人的面子。于是宋仁宗只是把滕子京降一级调用。可纪检部门认为资料已经被滕子京销毁，范仲淹、欧阳修等人所说并无实据，仅仅听一面之词，一场泼天贪污巨案只贬官一级了事，实在有损国法威严，便宜了滕子京。于是，在这样的情况下，滕子京再次降级，来到了岳州担任知州。

## “炒”与形象再造

滕子京在岳州为官的时间并不长，前后不过三年，之后就再次升官，其重修岳阳楼一事也只是在滕子京到达的第二年（越明年）。那么，在这短短一年时间，滕子京到底做了什么，竟然使得偌大的岳州“政通人和，百废俱兴”？

据时人笔记和岳州地方志可以知道，滕子京这一年最主要的功绩是修建了岳州学官，为地方教育作出了一定贡献。可是，仅仅是修建学官，让人们可以更多地了解文化，让读书人有了个进身之道，距离“政通人和，百废俱兴”实在有些遥远。

为什么范仲淹会睁着眼睛说瞎话，把修建学官这一项功劳就夸大成“政通人和，百废俱兴”的了不起的政绩了呢？原来，范仲淹本人在写作《岳阳楼记》之前，并没有到岳州进行实地考察。范仲淹对滕子京为政情况的了解，大都来自滕子京的精心炒作。

滕子京在上任之初，面对岳州干部，慷慨激昂地描绘了一幅美丽的岳州蓝图。滕知州表示，在未来的几年，岳州领导部门将集中力量做好三件事：其一，修建学官，彻底解决青年学子读书难的问题；其二，修建岳阳楼，弘扬先贤遗风，让岳阳楼成为岳州城的标志性建筑；其三，在洞庭湖畔修建偃虹堤，彻底解决为祸千年的水患问题。滕知州的一番话，让岳州的干部百姓热血沸腾。很快，滕子京被贬岳州却不计私利，一心扑在百姓身上的伟岸形象就广为流传，连身在中央的范仲淹也多有耳闻。

## 政绩是硬道理

在王安石的《涑水记闻》中还记载了滕子京使用非常手段筹集修建岳阳楼款项的事情。

岳阳楼虽然是重建，可是规模比之前大了许多。岳州本不富庶，朝廷也不会拨公款修建一个毫无实际作用的楼阁。一般官员会朝老百姓摊派，搞所谓的集资，可滕子京没有。滕子京张贴榜文，告诉百姓，民间凡是有人欠债不还的，由官府出面督促，追缴回来的欠款充公，并给有关百姓精神鼓励。那些有烂账的老百姓想着反正欠款也讨要不回来，不如送给知州大人做个人情，于是纷纷献上债券，由滕子京亲自带队到处讨债。岳州一把手上门讨债，谁敢不给？于是，几个月下来，要到的烂账竟然将近万贯（约合三百万元）。滕子京在知州衙门旁边开了一个小金库，其讨回的欠款一律不入财务，统统由滕子京本人亲自掌握。据王安石估计，追讨的总数远不止这个数目，滕子京本人侵吞的应当很多。可当地的官员百姓却没有过多计较，反倒觉得滕知州不花公款，不搞摊派，只是用点手段，捞点油水，完全可以接受，并认为滕知州太能干了！

这件事情自然也传到了范仲淹耳中。范仲淹有些担心，他知道这位老友为官确实是一把好手，就是在用钱方面大手大脚，此前就因为经济问题受到纪检部门的查处，现在竟然还大搞工程建设，朝廷的那些人可还都盯着滕子京呢。不过，滕子京既没有动用公款，也没有搞摊派欺压百姓。据说百姓对其举还很高兴，认为藤知州很能干。既然如此，纪检官员也只能够干瞪眼了。

## “实炒”与“虚炒”

在岳阳楼即将建成的时候，滕子京派人把自己对于修建岳阳楼的种种意义，以及治理岳州的三步走整体方案告诉了范仲淹，邀请老友给岳阳楼写篇文章。对滕子京被贬，范仲淹心中一直有些歉意，在可能的情况下，范仲淹想帮滕子京一把。纪检部门对滕子京修建岳阳楼颇有微词，范仲淹心中也有些疑惑，可是看到滕子京送来的报告，范仲淹放心了。加上范仲淹少年时期在洞庭湖畔生活过一段时间，对岳州确实有些感情。于是范仲淹遥想洞庭风光，写下了文辞灿烂的《岳阳楼记》。文中，范仲淹开篇就告诉大家，滕知州修建岳阳楼，并非是虚耗民力搞形象工程，而是在“政通人和，百废俱兴”的前提下，修建岳阳楼，复兴岳州文化，弘扬儒家精神。

老友范仲淹的这篇文章，大大提升了岳州城的知名度，使得岳阳楼成为中华大地上的三大名楼之一，而滕子京本人，也被定位为“岳州史上最优秀的一把手”。“先天下之忧而忧，后天下之乐而乐”，仿佛说的就是他滕子京滕大人。

用完老友范仲淹之后，滕子京又找到另一个铁杆欧阳修。他派遣得力手下前往京城，劝说欧阳修为岳州偃虹堤写一篇文章。欧阳修比较谨慎，详细询问来人。滕子京的准备工作确实做的很细，手下递给欧阳修滕知州对修建偃虹堤写出的考评报告。后来，欧阳修在其文《偃虹堤记》详细记载了滕子京对大堤的规划："长一千尺，高三十尺，厚加二尺，而杀其上得厚三分之二，用民力万有五千五百工。"看数据，滕知州应该对这项工作进行了比较认真的考察。欧阳修还有些不放心，说修建大堤事情重大，不知道上级部门知不知道。手下告诉欧阳修，滕知州已经邀请上级部门考核多次，并且上报中央，已经获得了有关部门的许可。百般询问之后，欧阳修这才写下了《偃虹堤记》。

岳州位于洞庭湖入长江口处，夏秋两季水位上涨，过往船只经常连停靠的地方都没有。汛期更是水患严重。可以说，如果偃虹堤建成，将成为造福岳州百姓的大好事。那么，滕子京究竟有没有按照原定计划建成偃虹堤呢？很遗憾，没有。

据宋人王得臣《尘史》记载，滕子京在得到欧阳修的《偃虹堤记》一文后，立刻让人刻写碑文，朝野传诵，轰动一时，人人都说滕子京在岳州没几年，就做了三件大事。

二十年之后，王得臣也来到岳州担任知州，仰慕先贤遗迹。他首先就跑去欣赏偃虹堤，可是来到江边，只看到浩渺江水，空空如也。王得臣询问百姓，才知道滕子京根本没有动工修建偃虹堤就离开了岳州，到有"小汴梁"之称的繁华的湖州担任知州去了。从谋划岳州三项工程，到邀请欧阳修写文章，到滕子京离开岳州，前后有三年的时间。可是，三年过去了，本是最急迫最惠民的偃虹堤修建工程却根本没有动工。我们的滕知州，选择了比较容易、比较花哨的修建学官和修建岳阳楼的工作，而放弃了修建偃虹堤。

可是，虽然滕子京没有修建大堤，可为民谋福利的好官名声已经传开了。范仲淹和欧阳修所做的文章传到京城，传到了宋仁宗的耳中。范仲淹称赞滕子京"不以物喜，不以已悲"，"处庙堂之高，则忧其君；处江湖之远，则忧其民"，被宋仁宗贬官之后心中没有任何怨恨，反倒心忧天下，一心扑在工作上。欧阳修也夸赞滕子京“不苟一时之誉，思为利于无穷”，不追逐一时的荣誉，而能够为百姓谋求长久的利益，做一些费时费力可能不讨好的事情。宋仁宗听闻大喜，觉得这样的好官实在难得，当然要提拔重用。

于是，精于炒作的滕子京终于跳出苦海，离开了岳州这个伤心之地。

# 时机在一句话之间

赞宁，宋初佛教领袖、佛教史学家。

“时”不可违，赞宁得以由僧入官，既在于审时度势于心，又在于眼疾口快于神。时势之“时”，乃大势所趋，时机之“时”乃运之所在。赞宁之不凡在于将“势”与“运”之“机”握在了自己手中。

安鸿渐是北宋初年的一位才子，才子都有些牛脾气，见不得一些是非。安鸿渐每到一处，看到不顺眼的事情总喜欢点评一二。有一天，在京城开封繁华的大街上，安鸿渐看到一行五六位和尚，个个身穿紫色官服，气就不打一处来，指着为首的和尚赞宁说:“郑都官不爱之徒，时时作队。”安鸿渐本是文人，骂人自然不带脏字。话中的“郑都官”是指唐代诗人郑谷，他曾经写诗“逐胜偷闲向杜陵，爱僧不爱紫衣僧”。

## 时势之“时”在心

什么是“紫衣僧”呢？有史记载最早的紫衣僧人出现在武则天时期。在唐高宗驾崩之后，武则天以皇太后的名义执掌政权，可是如何才能顺利登基称帝呢？正在武则天煞费苦心不知如何制造称帝舆论之时，僧人薛怀义、法朗向武则天呈送《大方等大云经》。经书中有净光天女以女人身份成为国王，而薛怀义、法朗等人又说武则天乃是弥勒佛转世，堪当女皇。武则天大喜，将这本经书颁布天下，第二年就做起了皇帝。为了报答薛怀义等人作出的贡献，武则天将薛怀义、法朗封为县公，并赐给紫色官服。在唐朝，三品（宰相不过三品）以上高官才有资格穿紫色官服。于是后人把出身佛门，却贪恋权力、迎合世俗的和尚，称之为紫衣僧。

这件事情出自《大宋僧史略》，而作者恰恰就是这位赞宁大和尚。

赞宁和尚是佛教界有名的高僧。一方面是赞宁和尚对佛法颇有研究，本职工作过硬，年纪轻轻就精通南山律，和其他僧人谈论佛法，没有人能够说服他，时人称之为“律虎”（南山律研究者中的猛虎），这个外号够霸气。

另一方面，赞宁和尚和官府交往颇深。赞宁和尚本是浙江人，早在五代时期，就为当时吴越国王欣赏，任命赞宁担任两浙地区的僧统（吴越国佛教协会主席），并且封其为“明义示文大师”。之后，赞宁前往开封，在大宋的地盘上继续发展。宋太宗年间，吴越王投降，赞宁为了表示两浙佛教界对大宋王朝的尊奉，六十多岁了还护送阿育王的真身舍利前往开封。宋太宗亲自在大殿接见了赞宁和尚，并当场赐给赞宁紫衣，又加封其为“通慧大师”，之后竟然还让赞宁进入翰林院，成为第一位和尚学士。

之后，赞宁官运亨通，因为编纂《大宋僧史略》《大宋高僧传》有功，赞宁被提拔担任史官编纂（略等于院士）左街讲经首座（佛教界首席法师），在八十岁的时候终于担任左街僧录（全国佛教协会主席），登上大宋帝国僧人所能达到的权力巅峰。

对于赞宁这类紫衣僧，世人大都有两种看法，其一就是安鸿渐一类。在他们看来，佛学、佛法本是好的，与僧人谈禅是许多诗人学者喜欢的风雅事。对出入名利场的紫衣僧自然看不起。可是，像安鸿渐这类人不过是少数，老百姓也好，朝廷的士大夫也好，面对名气大、权位高的赞宁和尚，更多的却是羡慕。

## 时机之“时”在神

那赞宁和尚是如何从一个普通僧官挺身一跃成为紫衣僧人的呢？

欧阳修的札记《归田录》中就记载了赞宁和尚的发迹史。

当初，还是在宋太祖赵匡胤在位的时候，宋太祖第一次去相国寺拜佛。宋太祖的母亲杜太后笃信佛教，宋太祖则看得比较寻常。可是母亲有吩咐，宋太祖也不能违拗，何况参禅礼佛也可以彰显大宋和平气象，稳定世道人心。按照佛法，世间平等，皇帝也不过是普通一人，当初南朝梁武帝不但是对佛跪拜，还亲入佛门当了和尚，成为佛祖门下一弟子。可是，来到大殿佛像前，宋太祖犹豫徘徊，不肯下跪。宋太祖问随从说："按照礼节，朕应不应该下拜?"

此话一出，随从的官员高僧面面相觑。怎么回答呢？按照之前惯例，当然是应该下拜；可现在皇帝既然有此一问，想必是不想下拜。可是怎么回答才能既维护佛法的尊严，又不扫了当朝皇帝的兴致呢？当时，赞宁和尚在相国寺担任僧录。僧录和那些寺庙的主持、方丈不同，并非是寺庙自主选拔，而是由礼部进行严格考核后，正式任命的管理僧人的官员。有史记载的第一位僧录正是这位赞宁大和尚。

赞宁和尚不但精通佛法，而且对朝廷礼法也了如指掌，对公卿权贵们的心理摸得一清二楚。他看到局面比较紧张，就越过方丈，主动走上前来，回答道："见在佛不拜过去佛!"赞宁把宋太祖说成是当世佛祖，既然同是佛祖级别，宋太祖这个当世佛自然可以不对过去佛下拜了。赞宁说完，宋太祖脸上露出笑意。大家都认为赞宁和尚说得实在太好，佛法与皇权都得到了尊重。

在之前，赞宁虽然因为精通佛法在开封得到僧录官职，可毕竟出身吴越，很难让大宋朝廷真正信任。正是因为对宋太祖的巧妙吹捧，赞宁进入了宋太祖的视野，从此之后青云直上，成为行走在佛教和朝廷之间的大人物。

赞宁和尚的这句话对后世也影响深远，从此之后，历代皇帝都被称为"见在佛"，到寺庙礼佛时都不再下拜行礼，成为定制。

回到开头，当赞宁和尚听到安鸿渐嘲讽自己，根本就没有一丝愧疚，而是毫不示弱，应声回答："秦始皇未坑之辈，往往成群。"在赞宁看来，你安鸿渐不过是迂腐的儒生，整天喜欢胡说八道，妄议国政，难怪秦始皇要焚书坑儒了。赞宁和尚还真是没说错，安鸿渐是宋初名士，可是一生坎坷，到五六十岁才在管理歌女舞女的教坊当了一个微末小官。当媚俗成为时尚，清高反倒显得可笑，实在是莫大的讽刺。

# “新”与“心”

贾昌朝，宋仁宗侍读，年四十余岁拜相。

“新”是为官的气数，贾昌朝身为帝师不因循成规，用“心”推陈出“新”，赢得帝心，与帝亦师亦友，更以其“新”之“心”，赢得仕途风光。

宋仁宗赵祯很好学。这个小伙子十四岁继位，到二十五岁时皇太后刘娥去世后才开始亲政。这之间的十一年，宋仁宗的主要工作就是念书。

给皇帝当老师，是无数读书人的梦想。一来，名声好听，帝王师嘛，虽说帝王是天子，可课堂之上也必须得听老师的。二来，师生经常在一起，有了感情，等小皇帝掌权了，提拔老师做个侍郎尚书还不是一句话，就算是当个宰相也不是不可能。毕竟皇帝也要选拔熟悉的人、信任的人当左右手。

## 因循难破

可给皇帝当老师，又是个烫手的活计，干得好，加官晋爵；干得不好，那就死无葬身之地。是以多数老师都会谨守臣节，不越雷池半步，不求有功，但求无过。少年皇帝宋仁宗见不得那些唯唯诺诺混饭吃的人，于是老师一个接一个被赶走，母亲刘太后非常着急，遍问宰臣，大家都推荐一个叫孙奭的人出任宋仁宗的老师。

孙奭已经年过六十，是老人家了。这个老人家在文豪辈出的宋代，也算得上是一位大学者。此人对《论语》、《尚书》、《孝经》、《尔雅》、《庄子》都有过详细考证，为《十三经注疏》中的《孟子》做疏，堪称古代中国经学巨擘。孙奭学问如此扎实，给少年宋仁宗当老师当然是绰绰有余。

最难得的是孙奭不但博学，而且有读书人少有的骨气，正直敢谏，一腔正气。每当孙奭讲到历史上的一些乱世，讲到那些亡国之君的行径时，他都会反复讽喻劝说宋仁宗，希望仁宗引以为戒。多数时候宋仁宗听得很认真，可总有听得烦躁的时候。有个老头整天在耳朵边聒噪，尽讲些亡国之君的破事，也确实让人心烦。看到宋仁宗打瞌睡，乱翻书，孙奭就停止讲解，一句话不说，等到宋仁宗回过神来，向孙奭道歉之后才继续开讲。为了提醒宋仁宗不要贪玩，孙奭画了一副《无逸图》送给他。宋仁宗当然恭恭敬敬挂在教室，表态会牢记老师的教诲。

一晃，几年过去了，孙老师年纪大了，教训宋仁宗也有些不得劲了。孙老师就推荐自己的得意门生贾昌朝来给宋仁宗上课。为了表示对孙老师的尊重，宋仁宗提请皇太后刘娥，加封孙老师为礼部尚书、龙图阁学士，以太子太傅的身份光荣退休。

## 推“新”则立

终于熬到孙老头退休了，宋仁宗舒展舒展筋骨，舒服了许多。可之后的贾昌朝是个什么人呢？想想自己都二十好几了，每天还是读书读书再读书，什么时候才能走出课堂，走到广阔的社会中去呢？宋仁宗有些郁闷。

宋仁宗郁闷了，对新来的贾老师就有些抵触心理，一心想要找贾老师的茬子。

以前给宋仁宗当老师的都是一些六七十的老头子，虽然博学，但迂腐气息实在熏人。当风度翩翩、三十出头的青年教师贾昌朝走上讲台时，宋仁宗不觉眼前一亮。

贾老师上课果然另类，少了许多陈腐滥调，多了许多个人见解。以前孙老师上课尽是选择一些亡国之君的例子，名为警醒宋仁宗，实则无异于压迫宋仁宗。此时贾老师上课多是讲些奇闻轶事，宋仁宗每每听得大笑，只觉得一堂课结束得太过匆匆。厌学多年的宋仁宗竟然期待起上课来了。等到宋仁宗完全倾倒于贾老师的风趣、另类的时候，贾老师也会给宋仁宗讲述一些古今帝王成败之事，但贾老师从不说教，常常是点到即止，让宋仁宗自己去品味思考。

在孙老师那里，宋仁宗虽然是皇帝，但也是一个小学生，只能顺从，乖乖听话，不然先帝先圣当朝太后都不会答应。可是，在贾老师那里，宋仁宗不但是学生，更是一个参与者，与贾老师亦师亦友。为了讨论某个问题，宋仁宗经常和贾老师争论，彼此不再是皇帝和臣子，只是两个对政治问题、学术问题有着共同兴趣的讨论者。在自古以来的帝王课堂上，出现了罕见的皇帝和大臣友好论争的场面。

## “新”在于“心”

在贾老师教书的几年中，让宋仁宗印象最为深刻的，还是贾老师讲解《左传》的时候。贾老师没有像普通老师一样，从头到尾，毫无重点的一一讲来。贾老师多是精心挑选和北宋朝政相仿的一些政事、军事慢慢讲来，虽然不谈时政，却道出贾老师对于北宋政治的许多高明见解，也让宋仁宗领悟了不少治国之法、为帝之道。不过，宋仁宗听着听着，就有了一些不满。于是，到了师生论辩的时候，宋仁宗提出了自己的疑问。

为什么贾老师在讲解《左传》的时候，要刻意删除诸侯淫乱的一些事情呢？

贾老师刚刚慷慨激昂地说了一通秦国远交近攻，通过高明的外交策略成功壮大自己削弱敌国的事情，很满意自己的表现，没想到皇帝学生忽然冒出一个前后不搭的问题，而且是一个如此尴尬的话题。

为什么要给宋仁宗讲洁本《左传》呢？贾老师整理了一下思路，说：“诸侯淫乱之事，多为正人君子不齿，是以不敢和官家（宋朝称皇帝为官家）提起。”

宋仁宗马上反驳说：“可是，《左传》乃是先贤所著，既然典籍中已经载有这类事情，就是为了警戒后代君王，老师您又何必忌讳呢？”

贾老师一听，欲言又止，只是讪讪地一笑。

宋仁宗很聪明，立刻看出了贾老师的心思，不觉得脸就红了。原来，宋仁宗想到的，贾老师早就想到了。贾老师不但想到了，还为了不让宋仁宗尴尬，特意删掉了《左传》中的不适合课堂讲解的内容。

贾昌朝上课，貌似轻松自在，可哪堂课不是背后一身冷汗？就算是精心备课，也禁不起聪明的宋仁宗经常挑刺。宋仁宗可以说自己并不忌讳，可做臣子的不能不自觉。正因为贾昌朝最大限度地给了宋仁宗这个皇帝学生足够的尊重和空间，宋仁宗才会如此器重、信任他。贾昌朝当然要好好维护这来之不易的局面。

原来，宋仁宗十五岁时已经大婚，大婚之后和郭皇后有过一段快乐时光。旋即，宋仁宗又喜欢上了另一位女人张美人，并为了张美人和郭皇后闹得很不愉快。几年之后，张美人被郭皇后整倒，但宋仁宗又喜欢上了尚美人和杨美人。郭皇后仗着自己是名门之后，是皇太后刘娥选定的皇后就横行霸道，连宋仁宗住在哪个妃子的寝官，也要横加干涉。可郭皇后越是霸道，宋仁宗越是不停地换女人，就是要气一气她。

加上皇太后刘娥多年把持朝政，宋仁宗心中多少有些怨气。早在宋仁宗二十岁的时候，就有大臣建议刘太后归还朝政，取消垂帘听政。一开始宋仁宗很高兴，满心希望一举成功。可没想到朝廷百官痛批那位官员不孝，挑拨帝后关系。尤其是一贯拥护宋仁宗的宰相吕夷简带头倒向太后，把那位提出建议的官员罢官。不但如此，吕宰相还一再暗示宋仁宗，希望宋仁宗表态，绝对拥护皇太后刘娥的英明领导，在刘太后有生之年再也不提归还朝政之事。

宋仁宗那个憋屈。但最后，他也只能选择继续沉醉在温柔乡中。只有在后宫之中，在妃嫔的身边，宋仁宗才能感受到自己是一个真正的高高在上的皇帝。这样，朝廷高层之间渐渐有了宋仁宗好女色、多内宠的不良传言。宋仁宗虽然未曾淫乱，可沉湎女色已经不是一个有为之君应该做的事情了。

于是，贾老师刻意不讲《左传》中诸侯淫乱的事情，以免宋仁宗尴尬，也就可以理解了。

宋仁宗表面上批评贾昌朝，可还是很欣赏贾昌朝的本分和才华。于是，在刘太后去世宋仁宗亲政之时，贾昌朝被快速提拔，前后不过几年，就从翰林侍读学士被提到了开封府尹（首都市长）。四十岁出头，贾昌朝就成为一人之下、万人之上的大宋宰相。

# “退”的哲学

林逋，宋代高士，有“梅妻鹤子”之称，宋仁宗赐谥“和靖先生”。

“进”与“退”都是一种悟。林逋“进”的包袱过于沉重，不准确的定位，让其“进”无果。但其“退”做的果绝，以其行之美，为其换取美名，终成一代名士。

自古以来，世人都渴望当官，当官福利好啊！明朝朱元璋时期，大明律规定贪污六十两银子就杀头，可依然挡不住汹涌的人流。在号称中国古代最富庶的宋朝，做官的福利就更好了。可是，有那么一群人与众不同，隐身于山林之间，却获得了比出仕更高的地位、更大的名声。林逋就是这些隐士、高人中的佼佼者。

在古代，高士的典范首推许由。当年唐尧年老，听说许由大名，想要把天子之位相让，许由不肯，甚至跑到河边洗耳朵。后来唐尧又找他，许由就跑到山林当中隐居起来了。许由、巢父之辈，淡泊名利，甚至蔑视权贵。之后东晋的陶渊明也是公认的大名士，归隐于田园。在他晚年因为遭遇火灾，家财耗尽，加上他身体多病，生活难以为继。此时，朝廷官员慕名前来征召，可陶渊明依然拒绝出仕，就算是官员馈赠的一些礼物，陶渊明也全部奉还，一毫不取。

当然，大多数的所谓归隐，都不过是个噱头。像谢安隐居东山，不过是以此要挟朝廷，展现自己的权威，没他不行。于是当他东山再起之时，众人弹冠相庆，让后人鄙视。就算是唐朝大诗人李白，也算不得正牌的高士。李白虽然好道，写过很多的游仙诗，受过道教正式的符箓，可依然渴望红尘，就算是写再多的诗篇标榜“安能摧眉折腰事权贵，使我不得开心颜”，也无法掩盖内心对于功名富贵的渴求。当然，也有人说，李白、杜甫之流追求富贵和庸碌之辈不同，一个是为了自己的肚皮，大一些是为了光宗耀祖，而李白、杜甫却是为了兼济天下，致君尧舜。可是，用清高的标准去衡量，李白、杜甫还是属贪恋富贵，当然不能称为高士。

## “进”需准

那么林逋呢，是不是真心归隐？他又是用什么方法使自己成为世人心中两宋第一高士呢？关于林逋是真心归隐，还是和李白一样，想找一条出仕的终南捷径，我们可以从《宋史》和两宋的一些札记中找到端倪。

“林逋，字君复，杭州钱塘人。少孤，力学，不为章句。性恬淡好古，弗趋荣利，家贫衣食不足，晏如也。初放游江、淮间，久之归杭州，结庐西湖之孤山，二十年足不及城市。”

林逋“不为章句”，也就是从来不写什么文章。林逋和李白、杜甫不同，不喜欢什么诗词文章，也不把文学当成自己的追求目标。林逋“恬淡好古”，就算是家里吃饭穿衣很困难，也不会有什么忧伤悲戚的神色。这点和颜回很像。《论语》中形容颜回：“一箪食，一瓢饮，回也不改其乐。”只因颜回的快乐不在于饮食，不在于生活享受，在于对于道的领悟和追求。林逋好古，对世俗的荣耀富贵很不看重，在游览江淮之后，隐居于杭州西湖之孤山，二十年不入城市，没有主动投靠结交官府权贵的行为，因此受到朝野的一致赞誉。

应该说，此时的林逋，是符合高士的标准的。

可是在宋真宗寻访天下名士的活动中，林逋获得的官方评价却不高，这是为什么呢？

在宋真宗朝，曾经大访群贤，让天下州县都推荐一些隐士高人到朝中为官。朝廷命令杭州知州王济去寻访，林逋知道了，主动给了王济一封书札，文辞之间多用骈偶，讲究声律，王济看了很不满意，说："林逋本是草泽之间的文人，若立志不去结交王侯，那么文章形式应当依照古风。若是想要出仕，为朝廷所用，那么言辞要更加诚恳谦逊。可是林逋两者都没有做到。"于是王济仅仅把林逋作为文学之士向宋真宗推荐，宋真宗就没有大用林逋，仅仅是赏赐一些粟米丝帛，意思意思了而已。

朝廷寻访的目的很明确，如果对方有志于当官，就应该效忠于朝廷，在言语之中就应该表现作为臣子应守的礼节，对朝廷钦差也应恭敬相待。如果坚决不当官的话，言语之中自然就应该效仿古代高士，明确的表示不愿出仕的意思。虽然我们不了解林逋书札的具体内容，不过从王济的评价中也可以了解。林逋应当是既表示愿意出仕，又对自己看得过高，以清高自诩，让前来寻访的特使很不舒服。

从此看，林逋还是有政治志向的，只可惜装的有些过了。

## "退"求美

不过，王济的评价，没有让林逋名誉扫地，反而让林逋的人气更旺了。

在之后的几年间，宋真宗还不时让一些官员带一些礼物给林逋，林逋照单全收。一些朝廷官员也纷纷来拜访林逋，林逋也邀请他们坐一坐，喝喝茶，聊聊天。朝廷对林逋的重视，为宋真宗赢得了重视人才的美名。林逋也因此提高了身价，一些官员慕名来访，分别之后免不了对同僚吹嘘，自己曾经和受到皇帝表彰的高士林逋喝过茶，聊过天。

当然，要在俗世官场上获得一些赞誉很简单，可要是让一些同样清高自诩的文人来认同，就不是那么简单了。但林逋却都做到了。

林逋有三个举动为他赢得了美名。

其一，林逋喜欢养鹤。鹤在中国不是凡鸟，有着崇高的地位。在道教中，鹤是长寿的象征，道教的仙人大都是以仙鹤为坐骑；鹤性情高雅，形态美丽，素以喙、颈、腿“三长”著称，直立时可达一米多高，看起来仙风道骨，地位仅次于凤凰；鹤雌雄相随，步行规矩，情笃而不淫。古人多将翩翩然有君子之风的白鹤，喻之为具有高尚品德的贤能之士。林逋经常坐小舟泛游西湖，当客人来到山庄拜访，家中童子出来迎接，就打开鹤笼，放出一只仙鹤，飞翔到云霄之上，盘旋很久，才回到笼内。林逋在湖中看见，就回家见客了。

鹤在江南极为少见，而林逋竟然家蓄两鹤，又训练有素，让世人惊叹。

其二，林逋喜欢梅花。有诗歌《山园小梅》传世，其中“疏影横斜水清浅，暗香浮动月黄昏”是千古流传的名句。当俗世花朵纷纷凋零之际，唯有园中的梅花独自开放。淡淡月光之下，梅花若隐若现，树枝在风中摇曳，梅香随风而来，又飘然而逝，写尽梅花之色、梅花之香。而以梅自喻，标榜自身高洁，千古无出其右。宋代是一个文人主政的朝代，欧阳修也好，苏轼也好，都是政治、文学才华兼备的风流人物，他们对林逋的诗文也是赞不绝口的。

林逋一生未娶，无子，自称“梅妻鹤子”，这份独特，加深了林逋的神秘感。

其三，林逋很喜欢写字，诗歌也写的极好，可是写完之后随手就扔掉了。别人就说:“为什么不收录刊印出来流传后世呢?”林逋说:“我现在隐居山林，不想以诗歌获得现世名声，又怎么会在乎后世之名呢?”不过他的一些门人、子侄，还是把他的诗文搜集了起来，所以他的诗文流传到后世的有几百篇。

林逋青年时，有志于国政，虽然隐居山林二十年，但还是渴望一展抱负。可当朝廷只是对他以文学之士相待时，林逋从此断绝了出仕的念头。求名的途径有很多，进则入仕，退则归隐。宋真宗的几次慰问、朝廷官员的时常拜访，加上林逋梅妻鹤子的独特生活方式、标榜厌弃名利的种种行为，反而让林逋获得了远胜于出仕的美名。

# 婚姻这副官场牌

钱惟演，仁宗朝拜枢密使。因谄媚逢迎，为世所薄。

钱惟演靠着精打细算的一出出婚姻牌，步步高升，终于跻身于高层行业，但权欲迷人眼，一旦不慎堕入危局，连其常用常灵的婚姻牌，也在关键时刻掉了链子，让他最终命丧他乡。

## 人生如戏

《归田录》中记载了钱惟演的一件小事，颇有趣味。

钱惟演本是吴越王族，出生不久，其父钱俶举国归附。宋太宗为了标榜宽容，对钱氏一门予以厚待，钱惟演的官场之路也一帆风顺，四十来岁就担任枢密使（全军最高统帅），无论是爵位还是官职，都是当朝第一人。可是，富贵逼人的钱惟演却很节俭，对家人的管束也颇为严格，家人除了规定的每个月的零花钱，想多要一文也做不到。儿女们很苦恼。钱家家底丰厚，钱惟演工资也极高，守着金山银山，却吃萝卜白菜，这日子真的没法过了。

哪里有压迫，哪里就有反抗。可是，公开和老爷子对着干肯定不成，儿女们就想到了一个妙招。钱惟演平生喜欢藏书，喜欢写诗，有一个珊瑚做的笔架最为钱惟演珍爱，经常都放在书桌上，每次写诗作画没有就不行。儿女们就偷偷地把珊瑚笔架给藏了起来，钱惟演找不到笔架，着急了，就在家中宣布，只要能够找到笔架，给十两银子（约合人民币三千块）赏钱。

过几天，儿女们假装在哪里找到了笔架，钱惟演也按照约定给十两银子的赏钱。过段日子，银子花完了，儿女们又偷笔架，钱惟演也再次付钱。一年下来，钱家的珊瑚笔架要被偷走五六次。

《归田路》的作者是欧阳修，他在洛阳为官时追随钱惟演多年，关系亲密，亲眼看到钱家人搞偷笔架赚钱的把戏。可据欧阳修说，多年来，钱惟演就从来没有起疑心。于是，欧阳修感叹，钱公真是“纯德”之人！

其实，钱惟演绝非一个心地纯粹德行高尚的君子，认为他“纯德”不过是欧阳修一厢情愿。结合钱惟演一生的为人看，估计钱惟演早就知道儿女们的把戏，只是治家的规定已经颁布，不好更改，可家人缺钱，也需要有途径解决，于是钱惟演就睁一只眼闭一只眼，也掺和到儿女们骗钱的闹剧中去了。一个假装认认真真找笔架，一个假装高高兴兴给赏钱，你骗我来我骗你，大家一团和气，各得其利。

## 婚姻与政治

在正史当中，钱惟演的标准形象乃是“精明”，一个貌似愚鲁的精明的官迷。而要说到钱惟演的精明，就不得不说起钱惟演绝对精湛的联姻战术。

钱惟演虽然出身名门，可毕竟是敌国后代，要想挤进北宋高层，没有强有力的后台不行。钱惟演首先把自己年轻的妹妹嫁给了宋真宗皇后刘娥的哥哥刘美，当上了翰林学士（皇帝的私人秘书），勉强挤进宋朝中央决策层。可是，宋朝对于外戚的管束还是比较严格，刘美虽然是国舅，地位尊贵，但钱惟演想更进一步，入阁拜相，还必须有文官集团的支持。于是，钱惟演盯上了当朝宰相丁谓。

丁谓是个阿谀奉承不讲是非的小人，为了挤走名臣寇准用尽手段。丁谓要想牢牢把握权力，在皇帝的身边必须有自己的人。钱惟演提出把女儿嫁给丁谓的儿子，请丁谓帮助自己进入宰辅行列，双方一拍即合。于是，钱惟演不时给丁谓通风报信，把内廷的一些机密告诉丁谓，丁谓顺利地把寇准赶出朝堂。

在下达贬斥寇准诏书的时候，丁谓和李迪两位宰相发生了争执。宋真宗的原话是让寇准去小一点的州担任知州，可丁谓在发出的公文中却改成了“奉圣旨除远小处知州”，加了一个“远”字，要把寇准赶到偏远的地方，好让寇准永远不能回来。李迪很生气，说口谕根本就没有“远”字。丁谓则坚持说自己没有听错，两个人都听到皇帝口谕，李迪想要更改，就是偏袒罪臣寇准。两个人越说越气，堂堂大宋宰相，竟然在众目睽睽下大打出手。

事情传到皇宫，宋真宗很生气，命令翰林学士钱惟演立刻草拟诏书，罢免丁谓。可钱惟演了解到宋真宗病重多时，一时清醒一时糊涂，还经常失忆，竟然擅自就把皇命改为罢黜李迪而留下丁谓。当时，百官都已经听说了宋真宗大怒的事情，认为丁谓必然罢相，所以第二天圣旨发出时，大家没有不感到意外的。可是，当其他大臣去探问宋真宗为何下发这样荒唐的命令时，宋真宗竟然一问三不知，什么都不记得了。最后也只好将错就错，罢黜李迪了。

因为帮助亲家丁谓有功，不久之后钱惟演就出任枢密副使（宋朝军政副长官），成为名副其实的中央领导。

过了几年，宋真宗去世，宋仁宗继位。丁谓过于嚣张，引起公愤，被皇太后刘娥赶走，钱惟演又“大义灭亲”，主动揭发亲家的种种罪行。宋仁宗大婚，娶了郭皇后。钱惟演又让自己的小儿子娶了郭皇后的妹妹，钱惟演的关系网上又加了一道厚重的保险。

钱惟演的这些精明之举，确实换来了一些富贵，最荣耀时让其当上了宰相级别的大宋枢密使。

## 好牌忌滥用

不过钱惟演并不知足，他多次当着亲友的面感叹：“平生不足者，不得于黄纸书名。”宋朝时只有宰相可以在黄纸（圣旨）之后签名，虽然枢密使是使相（宋朝称枢密使为使相），是公认的宰相级别，可并非货真价实的宰相，钱惟演心有不甘。为了实现这个理想，钱惟演削尖了脑袋四处钻营。可是，结果却是越混越差，到了死后差点沦为奸佞。

在皇太后刘娥去世之后，宋仁宗知道了自己的生母其实是李氏，心中有愧。钱惟演投其所好，公开宣称，应当让刘后和李氏共同进入太庙。这下可捅了马蜂窝。虽然李氏是宋仁宗生母，可是朝廷定制是只有皇后才有资格进入太庙，此举对刚去世的皇太后刘娥更是大大的不敬。朝中大臣多是皇太后刘娥提拔起来的，自然不能坐视不理。大臣们纷纷上书，说钱惟演此举是谄媚乱国，且抨击钱惟演刻意与外戚联姻，贪图富贵，居心不良。

大臣们的举报证据确凿，宋仁宗虽然有心赞同李后进入太庙，但是对钱惟演的行径也很是恼火。尤其刘太后死了，郭皇后也已被废黜了，钱惟演倒了两座靠山，现在竟然又到处托关系，要和李后的弟弟李用和做亲家。为求升官如此玩弄婚姻，实在过于卑劣。于是，在距离宰相最近的一刻，钱惟演重重落马，不但被罢黜了同平章事（宰相）的待遇，而且被贬到地方任职。这次摔得太重，钱惟演又羞又怒，不久之后就死去了。

钱惟演死后，朝廷商议谥号，给予最后的评价。主持评价的官员说“敏而好学曰文，贪而败官曰墨”，要给钱惟演一个“文墨”的谥号。确实，钱惟演诗词写得挺好，文采风流，《木兰花》一词流传千古，可也确实是一生绞尽脑汁攀附权贵贪图功名，最后也确实是贬官落败。这下钱家吓坏了，要真的坐实了文墨的谥号。那不但是钱惟演一辈子白混了，钱家几辈子也都将抬不起头来。钱家人四处活动，皇帝念及钱惟演是为了讨好自己而被罢官，就让官员再研究研究。结果官员们取了个折中的办法，既可以给皇帝面子，又可以讽刺下钱惟演这个官迷。主持官员回禀说，可以用“思”字作为钱惟演的谥号。在礼制当中“追悔前过曰思”，钱惟演虽然犯有过错，但临终有惶恐可怜悔改之心，应该已经反思反省了吧。于是，后人又称钱惟演为钱思公。

回到前文提到的《归田录》。欧阳修为什么会认为钱惟演这个“精明”的官迷钱惟演是个纯粹有德行的君子呢？原来另有内情。

欧阳修在洛阳当官时，钱惟演是洛阳一把手。可一把手钱惟演对欧阳修这个普通部下非常器重。

有一天，欧阳修和朋友一起到嵩山游玩，到达山腰的时候下起了大雪。欧阳修等人只好在山上等待雪停。嵩山雪景很美，可是天气寒凉，北风呼啸，山路不通，一行人又冷又饿。正在欧阳修等人苦恼的时刻，忽然有一行人骑马冒雪而来。原来，是钱惟演给欧阳修派来了厨子和歌姬，带来了温暖的皮袍和美味的佳肴。于是，欧阳修可以围着火炉，裹着大衣，欣赏歌舞，做个风流雅士了。使者还说:“钱相公（宋朝称枢密使为使相）特意交代，登山辛苦，府中公务简易，欧公等人可以尽情赏雪。”堂堂宰相级别的直辖市洛阳一把手，对属下如此关心，难怪欧阳修会感动，会在自己的作品《归田录》中为钱惟演大唱赞歌了。

在钱惟演去世大约十年的时候，朝中官员大都换成了宋仁宗的心腹，欧阳修也已经进入中央担任翰林学士。官员们迎合宋仁宗，再次建议把李后升格进入太庙供奉。宋仁宗答应了。欧阳修乘势提出为老领导钱惟演更改谥号。毕竟钱惟演是因李后的事情而落马，宋仁宗多少也有些歉意。最后，钱惟演的谥号被改为“文僖”，即“勤学好问，小心畏忌”。钱惟演用公家的钱做自己的人情，多年之后总算是有了回报。

# 低调不是被动式

赵匡胤，宋代开国皇帝，以“陈桥兵变”取代后周。

低调与高调，都无关主动与被动。赵匡胤在高调的谣言与低调的密谋之间，通过陈桥兵变将自己塑造成了“被动”的上位者，“主动”地避免了犯上的污名。

与前代那些好勇斗狠崇拜武功的暴力君王不同，宋太祖虽然是武将出身，却深知可以马上得天下，却不能马上治天下。于是，宋太祖没有搞“狡兔死，走狗烹”，而是杯酒释兵权，和诸位老兄弟共享富贵。即便是对那些后周的皇室、遗臣，宋太祖也能够善加抚慰。整个夺权过程，除了后周大臣韩通一家因抵抗被杀之外，几乎就是兵不血刃地实现了政权交替。就其仁德来说，确实可以说是前无古人，后无来者了。

而在整场兵变当中，赵匡胤花费心思最多的不是如何攻城略地，而是如何扮演好一个万般无奈“被皇帝”的角色。

## 高调造势

以当时赵匡胤的地位和影响力，完全有能力直接发动一场暴力政变，但是，用屠刀换来的政权有太多的弊端。血腥只能换来血腥，而不是赵匡胤所期待的长远的和平。赵匡胤和主要智囊赵普思考了很久，终于得一良策，最后选择了在建隆元年的正月下手。

下手之前，赵匡胤在京城中散布了两个传言：一个是契丹人和北汉人趁着周世宗去世，在正月大举进犯后周边境的镇州、定州等地；一个是“点检作天子”。第一个传言让京城百姓官员人心惶惶，尤其是后周的那些掌权者们。当时，后周皇帝柴宗训只有八岁，由皇太后符氏垂帘听政。但是，早先仁德聪慧颇有权谋的符皇后已经去世，此时在位的乃是符皇后不足二十岁的妹妹。周世宗的意思，当然是希望小姨子能够好好照顾外甥。只是，现在的符太后入宫才不过几个月，对朝中那些派系斗争尚且没有搞清楚，更不要说处理这样的突发事件了。符太后只能把一切都交托给宰相范质和王溥二人。

范质、王溥二人知道军情紧急，赶紧招呼担任太尉、殿前都点检的赵匡胤议事。赵匡胤在周世宗继位之初就追随左右，在周世宗去世的前六个月被提拔为殿前都点检，成为后周禁军的最高领导者。周世宗对赵匡胤如此信任，自然，范质和王溥对赵匡胤也没有多心。当赵匡胤提出，自己可以带兵出战，但此次敌军攻势强劲，若要成功，必须调派更多的兵马，因此需要掌握全国兵马的指挥权时，两位宰相没有多想，就答应了赵匡胤的要求。赵匡胤的第一个传言，目的已经达到。

第二个传言，赵匡胤对传播的范围控制的比较好。史料记载“将以出军之日，策点检为天子。士民恐怖，争为逃匿之计，惟内庭宴然不知”。都城百姓人人都在议论，大军出发之日就会作乱，策动点检做天子。百姓很是恐慌，纷纷远走他方，躲避战乱，可皇宫之中竟然不知。原因不外乎两个，一个是赵匡胤的保密工作做得好，只是在市井散布传言。官府就是想查，也查不到赵匡胤身上。另一个，就是军中朝中，有许多人对新皇帝都没有足够的归属感，就算是听到了流言，也隐瞒不报。毕竟赵匡胤势力强大，谁也不愿意做那个出头鸟。可是，范质、王溥两位宰相为什么也没有反应呢？一者可能是两人警觉性不高，认为这个“点检作天子”的传言不是什么新鲜事，因为这种传言在军中早就有流传，因此周世宗还因此罢黜了当时担任点检的张永德将军。二者，范质、王溥还要借重赵匡胤带兵平定变乱，在外敌未清除之前，不能对其动手。

总之，赵匡胤这两个传言成功使其夺取了兵权，控制了舆论。当后来赵匡胤真的称帝做了天子后，老百姓就觉得，这是天命所归，对赵匡胤废帝也就少了许多非议。

## 低调密谋

赵匡胤先让担任副都点检的慕容延钊率领前军快速赶往镇州，自己在第二天率领大军前进。慕容延钊和赵匡胤的关系比较微妙，作为军中的二把手，慕容延钊在整个陈桥兵变事件中几乎就没有参与，当赵匡胤称帝的消息传到慕容延钊处时，慕容延钊也没有很高兴，只是“从命”，即听从命令而已。或许正是因为这个原因，赵匡胤把慕容延钊先调走，而留下的，则都是自己的心腹。

第二天大军出发，走得很慢，到了晚上才走到陈桥驿。随即大军当晚驻扎在此，不走了。史料记载，晚上，赵匡胤在大帐中呼呼大睡，什么事情也没做。可事实是，赵匡胤早就和赵普等人商量好了如何策动，如何安排，如何处理突发事件，等等。

一开始，是有个叫做苗训的军官在士兵当中散布流言。此人在军中惯有神算之名，他说，仔细看看今天的太阳下面仿佛还有一个太阳，这表示什么呢？自古以来大家都知道“天无二日，国无二主”，现在天上有两个太阳，就是人间要有新的帝王了。这种神神道道的话在民间极有市场，一传十，十传百，很快全军上下都在议论天有二日这件事情。那么，这个新皇帝是谁呢？人们就联想起之前大家所说的“点检作天子”的传言，原来新皇帝就是我们的太尉、点检赵匡胤啊。

那些普通士兵自然不知道，一切都是赵普的安排。军中那些将领自然不同，他们知道所谓天命，所谓异相，不过都是用来糊弄人的。要想说服这些将领们，赵匡胤用的是另一招。

当晚，赵匡胤的亲信都押衙李处耘把将领们召集起来，告诉大家，现在皇帝年幼，皇太后听政，我们辛辛苦苦卖命有谁知道？但是太尉大人就不一样了，他带兵多年，对大家都像是兄弟一样。如果他能够做皇帝，那大家都可以一生富贵了。在推举太尉大人做天子之后，我们再北征，那也为时不晚。大家一听，纷纷赞同。这些人本就是赵匡胤一手提拔的将领，此时无论是从感情，还是从大局看，都只会选择跟随。于是大家一起去找赵匡胤的弟弟赵光义，由赵光义带着去找赵普。大家都明白，赵匡胤最听赵普的话，只要他出面，赵匡胤一定会听从。

众将见到了赵普，赵普先是假意训斥大家：大家怎么能够做这种大逆不道的事情呢？要是点检大人知道了一定会怪罪你们的。一些人听到这些话，就走散开去。可李处耘知道赵普不过是做做样子，于是再次怂恿大家来见赵普。李处耘还拔出刀来说，以往，军中只要有人稍微有举事作乱的言语，就会被抄家灭门，现在我们已经聚集在一起商议立点检做天子，如果点检不肯出头，那我们就只有死路一条了，我们绝对不能答应。李处耘这么一说，所有将领明白，此时就是不反也晚了。于是大家都嚷嚷一定要举事。

看看大家的情绪都被调动的差不多了，赵普说话也有些松动了。赵普表示，事情也不是不可能，但是，这种夺取政权，建立新朝的事情，不仅仅要天命，还要有人心。为了赢取人心，恳请诸位将领严格约束部下，不得枉杀百姓。一旦都城发生动乱，不但不能够成功，外敌也会入侵，那大家就死无葬身之地了。众将一听，赵普答应了，都很开心。

于是，赵普分派各路将领，谁负责前面开路，谁负责最后防守，在都城之后谁负责监控朝中后周死党，谁负责进攻皇宫，等等。一切分派完毕，赵普派人传唤大将石守信、王审琦率军赶来。这两个将军平日和赵匡胤关系最好，把他们调来，主要是用来以防万一。

一切布置妥当，天亮了。

## 用心经营的被动式

赵匡胤还在睡觉，忽然听到几万人一起高呼“点检作天子”，被吵醒了。这时候，赵普率领诸将进入大帐，告诉赵匡胤，大家要立太尉做天子。赵匡胤还睡眼蒙胧着呢，看到大家拥进来很是吃惊，完全来不及反应，就被大家拥到议事厅，被人披上了一件象征皇帝的黄袍。众将全部都下跪，高呼“万岁”。赵匡胤坚决推辞，说自己无才无德什么的。大家哪里答应，再三邀请。看赵匡胤不同意，赵普示意，大家又把赵匡胤扶上马，逼着前行到军前。大军已经集结，所有人都已经被告知，必须拥立赵匡胤为天子。见到赵匡胤前来，一起下拜，再呼“万岁”。

赵匡胤看到推辞不掉，就告诉众将:“汝等自贪福贵，立我为天子，能从我命则可，不然，我不能为若主矣。”众将听后，都下马说:“誓死效命!”这时候，赵匡胤就交代，现在的柴宗训，乃是我们的少主，那些公卿大臣，都是自己的同僚，这些人可不能欺负。最近几十年改朝换代，都会放纵军队劫掠官民，我绝对不能允许这样的事情。如果可以做到，事后我必定重赏；如果不能做到，别怪我事后翻脸无情，诛灭满门。众将听后，都再次表态，绝对服从。

看看自己的戏也演得差不多了，赵匡胤下令，大军掉头，夺取京城！就在当天，赵匡胤率军回京。在这场政变中，除了后周大臣韩通因抵抗被杀之外，几乎没有其他官员被杀。赵匡胤的军队果然军纪严明，没有侵扰百姓，政变后第二天就恢复了集市。

赵匡胤之所以要苦心经营“被皇帝”，估计有两个考虑。一个是以此来约束众将。看赵普对众将的要求，再看赵匡胤的要求，就可以明白，赵匡胤不想新政权有太多的血腥。但之前赵匡胤和众将之间只是上下级关系，可之后却会变成君臣关系，所以赵匡胤一再推辞，就是要让大家一再请求，然后明白，是你们要我来做这个皇帝，那就要绝对听从我的命令。第二个，历代以来，废立皇帝都被看成弑君。虽然有的朝代，比如汉魏晋之间，也会搞什么禅让，但明眼人根本不会被骗。看曹丕夺取汉献帝的宝座，都要三推四让，就更不要说周世宗一手提拔的赵匡胤要废帝自立了。赵匡胤唯有一再强调自己是被逼无奈，才能勉强洗刷自己背信弃义、以下犯上的污名。

# 行走在“情”与“法”之间

赵抃，仁宗、神宗朝名臣，弹劾不避权势，时称“铁面御史”。

“情”与“法”之困自是官场难事，即使是有清廉之名的赵抃，也难却旧日恩情，好在其官商较高，将“法”玩之于掌中，既还了恩情，又免于触及法律，在“情”与“法”之间来去自如。

## 恩情难却

当初，赵抃还没有考中进士的时候，在家乡一个姓陈的人家当家庭教师。陈大款家里条件不错，陈太太的为人也还凑合，在每年的年薪之外，还会另外做一双新鞋子送给赵抃老师穿。一晃好几年过去了。赵老师一边教书，一边复习，终于考上了进士，跃过龙门当官去了。这一去就再也没有回乡下，和当初的陈学生也就没什么来往了。

可是，后来陈学生不知道因为什么原因，犯了事，被官府给逮捕了。事情应该很严重，陈大款动用了家里的所有关系，上下打点送礼，可还是没法子把儿子从大狱里面捞出来。正在陈大款已经绝望的时候，有人提醒他，当初在你家做家庭教师的赵老师，据说现在混得很好，在中央说话也很有分量呢，如果能够找到赵老师给批个条子，那什么事情都好解决了。陈大款一听，动心了，回家和自己太太一商量，太太说:“这事可行，当初我们对他还算不错。你别让管家去了，你亲自跑一趟吧，我再做一双鞋子送给赵老师，他一念旧情，我们儿子就有活路了。”

陈大款满怀希望的来到京城，找到了赵老爷的府邸，看到高大的宅门，陈大款有点担心。他把来意和守门的人说了，守门的人对他爱理不理的，心想一个乡巴佬、土财主，竟然想不给红包就直接见自己家老爷，老爷是那么好见的吗。陈大款不开窍，就在门外傻等，终于等到赵老爷散朝回来。陈大款赶紧跑到赵老爷马前，问候行礼。多年不见，赵抃早就不记得眼前的乡下土财主是谁了。摆摆手，叫管家去问问，自己先进门了。

管家盘问起陈大款，陈大款就说自己和赵老爷是什么什么关系，并且把老婆亲手做的鞋子送上。管家半信半疑，把鞋子送给赵抃。赵抃看到熟悉的布鞋，想起了当初在乡下教书的日子，想起了陈大款虽然小气，陈学生虽然愚笨，但陈太太倒还是不错。看在陈太太的面子上，自己就见见陈大款吧。

于是，赵抃洗洗脚，穿上新鞋子，走出去迎接陈大款。两个人落座之后说起来意，陈大款把自己儿子的事情说了，请求赵老师一定要援手。并且说，只要赵老师出面，儿子就能活下来，赵老师不帮忙，儿子那就是死路一条。

看着陈大款一脸紧张，赵抃面无表情。这件事情不好办。很明显，陈学生确实犯法，证据确凿。自己的仕途现在正在上升期，朝中几位大佬确实很看重自己，可是，盯着自己、一心希望抓自己小辫子的人也不少。在乡民心中，自己担任京官，就已经是在中央做领导，可是，身在官场的赵抃知道自己到底有几斤几两。直接干预地方司法，不但自己没有那个权限，而且也不合制度，很容易被御史言官弹劾。那自己的前途可就毁了。

可是自己和陈大款也的确有几年情分，不帮忙的话，传出去也实在不好听，万一人家说他赵抃是个忘恩负义的白眼狼那就不好了，要是传到几位恩相耳中，传到皇帝耳中，自己就更没法做人了。

## 玩“法”有术

于是，赵抃决定帮忙，但是具体怎么帮，什么时候会有结果，赵抃没有明说，只是交代陈大款就在自己家里住下，吩咐管家好酒好菜好招待。

一晃，十来天过去了。这段日子，陈大款每天在客厅等候赵抃散朝，每次都问儿子的案件怎么了。可是赵抃大人仿佛一点不在意，每次都是打官腔，说些今天天气呵呵呵等等的闲话、废话。可是，陈大款又不能发作，所有的希望都在人家身上呢。

一直到两个月后，赵抃拿着一封信走了进来。陈大款打开一看，竟然是自己儿子写的亲笔信，信中陈学生说自己已经出狱，请父亲安心，可以回家团聚了。陈大款此时才放下心头大石，对赵老爷下跪行大礼，感动万分，说了无数好话。赵抃答应着，给了陈大款一些零钱，打发他回家了。

陈大款回家之后细问儿子，究竟赵老师是怎么把他捞出来的呢？陈学生说也没有听说做过什么啊，只是赵抃老师的管家每天都来送饭。陈学生还说，那个管家挺有意思的，到监狱探监时衣着华丽，派头十足，在监狱长面前一副爱理不理高高在上的样子，可是在陈学生面前却作揖打躬，很是客气。也不知怎么，后来所有的狱警在陈学生面前都变得点头哈腰，很是客气了。没过多久，陈学生就无罪释放了。

陈大款看不懂了，还是陈太太比较聪明，让陈学生一定要专门去京城感谢赵老师。人家赵老师看起来没有写条子托人情，可不是因为管家天天出入监狱，监狱长和那些凶悍的狱警能够对陈学生改变态度吗？那些主审的官员如果不是看到赵抃大人的管家对陈学生如此看重，又怎么会重罪改判轻罪，轻罪改判无罪呢？

确实，赵抃老师的手腕的确高明，明明没有做任何违法乱纪的事情，可是却达到了违法乱纪的效果。就算有纪检部门纠察，那也查无实据。我派管家看看当初的学生，有什么关系呢？至于那些主审官员拍马屁关我什么事，我有叫他们违法乱纪吗?!

赵抃同学初入仕途就有如此脑筋，难怪最后官至参知政事，成为宋代名相了。

# 认死理是种勇气

鲁宗道，真宗朝名臣，直言敢谏，权贵对其多有所惧。

见风使舵，察言观色，是上位保身的重要手腕，但倘若仅如此，也只能沦为庸碌之徒。而青史留美名之人则懂得什么要放弃，什么要誓死捍卫。把国家社稷苍生始终放在第一位，坚持公正执法的鲁宗道用其一生的坚持，才得到了“鱼头宰相”的美名。

## 说真话是一种气节

那一年，鲁宗道还只是太子的一个小小侍从官，官卑职小，工资自然不富裕，于是只能在远离皇宫的澡堂一条街买了一间房子度日。小街上有家酒馆，叫做“仁和酒家”，酒香醇厚，远近闻名。鲁宗道公务之余，经常到这个小酒馆喝一杯。宋朝的官员考核制度比较严格，不允许官员在公众场合饮酒，鲁宗道就换了便装，坐在酒家的偏远角落，以免被纪检部门发现。

有一天，宋真宗紧急召见鲁宗道，传旨的太监到了澡堂一条街鲁宗道的家，却找不到鲁宗道。鲁家的人也不敢说鲁宗道就在附近喝酒，一面让传旨太监先等等，一面悄悄去通知鲁宗道。鲁宗道听了一点不着急，慢悠悠的喝完，才起身回家。看到鲁宗道终于回来，太监长舒一口气，闻一闻，鲁宗道满身酒味。路上两人同行，传旨太监就问：“大人刚刚去哪里了？万一皇上怪罪大人来晚了，大人该找个合适的借口啊。希望大人您先告诉我，我好帮你圆谎。”传旨太监本是好意，可鲁宗道不以为然，他说：“不用麻烦了，你如实告诉皇上，我在小店喝酒就是了。”太监说：“这样不好吧，恐怕皇上会怪罪大人无礼。”鲁宗道说：“怎么会呢？喝酒也是人之常情嘛。可是欺骗君王，那就是大罪了。”太监担心地看着鲁宗道，这个鲁宗道也年过四十了，依然还是小小的侍从官，多少人盼望在皇帝面上表现出最佳的一面，争取留下个好印象，可这鲁大人怎么就这么不听劝呢？反观鲁宗道倒是神色坦然，两人一路来到皇宫。

果然，宋真宗问起鲁宗道为何迟到，太监禀告鲁宗道因为饮酒所以迟到。宋真宗听了果然翻脸，怒气冲冲地问：“你一个朝廷命官，怎么能够私自到民间酒家喝酒呢？你不知道这有违国法吗？”鲁宗道一拜，说：“微臣家中贫寒，连一套完整的酒杯都没有，可是那个仁和酒家里什么都有，宾客来了就像回到家中一样自在。刚好今天我有个乡亲远道而来，我家里也来不及准备，就把他带到酒家喝酒。微臣也知道官员在酒家饮酒不合官制，可微臣已经换了便装，集市上也没有人认识微臣，应该不至损伤官家体统。”鲁宗道一番话说得入情入理，之所以会到酒家喝酒，违反官员考核制度，那是因为鲁宗道过于清廉。太子的侍从官虽然只是小官，但多少人针尖上也能削下铁来，基层官员富得流油的可不少。并且，今天是有朋友乡亲到来，是有特殊情况才到酒家喝酒，并且已经换了便装，不至于引发非议。鲁宗道的忠诚朴实让宋真宗很是感动，宋真宗不但没有怪罪鲁宗道，反而担心地说：“爱卿你是太子的侍从官，御史言官盯得紧，朕是担心你被人弹劾啊。”从此之后，宋真宗对鲁宗道格外关注，很快，鲁宗道就被提拔，担任言官，专门负责纠察百官，向皇帝进谏。

## 提意见是一种坚持

一开始，宋真宗很欣赏鲁宗道，对鲁宗道的进谏也能够虚心接受。可是，鲁宗道这人不知道见好就收，看到宋真宗采纳了他一条建议，就回到家里连夜再写十条建议，宋真宗采纳了他十条建议，他又会赶工提出一百条建议。结果，宋真宗不胜其烦，渐渐的脸上露出不高兴的神色了。一般人这时候也就知难而退，或者就顺着皇帝的心意说些好听的话，可鲁宗道上了一道表章，打着批评自己的名义，批评宋真宗如果不听从他的建议，就是为了博取纳谏的虚名。鲁宗道表示，自己绝不做尸位素餐的闲人，只要宋真宗让他当言官，他就会继续提意见，除非把他罢免。宋真宗被闹得实在没法子，只能把鲁宗道叫来，好言安慰。不过，宋真宗也算一代明君，静下心来仔细想想，鲁宗道虽然很烦，但是从来不会阿附权贵，甚至是顺着皇帝个人的喜好，而是把大宋的江山社稷放在第一位，这样的官员，实在难得。为了表彰鲁宗道，宋真宗特意在大殿的墙壁上书写“鲁直”两个大字，提醒自己不要忘记鲁宗道的朴实和正直。后来，宋真宗病重，皇后刘娥辅政，宋真宗向刘娥推荐了几位可以重用的大臣，鲁宗道就是其一。

宋仁宗继位后，皇太后刘娥辅政，鲁宗道被提拔为组织部官员，负责全国官员的考核升降。鲁宗道一颗公心，拒绝任何请吃，一切以官员政绩作为考核的唯一标准，结果，许多正直的大臣受到重用，朝廷风气为之一新。皇太后刘娥再次提拔鲁宗道担任副宰相。

按照常理，对提拔自己的皇太后刘娥，鲁宗道本应该感恩戴德，成为刘娥的铁杆心腹，唯命是从才对。可鲁宗道不然。刘娥垂帘听政多年，野心膨胀，一些佞臣也投其所好，建议仿照武则天为刘娥设立刘氏七庙（只有天子才能设置七庙，祭祀祖先），怂恿刘娥称帝。刘娥心中犹豫，就询问鲁宗道：“武则天是个怎样的人？”鲁宗道当然明白刘娥试探的心思，就明言：“武则天乃是大唐的罪人，几乎就要危及江山社稷！”鲁宗道公开反对刘娥称帝。刘娥听后沉默许久。对于设立七庙，满朝大臣没有一个人敢站出来反对，唯独鲁宗道说：“如果设立了刘氏七庙，那么后继的君王要怎么办呢？”是啊，如果以刘氏祖先为祖宗的话，那么刘娥的儿子还是宋仁宗赵祯啊。鲁宗道一句话就挑明了刘娥称帝的尴尬，并且也维护了大宋赵氏江山。后来，皇帝和太后一起前往孝慈寺进香，礼部的官员迎合刘娥，认为要让皇太后的车马先行，以示尊崇，可是鲁宗道却说："自古妇人的惯例就是夫死从子，现在皇太后虽然尊贵，却也应该随从儿子。"刘娥听后立刻下令让皇帝的车马先行。确实，鲁宗道句句在理，刘娥虽然贵为皇太后，连皇帝也害怕她，可只要鲁宗道出马，刘娥往往无可奈何。

当时朝中权臣首推枢密使曹利用，曹利用仗着自己在澶渊之盟谈判有功，一直以大宋功臣自居，宋真宗去世之后，更成为宋仁宗初年首屈一指的权臣。枢密使的班列本在宰相之后，可曹利用却强行站在前面，皇太后刘娥也只能默认。对于曹利用的横行霸道，大臣们敢怒不敢言，只有鲁宗道经常在百官面前反驳曹利用，根本不考虑自己顶撞领导会有什么可怕后果。但是，曹利用不是宋真宗，也不是皇太后刘娥，曹利用对敢于冒犯自己的人可不会手软。曹利用派人捏造收罗了鲁宗道的不少罪证，最终把鲁宗道拱下台去。鲁宗道被罢官扣工资，从此之后在家中闲居，直到老病而死。

## 做人贵在始终如一

在鲁宗道病危的时候，有一天，家人告诉鲁宗道今天有好消息。鲁宗道就问："是不是曹利用被贬出京城啦？"家人回答，确实是朝廷下令把曹利用贬斥到随州为官了。鲁宗道又问："那现在曹利用还可以上朝谢恩吗？"家人回答，不行了，听说已经被差役押出京城，不准面圣了。鲁宗道听后大吃一惊，说："哎呀，大臣们处理问题有误啊。曹利用确实有错，但是贬斥大臣怎么能够这么急促呢？曹利用这个人在枢密院多年，虽然不勤学好问，性格倔强不知收敛，但还算是忠于朝廷，没有什么大的过错啊。"鲁宗道叹息了很久，搞得家人们面面相觑，不知道老爷为什么会同情整倒自己的大仇人。就在那天晚上，鲁宗道去世了。医生诊断说，是因为有不如意的事情发生，内心忧郁才导致病情加重。鲁宗道病逝的消息传开，他的朋友作诗纪念，说："空令抱恨归黄壤，不见崇山谪去时。"在朋友们看来，鲁宗道抑郁而亡乃是没有等到仇人曹利用倒台。他们哪里知道，鲁宗道已经知道曹利用倒台，并且是为了朝廷对曹利用这个政敌没有按照律法公正处置而忧心忡忡，抑郁而死的啊。

鲁宗道就是这么一个怪人。在多数官员的心中，个人的利益永远是第一位的，然后是领导的利益，至于所谓的国家社稷苍生百姓的利益那永远是最后一位。可鲁宗道不然，在他的心中，无论是对待皇帝，对待皇太后，对待政敌，都是一颗公心，把公正执法放在第一位，把江山社稷的利益放在第一位。在鲁宗道在世的时候，鲁宗道就有一个外号，流传很广，叫做“鱼头宰相”。一个原因是鲁宗道的“鲁”字的上半部是一个“鱼”字，当然更主要的原因是朝廷那些追逐名利的官员痛恨鲁宗道像鱼头一样全是骨头，不知变通，不好拉拢。可正是这个辱骂性质的外号，标示这鲁宗道的不同流俗，正直可敬。

# 第二章　保身

- 左右舆论左右胜负
- 隐私之「隐」
- 「傻」的学问
- 「防」不可「放」，「放」不可不「防」
- 揣摩是个精细活
- 做棋子别做弃子
- 乾坤大挪「困」
- 切莫「身后有余忘缩手」

# 左右舆论左右胜负

张永德，后周世宗时任殿前都点检，后为赵匡胤取而代之。

曾经做过赵匡胤上级领导的张永德，入宋之后地位尴尬。为求保命，有人献上金银，有人阿谀奉承。张永德则不走寻常路，巧妙利用舆论，打了一场漂亮的翻身仗。

## 民间传闻：信猪人，得富贵

在北宋之初那些功臣中，张永德的地位比较尴尬。

张永德本是北周太祖郭威的女婿，周世宗柴荣的表姐夫，曾经是赵匡胤的顶头上司。这样一位前朝旧臣、手握重兵的大将，在北宋建国之后不但没有被赵匡胤诛杀，反而连受重用。赵匡胤甚至连征讨南唐、率领数万大军这样的重任都交给了张永德。这张永德是如何获得赵匡胤的充分信任，从而在乱世之中保全自己性命的呢?

在苏辙的《龙川别志》中记载了这样一则趣事。周世宗年间，周世宗进攻南唐，张永德与赵匡胤都跟随出战。张永德遇上了一个高僧，这个和尚在半夜时分，背着其他人偷偷告诉张永德，如果遇上了两个属猪的人，要好好侍奉，以后的富贵就托付在他们身上了。不久，赵匡胤在清流关击溃南唐大将皇甫晖，建立奇功，受到周世宗重用，逐步成为仅次于张永德的北周重臣。张永德和赵匡胤关系不错，两人闲聊间，张永德发现赵匡胤竟然属猪，于是下定决心改投赵匡胤门下。后来，张永德又见到了赵光义

（宋太宗），一问，发现还是属猪。张永德又惊又喜，于是拿出全部家产资助赵氏兄弟，帮助赵氏兄弟成就大业。于是，赵匡胤陈桥兵变登上帝位之后，任命张永德为邓州节度使，并答应给他终生富贵。

苏辙本人好道，于是在他的《龙川别志》中记载了不少稀奇古怪的故事。不过，苏辙又是一个严谨的学者，高僧预言二猪人的故事定非苏辙杜撰，而应当是当时广为流传的名人轶事。故事很可能就是张永德本人在赵匡胤废周立宋之后散播出来。因为故事既可以表明大宋建国乃上天注定，非人力可改，又可以表明张永德的心志：自己虽然是后周勋贵，但效忠赵氏兄弟，绝无二心。

不过，赵匡胤当然不会仅仅因为一个传闻就放过张永德，正史之中别有缘故。

## 历史真相：谦恭低调，美名远扬

张永德是后周太祖郭威的女婿，不过，郭威之所以会选中张永德为女婿，并非因为张永德如何骁勇善战，而是因为张永德的德行。张永德小时候日子过得很悲催。母亲马氏虽然生下儿子张永德，可马氏是妾，大老婆刘氏厌恶马氏，把马氏给赶出家门，张永德的父亲也无可奈何。张永德对生母马氏孝顺自然不必说，对嫡母刘氏竟然也非常好。后来，父亲去世，张永德成为家中顶梁柱。就算是这时候，张永德对嫡母也非常恭敬。张永德娶了郭威的女儿，做了官，有了高大华丽的大宅，张永德还把正厅空出，让嫡母刘氏居住，而只让自己的生母马氏居住在一旁。有时候皇宫举行宴会，会邀请高级官员的家眷入席。张永德每次都请刘氏出席，直到刘氏去世，马氏才敢正式出来见人。

张永德对嫡母的尊敬让士大夫肃然起敬。要知道古代极为看重等级礼仪，马氏虽然是张永德生母，却是妾，本就是没有资格和正妻平起平坐。当然，母以子贵，在儿子富贵之后，多数母亲会拽起来，横起来，何况张永德的父亲早已经去世。可张永德依然不计前嫌的尊敬嫡母。郭威多次在朝臣面前赞赏张永德仁孝。张永德虽然是武将，却重礼仪、明尊卑，很是难得。

郭威夺取帝位之后，张永德被连续提拔，最后担任殿前指挥使，成为军中高官。

郭威本有儿子，可是在争夺天下的过程中儿子都被敌人杀死。于是，在郭威称帝之后，谁来继承皇位就成为后周朝臣关注的焦点。当时郭威有三个选择，一个是女婿张永德，一个是自己的外甥李重进，一个是郭威妻子的外甥柴荣。按照中国的血缘关系论，张永德应该和郭威的关系最近，因为张永德之子也可以算继承了郭威的血脉。外甥李重进也算是血亲，唯独柴荣，虽然是外甥，却不过是郭威妻子的外甥，和郭威本人根本就没有任何血缘关系。那么，为何郭威最后会把皇位传给柴荣呢?

这主要是因为柴荣有帝王之才。外甥李重进性格暴虐，于是，在郭威晚年，李重进就被调派到淮河地区驻守边疆。女婿张永德则为人谦恭，虽然不乏将帅之才，却没有帝王的果敢和才略。于是，在去世几年前，郭威就认下柴荣为义子。郭威病重，曾经把三人都宣召到自己身边，然后命人宣读诏命，将传位于义子柴荣。张永德听后立即下跪，表示服从。这一方面是张永德有自知之明，知道自己的权谋算计根本不是柴荣的对手；另一方面也是张永德没有称帝野心，像他这样一个一生尊重嫡母的人，是不会贪求不属于自己的富贵的。

于是，我们可以认为，张永德的德行和谦恭处事的态度，是柴荣和赵匡胤善待张永德、重用张永德的主要原因。

## 舆论背后的坚实后盾

不过，张永德若只是空有德行，那赵匡胤建国之后也完全可以削夺其兵权，用一个虚职将其供养起来。可张永德有才，且见识过人，让赵匡胤欲罢其官而不能。

周世宗柴荣继位之时，北汉联合契丹发动了高平之战。大战之初，宰相冯道曾经劝说周世宗以防守为上，因为当时的大将樊爱能等人都已经功成名就，无意立功，以这样的将领带兵，很难打胜仗。可周世宗还是坚持出战。果然，两军一交战，后周许多部队望风而逃，大败而还。如何处置那些将领呢？周世宗很是犯难，一来是那些将领都是郭威时代的开国元勋，二来人员众多，逃跑的将军竟有七十多人。

可张永德站了出来，告诉周世宗，樊爱能等人向来没有建立什么大功劳，却忝列大将，现在还临战望风而逃，就算是杀死他们也不能洗刷他们的罪责。况且，陛下您刚刚登基，想要削平四海一统天下，如果不能赏罚分明，就算是有名将在侧，这百万大军又怎么能够统帅呢？

五代以来，君弱臣强，将帅常拥兵自重，甚至废帝自立。张永德告诉周世宗，要实现一统天下的大志，就必须铲除那些不服调遣心存异志的将领。赏罚分明，才是治军治国之道。周世宗听后大喜，连声说好，立刻把樊爱能等七十多人全部抓起来杀掉，当场选拔七十多人任命为将军。而赵匡胤也正在此时被周世宗提拔为将。之后，赵匡胤奋勇杀敌，表现出众，得到周世宗的器重。

可以说，没有张永德的进言，樊爱能等人不死，赵匡胤就没有上位的机会。而张永德关于打压藩镇的一番话，也让赵匡胤很是欣赏。只是，张永德以暴力铲除悍将，并没有从根本上解除五代以来的弊端。多年之后，赵匡胤改用杯酒释兵权之策，可以说，就是张永德观点的改进版。

张永德一生战绩辉煌，三次率军出征南唐都获得大胜，重创南唐水师，迫使南唐自动削去皇帝称号向北周称臣。之后，张永德官至殿前都捡点，成为后周禁军最高统帅。

## 被舆论后的明智选择

张永德和赵匡胤的关系一直比较和谐，无论是在周世宗征讨南唐时，还是一起带兵征讨契丹时。不过，两人之间也发生过一些不快，甚至一度关系紧张到差点翻脸。

许多人都知道赵匡胤陈桥兵变获得成功和一个谣言关系密切，就是“点检作天子”之说。这个传言让许多军士认为，当时的殿前都点检赵匡胤是天命所归的真龙天子，使得赵匡胤夺取政权顺利了许多。其实，在陈桥兵变的前一年，赵匡胤已经玩过一次“点检作天子”的把戏。

959年，周世宗率军北伐，取得节节胜利。周世宗在途中批阅前方奏报时，忽然发现奏报中夹着一个皮囊，里面有一个木牌，写着“点检作天子”几个字。“点检”是殿前都点检的简称，是后周时期全军最高统帅，当时正由张永德担任。本来，周世宗在继位之后的五六年里，对张永德还是很信任的。可当时周世宗已经病重，而儿子柴宗训只有六岁。周世宗担心自己一旦驾崩，张永德会废掉柴宗训，自立为帝。从血缘算，确实这位后周太祖郭威的女婿，完全有继位称帝的名分。张永德的德行再好，口碑再好，但只要有万分之一的可能威胁到自己的儿子，周世宗绝对不能冒险。于是，周世宗立刻罢免了张永德殿前都点检的职位，改由自己一手提拔的心腹赵匡胤继任。正是这样一个传言，使得赵匡胤成功登顶，有了足够的权力和地位在日后夺取后周皇位。

虽然史传中没有说这个皮囊是谁放进去的，但赵匡胤从北伐到班师一直在周世宗身边担任护卫工作，完全有可能放入皮囊。并且，赵匡胤当时担任殿前都指挥使，距离殿前都点检只不过是一步之遥，有足够的资历。

张永德对这场飞来横祸的内幕知情吗？当时自然是莫名其妙，可等到第二次军中流传“点检作天子”，赵匡胤摇身一变当了皇帝之后，张永德自然会明白，当初就是赵匡胤陷害自己。可是，赵匡胤已经夺取了兵权，并且亲信遍布朝野，张永德只能打掉牙往肚里吞。既然无力也无意争夺天下，那低头顺从就是求存保命的唯一途径了。

# 隐私之“隐”

既然是隐私，自然是要“隐”的。真宗皇后刘娥软硬兼施，控制史官，收买知情人，竟瞒得世人其嫁入皇家前已婚的真相；而仁宗皇后曹氏无法遮掩其婚史，竟高调张扬其过去，用计化有为无，最终收得帝心，成为一代贤后。

北宋真宗皇帝的第二任皇后刘娥本是已婚女子，丈夫是银匠出身的龚美。北宋仁宗皇帝的第二任皇后曹氏也是已婚女子，丈夫是世家子弟李植。北宋时期对女子的束缚虽然不至于像南宋之后那样，让女人喘不过气来，可是也远不如唐代那么开放甚至荒唐。尤其是北宋的言官制度兴盛，即便是身为皇帝皇后，只要行动稍有差池，也会受到御史谏官的无情抨击。作为母仪天下的皇后，不是说一定要出自名门，至少也应该冰清玉洁吧。那么，两代皇后是如何巧妙隐瞒自己的已婚史呢?

## 常态手腕之遮掩

刘娥已婚这件事情在宋人笔记中多有记载，各种笔记中最有代表性的是史学大家司马光的《涑水纪闻》。“贡父曰：章献刘后本蜀人，善播鼗。蜀人龚美携之入京。美以锻银为业，时真宗为皇太子，尹开封，美因锻得见，太子语之曰：‘蜀妇人多材慧，汝为我求一蜀姬。’美因纳后于太子，见之，大悦，宠幸专房。”

司马光告诉我们，刘娥和其夫龚美都是蜀地人，两人共同离开蜀地，来到京城。刘娥擅长摇小鼓，龚美则有一门打造银器的手艺。估计从蜀地到京城千里长途，常常是刘娥摇着小鼓，唱着小曲，招揽顾客，而龚美则卖一些自己打造的发簪、耳环之类以糊口。来到京城之后，刚巧遇上当时还是襄王的赵桓准备选妃，需要大量的银器。龚美因手艺不错，进入襄王府工作。赵桓久闻蜀地出美女，看龚美是蜀地人，就交代龚美帮自己寻找。龚美于是把自己的妻子刘娥献给了赵桓，赵桓见到刘娥之后非常开心，从此专宠刘娥。

司马光的记载中有几点很值得我们注意。第一个，司马光没有明说刘娥和龚美已婚，只是说“携之入京”。可是，刘美和龚美并非亲属，两个异姓男女千里同行，怎么可能没有暧昧？且后文“美因纳后于太子”，一个“纳”字泄露天机。若刘娥并非龚美的妻子，龚美有什么资格将刘娥献给赵桓呢？只是，刘娥已婚本是皇家秘闻，虽说司马光执笔之时已经是神宗朝，刘娥去世已久，但毕竟是本朝国母，自然要有所避忌。司马光特别注明，这则笔记并非自己亲眼所见，而是得自于另一位史学家刘贡父。要是皇帝追究起来，也可以拉刘贡父顶缸。

元人在撰写《宋史·后妃传》的时候，关于刘娥，就部分引用了司马光的记述，不过言语更加简单含糊，“蜀人龚美者，以锻银为业，携之入京师，后年十五入襄邸”。对于刘娥擅长摇小鼓，曾经街头卖艺的丑事完全抹去，对于龚美为了讨好襄王赵桓，博取富贵献上妻子刘娥也完全不提，仅仅保留了最有味道的“携之入京”一句。真可谓春秋笔法。

《宋史》的史料，大都源自宋朝官方的史料，也就是经过了刘娥本人以及后世宋帝修改的史料。也就是说，刘娥隐瞒已婚史，最主要的手段是控制史官，窜改史料。毕竟人海茫茫，真正了解蜀中少女刘娥十五岁之前经历的人极少。只要史官不乱写，就可以最大限度地隐瞒真相。

对于当世那些知情人，刘娥也想尽办法给予“封口费”。

第一个知情人自然是龚美。龚美曾经是刘娥的丈夫，可是既然龚美选择了将妻子献上以求富贵，那就必须接受刘娥已经是他人妇的事实。龚美还是很知趣，对赵桓非常忠诚。无论是赵桓担任襄王、太子之时，还是赵桓登基称帝，与宰相、敌国展开各种权力斗争之时，龚美都小心翼翼、忠心耿耿地侍奉前后。宋真宗对龚美这个妻子的前夫非常放心。为了表彰龚美的忠心，也为了避免朝廷大臣胡乱猜测，影响刘娥的政治地位，在宋真宗称帝、将刘娥接入宫中之前，由宋真宗做主，让龚美改姓为刘，作为刘娥的兄长随伺左右。为了彻底打消宋真宗的疑忌，安抚龚美寂寞的心，刘娥亲自出面牵线搭桥，为刘美找了一门好亲事，女方是前吴越国公主，现任翰林院学士钱惟演的妹妹。对于出身寒微、毫无背景的刘美来说，承认并且安于做刘娥兄长，是拥有并保持富贵的唯一途径。后来，刘美生了儿子，刘娥又把孩子接入宫中，让孩子和太子赵祯，也就是后来的宋仁宗一起玩耍，真是为刘家长保富贵煞费苦心。

第二个知情人是曾经担任襄王赵桓侍卫的张耆。龚美刘娥是因为张耆介绍入王府，张耆自然知道刘娥已婚之事。不过张耆嘴巴很严，从不乱说，令刘娥很感动。刘娥入府之后因为赵桓专宠，惹恼了赵桓的乳母，乳母跑到宋太宗那里告状，说刘娥狐媚惑主，结果刘娥被驱赶出府。赵桓将刘娥秘密安排在张耆家中，当时张耆也没有结婚，为了避嫌几年没有回家，还让母亲亲自伺候刘娥，刘娥非常感动。在宋真宗继位之初，刘娥就劝说宋真宗，封赏张耆为刺史职衔，到刘娥成为皇太后垂帘听政时，更加封张耆为枢密使、同平章事。在刘娥为后、垂帘的几十年间，张耆享尽人间荣华。

第三个知情人是一个和尚。在真宗、仁宗朝的真州，有一座寺庙规模宏大，僧人众多，江南江北号称第一，主持大师名叫法灯。在寺庙建成的时候，法灯曾经请当时名士记载建庙的前因后果，并刻写成碑文，竖在庙中，让世人瞻仰。原来，当年刘娥刚从蜀中出发的时候，经过真州，因为盘缠用尽，不得不当街卖艺，风吹雨淋竟然染病。是法灯和尚收留刘娥，让刘娥在法灯的草庐中养病，待刘娥病好之后又拿出银两充当路费，让刘娥非常感动。等到刘娥发迹后，陆续拿出百万两银钱捐赠法灯，法灯不要，刘娥又命人为其建造寺庙，邀请法灯为主持。法灯感动万分，于是刻写碑文纪念。

不过，无论是法灯对他人的口述也好，还是寺庙中的碑文也好，都对和刘娥同行的丈夫龚美只字不提，仿佛他根本不存在一样。

## 非常手腕之张扬

至于曹皇后的婚史则比较简单，但因为曹皇后身在京城，并且丈夫李植是世家子弟，隐瞒起来难度一点也不会小。

不过，曹皇后非常幸运，遇到了一位非常开通的公公和丈夫。

曹皇后的第一任公公名叫李士衡，多年在弘文馆任职。宋代的馆阁职务都是清贵职衔，许多宰相都是出自馆阁，后来李士衡就曾经出任主管大宋财政的三司使一职。李士衡曾经出使高丽，有一个小故事流传很广。据说李士衡到了高丽之后，高丽王看到天朝使者到来，送来许多礼品。李士衡儒道兼通，对这些世俗财物自然不放在心上，所有接收、存放物品事宜都由副使负责。副使要了个小心眼，把李士衡所得的礼物都存放在船底，把自己的礼物放在上面，这样的话，万一船底漏水，浸湿损毁的就是李士衡的东西了。不想这副使是个衰哥，归国途中，使者团海船遭遇风暴，船体破损，以至于不得不抛弃货物稳定海船。于是，船员们全部到船舱搬运货物，扔到海中。扔了一半货物的时候，风暴终于平息，大家清点货物，发现扔掉的都是副使的东西，而李士衡的东西毫无损失。

当人们纷纷祝贺李士衡的时候，李士衡淡然一笑，反而提出将自己一半的货物分给副使，让大家十分感动。

李士衡就是这么一个散淡的人。于是，虽然李士衡在朝野中名气很大，可官职一直没有升迁。李士衡倒也不在乎，工作清闲，可静心读书，与先贤对话，又可以照顾妻儿，享天伦之乐，又有何不可？

父亲淡泊洒脱的人生态度极大地影响了李植。还是五六岁的时候，李植就对道家学说发生了浓厚的兴趣，十来岁的时候就熟读道家典籍。宋时男女到了十一二岁的时候就开始谈婚论嫁，可李植却毫不关心，整天就喜欢漫山遍野地跑，到处拜访道教高人，学习请教。二十来岁出头时，李植就已经成为名闻关中、洛阳地区的道学高士。

看到儿子这么痴迷道学，父亲李士衡非常着急。虽然李士衡也比较洒脱，可毕竟还知道“不孝有三，无后为大”，李植整天不着家怎么成？为了拢住儿子的心，为了给李家留个种，李士衡开始张罗儿子的婚事。当时曹皇后家乃是京城第一流名门，不过当时祖父曹彬（北宋第一名将）已经去世，父亲曹玘除了一个勋爵，并没有具体职务，家道有些中落。当时曹氏已经十八岁，在宋朝未嫁女子当中已经属于高龄，看看李家门第也还算可以，双方父母就同意了这桩婚事。

于是，在明道二年，曹氏出嫁李家。若按照正常情况发展，曹皇后就将成为一个默默无闻，却比较幸福的一个普通家庭妇女。

当李植回到家中，看到父母已经为自己找好对象，决定好婚期的时候非常生气。可李士衡夫妻以死相逼，李植无奈只能前去迎娶。整个迎娶、拜堂的过程，李士衡都交代下人盯死儿子，防止李植逃跑。可父亲越是如此相逼，李植越是向往自由。于是，等到将曹氏迎娶入家，宾客散去，只剩下李植和曹氏两个人待在房中，连父母下人都已经离开的时候，李植翻墙外出，当夜逃婚了！

听闻儿子逃婚，李士衡非常恼火，派出家人到处抓捕。曹氏出身将门，是一个外柔内刚的女子，看到夫君竟然弃自己而去，心中恼怒，于是不顾公公反对、丫环拉扯，强行离开夫家，回到了自己家中。

后来，李植被父亲找到了，李士衡质问李植为何如此荒唐。李植撒谎说:“入门即见鬼神千万在其前，故惊走。”李士衡本人也好道，见李植搬出鬼神，半信半疑。李士衡前去找曹家商量，曹玘对女婿如此荒唐有些生气，但觉得还可以商量。可曹氏本人却认为李植既已逃婚，如同休妻，自己绝不再去李家，否则只有一死。

看到曹氏态度如此坚决，而儿子李植又一副事不关己的样子，李士衡气得半死。婚事就一拖再拖。

不久之后发生了一件大事，皇太后刘娥驾崩，皇后郭氏因为抓伤龙颜一事被废黜，中宫宝座空缺。当时的宰相吕夷简和宋仁宗的几个妃嫔关系很恶劣，于是提出，按照祖制，妃嫔不可以立为皇后，主张从宫外直接选取勋贵未婚女子为后。当时曹家和吕夷简关系非常近，在吕夷简的力荐下，曹氏也勉强参加了选秀。作为候选人入宫之后，深通权谋的曹氏很快获得了宫中大长辈杨太后的欢心，转过年来，就被立为皇后。

在入宫待选时，就有人提出曹氏曾经出嫁一事。曹氏深谋远略，早就派人在京城四处散步李植在娶亲当晚，遇见千万鬼神保护曹氏一事。于是，杨太后、宋仁宗都知道曹氏和李植有名无实，并且，曹氏天生贵重，是以有鬼神护体，保全清白呢！

曹皇后的第一任丈夫李植终生未娶，经常出入道观寺庙，并且绘画造诣很高。刘贡父到一家寺庙游玩的时候看到一副李植所绘的山水，非常欣赏，留诗赞赏：“是心中像，非笔端物。大士观化，四海一室。”曹氏虽然贵为皇后，之后更垂帘听政，成为有宋一代有名的贤后。不过，曹皇后和宋仁宗的关系一直不好，一生无子，晚年夫妻更是互相猜忌，成为对头。从女人的角度说，或许曹皇后嫁给多才多艺的李植会更加幸福。只是，历史没有也许，只能空让后人感叹。

# “傻”的学问

赵允良，宋仁宗堂弟，曾作为仁宗的候补皇位继承人被抚养于宫中。

官场中，许多事情都是相对的。大凡眼前之事多是表象，诸事背后皆有深意。尤其是官场中戴“傻帽”的人很多，但各有其因。有以傻遮掩阴谋者，有以傻保身者，其傻皆为智。

## 傻之表象：非常之举

怪事代代有，宋朝特别多。

宋朝有那么一位郡王，叫做赵允良，本是宋太宗第八子赵元俨（著名的八大王）的儿子，宋仁宗朝被封为华原郡王。这位郡王有个怪癖，每天都是白天睡觉，黄昏起床。从黄昏开始，一直到第二天天亮，整个郡王府灯火通明，热闹非凡。别人吃晚饭准备睡觉的时候，赵允良开始洗脸、刷牙、穿衣服、戴帽子，慢悠悠穿戴整齐，开始打理家事。

赵允良堂堂郡王，自然不用处理那些日常琐事，他每天晚上必修的功课就是欣赏歌舞。手下人从全国各地搜罗来许多美丽的歌女舞女，赵允良一边品尝美味佳肴，一边观赏歌舞，优哉游哉。不但是赵允良本人，整个的华原郡王府都是如此，所有的家人都活动起来，唱起来，跳起来，吃喝起来。到了早上五六点钟的时候，赵允良累了，吩咐散了吧。于是筵席撤去，很快，整个华原郡王府再次沉睡，直到又一天的黄昏。

赵允良不但是个夜猫子，还有许多怪癖。比如赵允良特别喜欢坐在木马子上。一旦坐在上面，就舍不得下来。就连饿了要吃饭，都要坐在木马子上面。有时候想要听歌看舞了，也就把歌女舞女叫到眼前，再怎么也不肯离开木马子。这个木马子到底是什么？为什么会让赵允良如此眷恋呢？有人认为木马子是一种军事防御的横木，放在营地之前阻拦敌军，可这种解释放在故事中很难理解。清代学者俞樾考证，所谓木马子应该是木制的马桶，宋朝许多笔记都把便溺之器叫做马子桶。原来，高贵的华原郡王竟然喜欢坐在马桶上吃饭聊天听歌看舞。

赵允良的行为大都如此荒唐，后来，赵允良去世的时候，礼部官员核定谥号，认为赵允良“以昼为夜，起居无度，反易晦明，谥曰荣易”，给赵允良定了一个具有侮辱性质的谥号。

## 傻之缘由：难言苦衷

那么，赵允良到底为什么会有这么荒唐的举动呢？莫非赵允良本身就是一个怪人？

不是的。赵允良之所以如此，事出有因。

前文已经说到，赵允良乃是宋太宗第八子赵元俨的儿子。赵元俨在宋真宗时期被封为燕王，在宋真宗晚年权力极大。宋真宗晚年多病，朝政多委托给皇后刘娥处理，朝堂上则由寇准、李迪等大臣辅佐，同时又邀请八弟赵元俨参与朝政，使三股力量互相制衡。赵元俨颇有手腕，在朝野中声望极高，皇后刘娥则是一个武则天式的女强人，掌控欲、权力欲极强。为了夺取更大的权力，刘娥重用丁谓、王钦若等佞臣，打击寇准、李迪等正直大臣。寇准等人为了反击，曾经想过拥立年幼的太子赵祯（以后的宋仁宗）监国，同时罢黜丁谓、拘禁刘后，等等。但是政变失败，寇准等人被贬。这样，朝廷权力平衡被打破了。宋真宗虽然多病，不时失忆，但对于皇后刘娥过度干涉朝政，甚至有可能学习武则天改换朝代称帝很是担心。宋真宗考虑过让八弟赵元俨继位，但想到一旦弟弟继位，自己的儿子赵祯或许就性命难保。宋太宗除掉宋太祖的几个儿子就是先例，就算是八弟仁慈，有时候为势所逼，估计也不会放过他们。思来想去，宋真宗还是放弃了这个念头。

但是，宋真宗已经向燕王赵元俨透露过立其为皇太弟的意思，赵元俨自然很是兴奋。宋真宗病重期间，赵元俨每天进入皇宫，查探宋真宗病情，准备随时接班。可是，皇后刘娥近水楼台，发现了这个秘密，于是立刻调换全部皇宫守卫。宋真宗驾崩当天，燕王赵元俨不但被禁止进入皇宫，连燕王府门前也布满了军队。

宋仁宗继位后，皇太后刘娥垂帘听政，改年号为“天圣”。所谓“天圣”，就是两位圣人，很明显，刘娥在效仿武则天，刘娥的命令称“圣旨”，出门坐皇帝的御辇，所用仪仗和皇帝相同。

为了安抚赵元俨一派，刘娥给赵元俨一些虚衔。赵元俨也很知趣，斗争一朝失利，就十多年闭门不出韬光养晦。

因为父亲赵元俨的原因，赵允良从小就感受到了皇权斗争的可怕。

宋朝皇室有一个惯例，如果皇帝本人没有儿子，就从宗室近亲之中挑选一位年幼的王子，迎入宫中抚养，如果皇帝驾崩或者继续无子，就由这位宗室王子继承皇位，比如说之前宋真宗时代的濮王赵泰，之后的宋仁宗朝的赵宗实（后来的宋英宗）都曾经如此。当然，一旦皇子长成，宗室王子就会被送出宫廷。

宋仁宗十四岁继位，随即大婚，可是大婚之后几年一直没有皇子（一直到28岁时宋仁宗才诞下一子，但随即病死）。宋仁宗虽然不到二十，可没有太子，皇权不稳。于是在许多大臣的建议下，皇太后刘娥几番权衡，从燕王赵元俨的几个儿子中挑选了一个出来作为候补皇子放在皇宫中养育。

这个“幸运儿”就是赵允良。

## 傻之根本：外愚内智

赵允良进入皇宫之后一待就是几年。宋仁宗年纪越来越大，看到赵允良这个堂弟，这个一旦自己死掉就会抢班夺权的堂弟，心中自然很厌恶。可是一方面这是制度使然，另一方面也是皇太后刘娥的命令，也只好把牢骚怨气咽在肚中。宰相吕夷简看出宋仁宗的不满，就建议皇太后刘娥把赵允良送出皇宫，毕竟赵允良也到了必须出阁（王子建立自己的府邸、藩属）的年纪。刘娥不大愿意，想要再等几年。赵允良留在皇宫，对刘太后最为有利，万一宋仁宗有个意外，她就可以继续当太后垂帘听政。可吕夷简一再坚持，并暗示继续让赵允良待在宫中，必然加深宋仁宗和刘太后之间误会。刘太后无奈，只能送出赵允良。

几年后，刘太后去世，宋仁宗亲政。宋仁宗亲政做的第一件大事，就是清除朝廷当中的太后一党，于是上至宰相，下至州县官员，贬官一大串。曾经被当作宋仁宗替补的赵允良，地位变得极为尴尬。只要赵允良还露出一丝想要争夺皇权的意思，必然会受到宋仁宗的残酷打压。

在这样的高压下，华原郡王赵允良选择了白天睡大觉，晚上喝酒宴会打发光阴。赵允良就是要告诉宋仁宗，告诉百官，自己绝不会觊觎皇权，自己就是一个沉湎享乐的糊涂王爷。装了三十多年的孙子，到宋英宗时期，赵允良总算是平平安安，寿终正寝。

# “防”不可“放”，“放”不可不“防”

吕夷简，宋仁宗朝宰相，执政二十年，忠于国事却又专权蛮横，争议颇多。

身处官场，钩心斗角实属平常，整人和防整，几乎就是必修课。老子有云：“大象无形。”高明的政治家做事常常神龙见首不见尾，正所谓“天空不留痕迹，但鸟已飞过”。

自古以来，一把手和二把手的关系都极为微妙，而帝王和宰相的关系就更加复杂了。三国时期的诸葛亮拜相十多年，一朝去世，后主刘禅就永久废除丞相一职，对民间祭祀诸葛亮的事情也百般刁难。明朝的张居正执掌朝政十余年，去世之后，就被万历皇帝抄家，剥夺一切政治待遇。可是，身处权力斗争漩涡中心的吕夷简却走出了这个历史的怪圈。

吕夷简是两宋名人，在宋仁宗继位之后三度拜相，执掌国政二十余年。63岁那年吕夷简病倒，申请退休，宋仁宗不允。宋仁宗特许吕夷简不用每天上班，能够三五天来中书省报个到，处理下军国大事就行。看到吕夷简久病不愈，宋仁宗很着急。有人说，当年魏征病重，唐太宗曾经剪下“龙须”给魏征熬药。宋仁宗听后马上剪下一缕胡须，派人给吕夷简送去，并且告诉吕夷简：“古谓胡须可疗疾，今剪须赐卿，望卿早日康复。”我们自然知道，胡须没有这样神奇的功效，宋仁宗也明白其中道理，从宋仁宗“古谓”一词可知。宋仁宗只不过借此告诉吕夷简，告诉朝廷百官，自己对吕夷简是何等信任，何等器重。转过年来吕夷简病得更重了。正月的时候吕夷简抱病去宫中给宋仁宗请安，宋仁宗主动上前，不但不让吕夷简下跪，还亲自扶着吕夷简在自己面前的椅子上坐下。宋仁宗嘱咐吕夷简好好照顾自己，在身体许可的情况下多多过问朝政。吕夷简很是感动，在那种情况下，皇帝依然允许吕夷简过问朝政，就是对吕夷简最大的安慰。不久，吕夷简病逝，消息传到皇宫，宋仁宗正在和朝臣议事，听到消息痛哭不已。宋仁宗悲痛地说："吕夷简死，谁复能办大事者！"在开追悼会的时候，宋仁宗又当众表示："安得忧国忘身如夷简者！"无论是生前，还是死后，吕夷简都得到宋仁宗的最高礼遇。

吕夷简之所以能够长保权位，稳坐大宋朝廷第一把交椅，和吕夷简精通整人和防整之道密不可分。

帝王怀疑宰相，许多时候都来自其他大臣的挑拨。官场中人要说不热衷官位的升迁，那绝对不是真心话。升官在许多时候不仅仅是换个称呼，换个官印，更能够获得更多的尊敬，更大的满足感、成就感。于是，清除脚下的障碍，整倒阻止自己升官的对手，就成了官场斗争的家常便饭。只是有的人整人不择手段，甚至用些为人不齿的伎俩，这些人常常被后人称为奸臣、小人。吕夷简自然不是奸臣，不是小人，可是名臣如吕夷简，又是如何清除自己的政治对手呢？

## "整"在无形

宋仁宗继位之后，宰相丁谓和王曾先后倒台，吕夷简出任宰相。皇太后刘娥对吕夷简非常器重，宋仁宗年幼尚未亲政，朝中没有一个人是吕夷简的对手。后来，刘太后去世，宋仁宗亲政。因为得罪了郭皇后，吕夷简被罢相。之后，李迪被任命为宰相。几个月后，宋仁宗觉得没有了吕夷简自己处处使不上劲，于是又把吕夷简召回中央。可是，此时朝中已经有了李迪，吕夷简就只能屈居次相了。

这个李迪也是宋代名人，论起资历比吕夷简还牛，早在宋真宗时代，就和寇准一起被朝野膜拜，在寇准被整倒之后，更成为清流领袖。之后，李迪虽然屡被罢黜，可是在朝廷上下的口碑极好。李迪这次拜相，一方面是机缘巧合，无心插柳柳成荫；另一方面，却也是李迪多年来为官清正，面对大是大非毫不含糊，使得他拥有了取代吕夷简的能力。吕夷简和李迪之间虽然没有执政观念的冲突，可是，谁是宰辅第一人，处理问题谁说了算，这个问题一样重要。吕夷简当然不甘心自己首相的位置被人夺去，于是吕夷简开始了针对李迪的整人计划。

知己知彼，方能百战不殆。作为朝廷宰辅，除了品行要正直，敢说敢做之外，还必须要有相当的政治智慧。虽然说中国历史上很推崇那种以死相谏的官员，不过，很多时候如果我们能够不那么一根筋，而是动点头脑，既劝服了领导，又保全了性命，一举两得不是更好？就吕夷简对李迪的了解，此人政治操守不错，执政智慧平平，可是在处理一些大事上，却常常能够说出一些与众不同的观点，这是为什么呢？吕夷简交代手下去调查一下，头脑简单的李迪究竟是得到何方高人的相助。只要清除掉李迪的智囊，那么搬走李迪这个大石头就轻而易举了。

调查的人回报，李迪的那些参谋中最优秀的是李迪的儿子李柬之。此人年纪轻轻就考中进士，二十来岁就出任集贤殿学士，博学多才，一时无二。三十来岁又担任开封府的司法官员，处理疑难案件轻松自如，推理判断能力一流。之后又担任盐铁判官，和那些大款富豪打交道，过手的钱财如流水，可是自己一文不贪，廉洁自律。当年的名相寇准初见李柬之就大加赞赏，认为以后必然成为大宋栋梁。有这样的能人在李迪身边，难怪很难找到李迪处理政事的纰漏了。

一般人要扳倒政敌，多是栽赃陷害，流言诽谤，甚至是买凶杀人，吕夷简却不屑这么做。

一天，办公之余，吕夷简特意到李迪办公室坐坐。寒暄之后吕夷简主动说:“公子柬之，才可用也，当授以事任。”李迪知道吕夷简对自己有所不满，看到吕夷简竟然主动串门，心中开始有些提防，却没想到吕夷简竟然说要提拔重用自己的儿子。儿子李柬之有才，李迪最是清楚。李迪拜相之后，公开提拔重用了许多门生故吏，要想在官场混，身边没几个得力帮手可不行。李迪也想过给儿子李柬之压压担子，可又不想让人们说他以权谋私，提拔别人可以，提拔自己的儿子总还是有点难为情。

李迪讪笑着，谦虚了几句。吕夷简却义正词严地说："进用才能，此自夷简事，公勿预知。"吕夷简告诉李迪，我不是为同事的儿子要官，我是为天下，为大宋江山选拔人才，走的是合法程序。之后，吕夷简出面，保举李柬之为两浙提刑使，出任两浙地区的司法最高长官。李迪、李柬之父子非常高兴，根本不知道自己已经中招。

李柬之走后，吕夷简开始转变对李迪的作战方略。以前，吕夷简对李迪是处处忍让，人前人后都很是尊崇。现在不同了，中书省议事之时，吕夷简口头上对李迪依然尊崇，可是在商议具体问题时，吕夷简寸步不让，公然和首相叫板了。李迪面子下不来，可又找不到合适的理由反驳吕夷简。以前，李柬之在，李迪会宣布暂时休会，躲到小房间里和儿子咬咬耳朵，现在可商量的人不在了，李迪只能干着急。时间一长，李迪的威信就急剧下降了。后来，李迪被吕夷简挤兑得实在受不了，就跑到宋仁宗身边倒苦水，提出要辞职不干了。宋仁宗很奇怪，就问李宰相到底工作有什么不顺心的。李迪说："老疾无堪夷简慢欺。"现在自己年老多病了，再也忍受不了吕夷简怠慢自己欺负自己了。宋仁宗很奇怪，吕夷简不是这样的人啊。何况宰相之间处理政事意见有些不同，也是正常的事情，何必一定要撂挑子不干呢？为了照顾李迪的面子，宋仁宗把吕夷简叫来，问问到底有没有怠慢老宰相。吕夷简矢口否认，怎么可能有这样的事情呢？自己对首相大人还是很尊重的，不相信的话可以去调查嘛！

## "防"在无迹

后来，李迪也明白了，扳倒吕夷简，光靠嘴皮子上说说是不行的，必须有过硬的证据。要想彻底毁掉一个宰相，有个法子最快捷。无论是哪个朝代，皇帝都忌讳朝廷大臣和王爷之间，尤其是和自己的叔伯、兄弟之间的私下往来。两股势力一旦联手，就很有可能威胁到自己的皇位。于是，大臣交通王侯皇子就成为整倒对手的不二法门。

宋仁宗时期最风光的王爷当属燕王赵元俨（即民间所传“八贤王”），燕王是宋仁宗时期唯一的皇叔，为皇族领袖，身份贵重。如果能够找到吕夷简和燕王赵元俨私下来往的证据，那吕夷简必然下台。李迪想啊想啊，终于想起多年以前燕王曾经给他的一个门生求官，写了一个便条。当时正是吕夷简拿着燕王的条子找到自己的。虽然说，碍于情面，李迪最后也答应了这件事情，可是吕夷简分管人事调动，并且是吕夷简主动提出的申请，就算是宋仁宗要追究，李迪也可以推说当初不知道那个人是燕王的门生，看到吕宰相打了报告来，顺手就签字了，最多不过是一个失察之责。可吕夷简却是交通王侯，至少要被罢黜到地方，甚至可能被一撸到底，净身出户了。

李迪很高兴，一番查找之下，果然找到了当初的任命公文，公文上有吕夷简、李迪两个人的签名。李迪把文件交到宋仁宗手上，说出前后缘由，宋仁宗大怒，立刻命人带来吕夷简，训斥吕夷简有负君恩。吕夷简面不改色，安静地等宋仁宗骂完，然后告诉宋仁宗和李迪，这份存档文件自己有签名不假，但是却是在首相李迪发布任命几天之后，自己再补上签名的，对这个官员的来历，自己当初并不知情。吕夷简表示自己有证据可以证明自己的清白，请宋仁宗派人去中书省翻查档案，公文签署的那天，自己请假在家，请假条上有宋仁宗的大印。李迪大惊，宋仁宗也半信半疑。等到侍从把请假条找出来，放到李迪的面前，李迪傻眼了。

李迪想要整倒吕夷简，没想到搬石头砸到自己的脚。吕夷简做事小心谨慎，处处留心，不留痕迹。当初接到燕王赵元俨的便条，吕夷简也苦恼不已，怎么办呢？办吧，有违人事制度；不办吧，燕王又得罪不起。于是，最好就是拉首相李迪顶缸。于是，吕夷简特意在签署公文的那天请病假，还特意越级到宋仁宗面前请假，预防万一。当然，吕夷简没去害人，如果不是李迪翻出这件陈年旧事，谁也不会知道其良苦用心。

李迪诽谤同事，挑拨君臣关系，让宋仁宗有些郁闷，仁宗就把李迪贬到了地方。李迪愤愤不平，可是已经失去了皇帝的信任，再也无有作为，只有在一年之后正式辞职，离开了官场这个是非之地。

这样，吕夷简再次出任首相，成为大宋王朝一人之下万人之上的巅峰人物！

## “放”是为“防”

可是，官场争斗永不停息，有时候你不去找麻烦，麻烦会来找你。吕夷简重新做首相没多久，副宰相宋绶找到吕夷简，说:“孝先（王曾，字孝先）求复相，公能相容否?”这个宋绶写得一手好文章，以翰林学士的身份侍奉宋仁宗多年。宋仁宗经常和宋绶交流一些书法、写作心得。在亲政之后，宋仁宗提拔宋绶担任副宰相，给吕夷简打下手。吕夷简知道宋绶没什么野心，就是一个文人，对自己不构成威胁，对他也很宽容，经常只要是宋绶提出的建议，吕夷简都会答应。吕夷简明白，朝廷不是他吕夷简一个人的朝廷，也必须给其他宰臣一些生存空间。可是，凡事都有界限。宋绶若是让自己的亲友出任一些州县长官，吕夷简当然大笔一挥同意了事，就算是中央部门的一些职务，吕夷简也可以考虑让出。可是，现在宋绶说的是让前任宰相王曾复出，这就没有任何商量的余地了。

可是，宋绶好对付，王曾却不好对付。王曾是宋真宗去世时的托孤大臣，曾经当着百官的面，提出皇太后刘娥只是奉遗诏辅佐新君，绝不能撇开皇帝独自处理朝政，搞得刘娥很不高兴。之后，玉清宫（宋真宗倾国修建的豪华宫殿）大火，使作为玉清宫名义上的最高长官的王曾境遇尴尬。最后的调查结果乃是天火，于人无干。但是，皇太后刘娥却借题发挥，说是王曾身为宰相为政无方，于是天降大火警醒世人，把王曾罢黜到地方，一去就是十多年。

正是因为王曾的离开，吕夷简才能够走到前台，继任为首相。

可是，正因为王曾当年当众批评过皇太后刘娥，反对她过分干涉朝政，让多年之后亲政的宋仁宗对王曾心存感激。而宋绶是宋仁宗的另一个心腹。于是，宋绶提出，建议让王曾复出，就不简单是他宋绶一个人的意见了。吕夷简要想阻止，已经是毫无可能。

既然不可能阻止，那么不如顺水推舟做个好人。但是，好人如何做却很有讲究。

第二天，吕夷简找到宋仁宗，表示王曾有意复出，自己和副宰相宋绶已经商量过，觉得王曾很不错，恳请宋仁宗批准。宋仁宗大喜。当年吕夷简和王曾之间多有不和，吕夷简是个铁腕宰相，王曾为相时更是说一不二。吕夷简在王曾手下没少受气。宋仁宗本来还担心吕夷简会刁难王曾，正想怎么安抚吕夷简，劝说吕夷简，没想到吕夷简竟然主动表态，支持王曾复出，心想吕夷简实在是个公忠体国的贤相啊。

吕夷简看着宋仁宗一脸欣喜的样子，更进一步，表示甘愿出让首相之位，做副宰相辅佐王曾。这一下轮到宋仁宗尴尬了。

本来，宋仁宗和宋绶之间曾经商量过如何安排王曾。论能力，王曾和吕夷简不相上下；论资历，王曾在宋真宗朝已经名满天下，是吕夷简的老前辈；论感情，王曾明确支持宋仁宗，反对皇太后刘娥，而吕夷简却常年在帝后之间徘徊，态度暧昧，两边都不得罪。之前宋仁宗罢黜吕夷简，用李迪为首相，就是因为厌恶吕夷简的油滑世故。宋仁宗希望让王曾出任首相。王曾被贬多年，一旦受到重用，必然卖力工作。而吕夷简为相多年，颇有跋扈之名，也可以趁机打压打压，免得凌驾于皇帝之上。

可是，现在吕夷简竟然主动提出出让首相之位。宋仁宗意外之后，就倍觉感动了。是啊，吕夷简也不容易，当年虽然说态度暧昧，可毕竟在刘太后手中保护了自己。仁宗亲政之后，吕夷简办事也不遗余力。王曾想要复出，吕夷简不但不计前嫌，主动允许，现在竟然还提出出让首相之位。要是真的把吕夷简的首相之位给拿掉，那他宋仁宗就太不够意思了。

宋仁宗再三表示，吕宰相不用多说，吕宰相忠君爱国之心自己已经明白。王曾虽然大才，但只能够担任副宰相，当然，在多个副宰相之中，排名可以靠前些，做个第一副宰相吧！

宋仁宗一锤定音，吕夷简满意地走了。吕夷简走后，宋仁宗急忙传召宋绶，把事情的经过告诉宋绶。宋绶一听呆了，这样的话，自己怎么和王曾交代呢？当初宋仁宗可是答应让王曾当首相的啊。宋绶连夜拜访王曾，吞吞吐吐地告诉王曾，您老只能出任亚相了，虽然是副宰相，可是排名第一！王曾郁闷了，可是有什么法子呢？皇帝的面子要紧啊。

王曾复出了。

## “放”≠被动

中书省宰相开会，宋绶本以为吕夷简会和对自己说的一样，照顾下王曾，毕竟人家也是老前辈吗。没想到吕夷简在宋仁宗面前说得铿锵有力，声情并茂，但到了中书省自己的一亩三分地就变得说一不二，大搞一言堂了。以前宋绶说话还挺管用，现在只要宋绶帮王曾说话，吕夷简就一点情面不给，甚至当众拍桌子，骂得宋绶抬不起头来。

王曾火了，宋绶好欺负吗？打狗也得看主人。宋绶不但是大宋副宰相，论职务只不过比吕夷简低一级，并且宋绶还是他王曾的大恩人，王曾可不是一个可以随意让人揉捏的软蛋。可怎样扳倒吕夷简呢？像李迪一样到宋仁宗面前叫屈哭诉那一点用没有，只会白白让人家看笑话。要想扳倒吕夷简，必须要有切实的证据。

他王曾可不是李迪！

面对吕夷简的处处威逼，王曾处处忍让，不但自己忍让，还交代宋绶也千万忍让，甚至在宋仁宗面前，也绝不能抱怨吕夷简一个字。因为在宋仁宗看来，吕夷简乃是让王曾复出的大好人，自己抱怨吕夷简，就是恩将仇报，无情无义。王曾交代宋绶，多派人手找寻吕夷简的纰漏。交通王侯的方式行不通了，那么就从贪污问题上整倒吕夷简。虽说吕夷简处事谨慎那是出了名，可是他为相多年，迎来送往的，哪里就会绝对的干净？

功夫不负有心人，几个月之后，宋绶带来了一个人。王曾一番询问之后，大喜过望，当晚就写好了弹劾奏章，揭发首相吕夷简买官卖官，祸乱朝政。

第二天，王曾单独拜见宋仁宗，递上奏折。王曾说，自己想要辞官，原因是吕夷简为政经常独断专行，买官卖官的事情实在太多。此事绝非虚构，现任开封府尹王博文本不过是吏部的一个郎官，官卑职小，可因为给他吕夷简送了三千贯钱（约一百万元），吕夷简就破格提拔王博文出任首都一把手。宋仁宗大惊，吕夷简竟然背着自己干出这样的事情！

可吕夷简毕竟是一朝首相，不能轻易处置。宋仁宗召来吕夷简，要吕夷简当面给个说法。吕夷简听王曾说完，没有反驳，只是很淡定地请求皇帝把这件事情交给御史中丞（大宋纪检书记）调查，一旦查实，自己甘愿领罪。

王曾有些意外，这吕夷简凭什么这么淡定呢？宋仁宗却在一边点头，觉得吕夷简果然有宰相气度。唉，但愿只是一场误会啊。

御史中丞名叫范讽，是出了名的耿直汉子，经常在朝堂上反驳吕夷简，和吕夷简完全不是一路人。由他来审案，那结果将很有说服力。范讽一番调查，查明向王曾、宋绶二人举报吕夷简贪污的人名叫吕昌龄，乃是吕夷简同族的子侄，多年来经常跑到吕家打秋风，吃白食。最近一段时间因为到吕夷简府上要官不成，曾经大闹了一番，吕夷简曾经派人通知巡城官兵把吕昌龄拿下，送官府责打。这吕昌龄怀恨在心，四处宣称要毁掉吕夷简。这吕昌龄躲在吕家附近，观看出入官员，看到有个叫做王博文的人鬼鬼祟祟，多次出入吕府，又听到吕府的下人悄悄说此人给了宰相大人三千贯钱买官。于是吕昌龄跑去告诉了宋绶、王曾大人。

可是，当御史中丞范讽叫来开封府尹王博文当堂对质的时候，吕昌龄却说，自己当初见到的人并非是眼前的王博文，而是一个身材高大些的男人，名字仔细想想也不是王博文，而是王博古。范讽再传召吕夷简府上的下人，下人们说三千贯钱并非别人贿赂，而是吕宰相拿出自己的工资捐赠给家乡修建学官，王博古正是经办人。范讽派人到当地调查，果然发现当地官府收到了这笔款项。至于三千贯的出处，大宋宰相俸禄极高，皇帝又常有赏赐，吕夷简为相多年，就算是三万贯也是拿得出的。

一场惊天大案尘埃落定。

宋仁宗接到报告，一颗心终于落下。宋仁宗叫来王曾和宋绶，痛斥二人忘恩负义，枉自为人。若非有吕夷简的赞同，王曾不可能复出；若非有吕夷简的支持，宋绶哪里能够顺利开展工作。可二人不但不感恩，反而倒打一耙，人品低劣如此！之后，王曾、宋绶被贬到了州县当基层官员。

不过，吕夷简也被宋仁宗再次罢相，但和王曾、宋绶不同，吕夷简依然享受宰相级别待遇。宋仁宗为什么这么做呢？毕竟短短半年多，吕夷简就两次受到宰辅大臣弹劾，这也证明他吕夷简确实存在一些问题，至少是在协和百官，处理同事关系上，还做得不够，还要反思。此时给吕夷简一点教训，其实是保护吕夷简，毕竟朝廷当中李迪、王曾这样的老前辈势力还是很庞大。两三个月过去后，吕夷简再次被召入京城，出任首相，一直到去世，再也没有人能够撼动分毫。

只是，王曾想不明白，为什么吕昌龄在他们面前口口声声都说是开封府尹王博文花三千贯买官，到了公堂之上却改口说见到的人是王博古？并且，吕夷简帮助家乡修建学官本是正大光明的事情，为什么偏偏要背着人鬼鬼祟祟，悄悄进行？或许，这个吕昌龄事件本就是吕夷简给王曾挖的一个陷阱，挖了一个大坑等着王曾、宋绶往里跳。可是，现在是王曾主动弹劾吕夷简，是王曾提供的证人吕昌龄。事情就算是和猜想的一样，说出去谁又能够相信呢，大家反倒会更加鄙视他王曾。吕夷简整人和防整的技术已经超凡脱俗，出神入化了。王曾只能打掉牙往肚里咽，默默离开了京城。

欧阳修曾经批评吕夷简：“其在位之日，专夺国权，挟制中外，人皆畏之。”不过，吕夷简并非只是一个玩弄权术，以诈术治国的宰相。吕夷简为相二十多年虽排除异己不遗余力，但处理国事也能秉公办事，不偏不倚。吕夷简为相的前十年，皇太后刘娥垂帘听政，和青年宋仁宗的关系日渐微妙。在宋仁宗成年之后，刘太后和宋仁宗之间既是感情深厚的母子，又是权力交锋的对手，若非有吕夷简在其中斡旋调和，双方关系必然闹僵。吕夷简强烈要求刘太后善待宋仁宗生母李宸妃，就是其中一例。吕夷简为相的后十年，处理国政大方得体，尤其是在和辽国的外交斗争当中，捍卫了北宋的权益。《宋史》又载：“然所斥士，旋复收用，亦不终废。”就算是对李迪、王曾等政治对手，只要不威胁到他首相的位置，他也能够宽容对待，量才录用，不搞一棍子打死。

吕夷简有政治手腕，有治国方略，有宰相气度，难怪能够纵横政坛二十多年，被后世称之为名相。

# 揣摩是个精细活

赵普，宋初政治家，宋初决策多出其手。

揣摩领导意图是门精细的官场必修课，赵普在与宋太祖的一问一答之间，就将宋太祖的心思精细地揣摩于心，并将自己不谄媚、正直的官员形象刻在了领导的心中。

## 寻常题目中的非常用心

在《梦溪笔谈》中记载了这样一件事情。有一天，英明神武的宋太祖赵匡胤特意询问宰相大人赵普："赵宰相，你认为天下什么东西最大?" "普熟思未答间"，赵普觉得这个问题比较难，仔细思考了会。赵匡胤不想让赵普想的太仔细，就再追问，要求赵普立刻回答。赵普整理思绪，说："道理最大!" 赵匡胤听了之后频频称赞。

天下万事万物，都逃不脱一个"理"字，天要遵循天理，地要遵循地理，物要遵循物理，而人自然也不能例外。什么是理？理就是事物运行的规律。

那么，天下间是道理最大吗？是，也不是。

赵匡胤心中真的是认为道理最大吗?

在《续资治通鉴》中记载了这样一件事情。宋太祖为武将出身，很喜欢射猎。当了皇帝之后日理万机，很忙，可是再忙，赵匡胤也会忙里偷闲。不能去郊外射猎，那就在御花园玩玩弹弓打鸟。有一天，一个官员看到赵匡胤在打鸟，很着急，一国之君怎么能够沉迷打鸟不务正业呢？于是借口有要事禀报。赵匡胤一听立刻放弃打鸟，接见那位官员。可是那位官员没什么特别的事情，不过就是一个皇帝要勤于国政的套话。赵匡胤多么精明的人，当然明白那位官员什么意思，就说："你这些狗屁事情，真的有那么重要吗？"那个官员也很犟，说："再不重要也比你打鸟重要吧！"赵匡胤大怒，随手抄起身边的玉斧就劈下来。那个官员也不躲闪，一下子就被打中了嘴脸，牙齿都掉下两颗。那个官员趴在地上也不害怕，慢悠悠的还到处找掉下的牙齿。赵匡胤生气地说："莫非你小子还想找到牙齿到哪里去告我不成？"那个官员说："我是不能告皇帝的，但是自然会有史官记载这件事情的。"赵匡胤脸色不定，最后长舒一口气，换了笑脸，赏赐那位官员一点小礼物，打发走了。

在赵匡胤心中，认为什么最大？当然是自己最大。自己在打鸟，就算有不是，那也是一国之君，威严不可侵犯。你一个小小官员，竟然敢打着为国为社稷的名义来教训皇帝，狗胆包天了嘛，于是抄起斧头就劈人。可是赵匡胤毕竟不是桀纣之君，还是分得清轻重缓急的。于是赵匡胤一边打人，一边给吊小钱安慰一下。也许有的人会高度评价那位官员刚正不阿，可是赵匡胤改了吗？没改，他依旧打猎打鸟。在赵匡胤心中根本就认为自己没错，只是照顾一下大臣的脸面，给朝廷舆论一点余地，得理也要让人嘛。

既然如此，赵匡胤认同"道理最大"，也就不是什么难理解的事情了。

虽然赵匡胤认为皇帝最大，但是中国也有传统认为"民为贵，社稷次之，君为轻"。皇帝虽然贵重，但是必须为民做主，考虑万民的意见。万民是个抽象概念，广义来说，谁代表民意呢？自然是朝中大大小小的官员；狭义来说，是那些朝廷重臣，比如赵普一流人物。既然赵普等人都认可道理最大，赵匡胤当然不能强求赵普认可自己的观点。就算是心里千万个不同意，但是口头上，还是要支持赵普的道理最大说的。

## 非常用心下的寻常答案

那么，赵普是不是就认为道理最大呢？是，也不是。

赵普虽然说道理最大，但是道理是不是就大过皇帝、皇权呢？应该不是吧。不但是在家天下的古代，皇帝说的话就是金口玉言，就是万世法，就算是在当代，有的一把手搞一言堂，动辄将自己当成组织的化身，以组织上如何如何为借口，其实就是自己想如何如何。

那么，赵普为什么要说“道理最大”？我们仔细品味原文，有一句“普熟思未答间”，赵普为什么仔细思考？问题很难吗？

赵普在被提问时，大脑转的飞快，远远不是我等愚民所能考虑的。原本来说，赵普应该第一时间回答：“道理最大！”古今大儒不都是这么教育我们的吗？民贵君轻嘛。《孟子》中甚至有说：“君之视臣如手足，则臣视君如腹心；君之视臣如犬马，则臣视君如国人；君之视臣如土芥，则臣视君如寇仇。”皇帝老子对臣子好一点则罢了，君王把臣子当成狗屁，臣子就可以把君王当成仇敌。对待仇敌当然不用讲究什么仁义道德，完全可以群起攻之，甚至取而代之。

可是，赵普没有在第一时间回答，赵普在思考什么呢？当然是在想赵匡胤到底会需要什么答案。回答道理最大吗？赵匡胤肯定会不高兴。可是，就算是赵匡胤眼前不高兴，终究会明白自己的良苦用心。既然千古以来，大家都认为道理最大，那么在公众场合，在正式场合，就必须遵循游戏规则。如果回答皇帝最大，结果会如何？那样的话，赵匡胤可能高兴，可是以后就会看扁自己，认为自己是一个奸佞小人，只知道溜须拍马。

于是，赵普没有第一时间回答道理最大，更没有第一时间回答皇帝最大，而是仔细思考，或者故意做出思考状，然后说——道理最大。在这段时间，赵匡胤的大脑当然也转得飞快。赵匡胤之所以要问这个问题，并非是赵匡胤真的不明白谁最大，而是想要看看赵普，这位建立大宋的第一功臣如何回答这个问题。所以，当赵普回答之后，赵匡胤连连说好。大家都是人精，知道什么话可以说，什么话永远不能说。

在中国，自古以来，说和做就是分开的。

## 做棋子别做弃子

在权力斗争的角斗场，要么成为掌控者，要么成为附属者。一旦沦为权力角斗的附庸，要能在各方势力中生存，则要对自己在权力场的存在价值有清醒的认识。成为他人棋子，靠的是自身的价值，而一旦存在价值失去，备受冷落倒在其次，身家性命也会遭遇危机。

当年宋真宗到南郊举行祭祀大典，青年贾昌朝就写了一篇花团锦簇的文章歌颂大宋王朝的繁荣昌盛。宋真宗一看大喜，当庭召见，亲自考核，赐同进士出身，可谓一篇文章换来锦绣前程。在基层锻炼几年之后，贾昌朝因为博学多才被调到全国最高学府（国子监）当老师。当时的校长是北宋著名的经学大师孙奭，孙校长听了贾老师几堂课，非常欣赏，认为贾老师上课深入浅出，尤其了不起的是，能够在解读经典的同时，阐释治国平天下之道。有一天，孙校长特别留下贾老师，告诉贾老师，小伙子好好努力，凭你对经书的礼节，以后一定会发达的。贾昌朝很高兴，以后更加恭敬的伺候孙校长。孙校长后来调到中央，给少年宋仁宗当老师。等到孙校长年老退休的时候，孙校长就推荐贾老师顶替自己。宋仁宗听了一堂青年教师贾昌朝的示范课，很高兴。以前孙校长虽说博学，可动辄搬出许多历代大贤的注释，宋仁宗越听越糊涂。贾老师年纪不大，讲述很是时尚，经常会举一些活泼生动的小故事，让宋仁宗兴味盎然。以前上经学课，宋仁宗经常打瞌睡，现在听贾老师上课，经常提问，师生互动很开心。宋仁宗很喜欢贾老师，但贾老师资格还不够老，一下子担任帝师恐怕有人非议，宋仁宗就专门设立了崇政殿说书这个职务给贾老师，一两年之后就正式任命他为集贤院直学士，可以跟随在皇帝左右参与国政讨论。宋仁宗有时遇上难以决断的事情，贾昌朝常引经据典，给宋仁宗一个满意的答案。宋仁宗庆历五年，贾昌朝四十九岁的时候，风光拜相。

宋人的宰相多有才学，但是以研读讲解经书，以教师身份进入中央，以至拜相，贾昌朝是第一人。

贾昌朝刚刚当宰相的那一天，忽然有一个人来找。这个人很有意思，姓许，人们也不知道他叫什么，因为他无论对布衣百姓，还是对达官贵人，一律自称“我”，人们就叫他“许我”。贾昌朝久闻许我大名，多次前去拜访，可是总不凑巧。这一天许我骑着个小毛驴来到宰相办公大楼。门卫师傅大声呵斥，说:“这是宰相办公重地，闲杂人等一律闪开。”许我笑了，说:“真的不准进去吗?”门卫师傅一脸鄙夷，说:“别说是你，就算是各部院的领导来了那也要下轿。”许我说:“我和他们不同。我又不求贾宰相办事，是丞相有事情要召见我！既然你不让我进去，那很好，我这就走了。”于是，许我调转驴头就走了。门卫师傅一听这老头来头不小，赶紧去追，可哪里追得上。门卫心惊胆战，小心翼翼地回禀贾昌朝。贾昌朝赶紧派人去许我家向许我道歉，邀请许我再来。可许我一口拒绝。贾昌朝也没法子。手下奇怪了，什么人胆子这么大，宰相大人邀请都敢不来？贾昌朝说:“那个许我也没什么背景，不过就是一个小市民。可就像他说的，一个人只要无求于人，就算我是宰相，又能把他怎么样呢?”

确实，人到无求品自高！

不过，话虽如此，小民虽然无求，但却禁不住官员倚仗权势为非作歹。许多时候，就算你靠边走路，也保不齐被后面的车撞翻。面对许我的清高孤傲，贾昌朝始终能够以礼相待，也算是保留着一些文人的风骨，做人的良知。

## 利害搅乱棋局

可是，宋仁宗庆历年间的一场求雨风波让贾昌朝蜕变成另一个人，一个在权力沼泽中迷失的人。

在古代，如果天时不正，出现一些灾异现象，比如日食、月食、彗星出现、金星逼近，或者洪水、旱灾、蝗灾、地震，等等现象，经常会引发朝野震荡。老百姓多认为是皇帝昏庸暗弱，治国无方所致，搞不好就要废黜皇帝。如果皇帝大权在握，那宰相就要倒霉，做个替罪羊。

很不幸，在庆历六年、七年，贾昌朝为相其间，北宋连续发生了日食和旱灾。

但是，一开始，贾昌朝还比较幸运。

庆历六年，日食出现，那些素日和贾昌朝不和的大臣借机上书，抨击贾昌朝，要求罢黜贾昌朝。可是宋仁宗却说："现在上天显示异象，如果老天要惩罚，愿只惩罚朕一人。爱卿（贾昌朝）你好好想想百姓痛苦的根源，早些让那些天下百姓过上安康的日子就好了。"贾昌朝听后急忙说："陛下的善心，就足够消弭这场天变灾祸。臣怎么敢不夙兴夜寐，小心勤勉以侍奉陛下呢！"宋仁宗很满意，说："那就很好，你我君臣一起努力。相信只要做皇帝的畏惧上天修缮德行，做宰相的畏惧法令力求自新，天下必然安定。"

既然皇帝已经定下调子，那些反对贾昌朝的大臣们虽然不满，也不好多说。贾昌朝出了一身冷汗，总算是逃过一劫。贾昌朝饱读诗书，自然明白所谓灾异和人间的政局根本没有什么关系。日食出现就是皇帝失德、宰相无能？笑话。只不过是一些别有用心的反对派借机生事罢了。可是，心里可以这么想，台面上却不能这么说。毕竟那一套灾异理论是从孔孟先贤时代就传下来的。就算是皇帝，很多时候也必须无条件服从。

可是，要如何改变自己的窘境呢？依据司天监的预测，明年又是大旱年，贾宰相躲得了初一，躲不过十五。到来年，如果反对派再嚷嚷，宋仁宗八成会丢车保帅，保全自己，罢黜贾昌朝。

让明年别人旱，那自然不可能。贾昌朝要想自保，就必须找到别的替罪羊。

贾昌朝拜相之后，为了巩固权势，四处扩张自己的关系网。当时宋仁宗最宠幸的妃子是张贵妃，要是能够得到张贵妃的帮忙，在皇帝面前说说自己的好话，那明年就不用愁了。可是怎么才能和张贵妃搭上关系呢？毕竟张贵妃是后宫嫔妃，贾昌朝一个外臣，不得皇帝召唤不能出入后宫。刚巧张贵妃的奶妈姓贾，在宫中人们都称其为贾婆婆，倚仗张贵妃的恩宠，在后宫呼风唤雨。贾昌朝亲自到贾婆婆在宫外的家中拜候，自称为侄儿，和贾婆婆攀上了亲戚。贾婆婆很欢喜，虽然她是张贵妃的奶妈，在宫中说一不二，可是许多事情要靠朝廷官员去办。现在有了贾昌朝这个侄儿，那以后家里办事就会顺畅多了。贾婆婆把贾昌朝隆重介绍给张贵妃，张贵妃自然也很满意。张贵妃还想着挤掉曹皇后成为大宋国母呢，没有朝廷宰相的支持怎么行。

第二年春天来了，天下果然大旱。宋仁宗很是着急。一开始，宋仁宗派礼部官员前去求雨，后来自己亲自出门，大热天到几十里外的太乙宫求雨，宫中更是点燃胳膊粗的蜡烛，道士日夜祈祷，可依然无效。这时候又有人说贾昌朝身为宰相，不能够进贤才，安国家，致使天显灾异，应当罢黜。

怎么办？

贾昌朝急忙找到贾婆婆，希望张贵妃出面帮自己说情。可是，张贵妃却提出一个让贾昌朝非常为难的交换条件。

张贵妃深得宋仁宗的恩宠，宋仁宗的曹皇后自然不满。为了争取宋仁宗，曹皇后煞费苦心，依照宋仁宗喜欢的标准，从宫女当中挑选了一位叫做范观音的绝色女子，调教了许久，收为养女，然后找了个机会推荐给宋仁宗。范观音妙解音律，歌唱得尤其动听，宋仁宗一下子就被迷住了，几个月没来张贵妃的寝宫。张贵妃恨之入骨，可总找不到机会除去范观音。

张贵妃表示，只要贾昌朝帮忙除去范观音，自己就在宋仁宗面前说情，保住贾昌朝宰相的乌纱帽。

贾昌朝果然博学，很快就想到了一条妙计。

贾昌朝派几个亲信官员上奏朝廷，说现在天下大旱，是因为后宫宫女众多，而民间却很多人娶不到老婆，如果皇帝能够放出一部分宫女，自然会天降甘霖。贾昌朝按程序接到奏报，第一时间回禀宋仁宗。宋仁宗听后半信半疑，贾昌朝却言之凿凿，说古代确有先例。宋仁宗无奈，只能答应。

转过天来，宋仁宗从后宫中把那些自己不喜欢的，或者年纪大的宫女一百多人，送出皇宫。可是，天依旧没下雨——会下雨才怪！

宋仁宗很郁闷，找到张贵妃处闲坐。张贵妃趁机表示，贾宰相说得其实没错。只是宋仁宗还不够诚心。宋仁宗生气了，说，自己怎么不诚心，都放出一百多宫女了，莫非要把后宫嫔妃全部赶出宫廷？张贵妃连忙安抚皇帝，说，并非如此，只要皇帝能够把最喜欢的那个嫔妃放出皇宫，上天必然下雨。

宋仁宗傻了。宋仁宗舍不得范观音，也怕得罪了范观音后面的曹皇后。可贾昌朝在朝堂上嚷嚷，张贵妃又在后宫中催促，宋仁宗只能点头。

## 弃子利散而败

范观音走了，可雨还没有下。这下曹皇后怒了。曹皇后找到宋仁宗逼问究竟是谁出的馊主意。为什么皇帝的宠妃都被赶出宫廷了，老天还不下雨？宋仁宗也一肚子的怨气，召集大臣询问到底要怎么处置。

这时候，有个一贯不满贾昌朝的御史说话了。上天显示灾异，皇帝都已经做出表率，不但是放出宫女，连宠爱的妃嫔都能够放弃，善行必然感动上天。可现在为什么还不下雨？只有一种可能。那就是宰相无能。无能的宰相没有罢黜，老天怎么会下雨呢？

宋仁宗瞪着贾昌朝，越看越觉得贾昌朝可恶。是啊，若非是贾昌朝提出放出后宫宫女的事情，自己的宠妃怎么会被赶出皇宫？曹皇后又怎么会怨恨自己？罪魁祸首就是你贾昌朝！

贾昌朝也是个聪明人，现在自己得罪了宋仁宗和曹皇后，而张贵妃目的已经达到，自己已经没有了利用价值，再求张贵妃也是自取其辱。回到家中，贾昌朝连夜写了一份辞呈，主动辞去了宰相的职务。

没想到还真有这么巧的事情，贾昌朝离开京城到地方上任没几天，京城就连降大雨。于是人人都说，就是那个贾昌朝搅乱朝廷，勾连后宫，搞得朝堂后宫鸡飞狗跳，才天下大旱的……

昔日一个才学出众颇有德行的官员为何会落到人人厌弃的地步呢？按照常理，既然贾昌朝学识渊博、心存善念、明白事理，那么，拜相之后就应该是一个为民做主、安邦定国的好宰相。可是，贾昌朝在做了宰相几年后，却逐渐变成了另外一个人。《宋史》对贾昌朝的一生有一个总评："昌朝在侍从，多得名誉。及执政，乃不为正人所与，而数有攻其结宦官、宫人者。"贾昌朝这个人在做文学侍从、在宋仁宗身边讲读经书的时候，人们都称赞贾老师很棒，是个有学识，有品德的好老师。可一旦成为一国宰相，进入权力核心，却为许多正直大臣所不齿，经常和宦官、妃嫔相勾结，做一些蝇营狗苟的事情。对权力的追逐常常扭曲人性，或者为了保住既得利益，或者为了攫取更多的利益，许多人逐渐迷失了本性，陷入权力的沼泽而不自知。

# 乾坤大挪“困”

宋太宗，赵光义，赵匡胤之弟，宋朝第二位皇帝，在位期间，结束了五代十国的分裂割据局面。

在内斗纷扰时，有的人硬顶蛮干，结果焦头烂额。有的人活学活用，四两也可以拨动千金。与其迎击，不如顺其势，于乾坤大挪移中，将目标由此处置于彼处，从而自然脱困。

## 吸引眼球的怪事

太平兴国二年的正月，汴梁城中发生了一件怪事。

正当人们亲朋聚会、其乐融融的时候，集市上发生了一桩命案。有个乞丐当街被人杀死，杀人凶手丢下凶器，转身逃逸。消息传到开封府，府尹听闻大惊，这普天同庆的时刻，天子脚下、首善之区竟然出现这样的事情，实在是骇人听闻。万一传到皇帝耳中，那还得了？

府尹将一干人等传召大堂审讯，很快了解了前因后果。原来，集市上一家酒馆老板开门做生意，不久，有个乞丐前来乞讨。店老板为求新年有个好兆头，也没多问，让小二从账房上拿来十文钱。十文钱可以买五个烧饼，足够乞丐充饥了。可那乞丐竟然一扬手，将十文钱打落，要老板施舍十两银子。老板大怒，五两银子足够普通人家一月的花销，哪有这样乞讨的恶丐？老板吩咐小二把乞丐赶出门去，没想到乞丐竟然扳住门板，死活不肯走。集市上闲逛的人们渐渐聚拢起来，都在瞧这场风波怎么收场。

看到人实在太多，继续纠缠下去有损自己酒店的名声，店老板拿出五两银子扔在地上，让乞丐拿了钱快走。没想到那个乞丐笑嘻嘻捡了五两银子，转身又回来，对店老板说，不给十两坚决不走。店主人实在恼恨，有心让小二收拾乞丐，可那乞丐只要别人一碰到他，就呼天抢地大喊杀人了。店主人无奈，只能哀求乞丐，自己小本经营，日子也挺艰难。可那乞丐就是耍懒不走。店主人只好叫小二从后门溜走，去找巡街的军士。

正在僵持间，忽然有人冲进人群，快速地在乞丐身边抬手一刀，就把乞丐给杀了。杀人之后，那人丢下匕首，转身挤入人群中又走了。杀人者行动迅速，这一来一往不过是一眨眼的工夫。

大家还在看热闹呢，忽然发现乞丐身子一软，倒在地上，腹中鲜血直流。人群大乱，正在这时，开封府的巡查队伍也赶到了。看到眼前的景象，巡查队不敢怠慢，赶紧向府尹汇报，同时将酒店老板、小二和四邻带到开封府衙。

一般案件不过是仇杀、情杀、财杀，有迹可循，破案自然有望。可眼下的遇害者是个乞丐，情杀和财杀都可以排除。估计就是人家见乞丐强乞，感到不忿而出手，凶手和双方可能没有一点关系，这样的案件最是难查。

一天过去，凶手还没有抓到。

第二天上朝的时候，议事已毕，宋太宗赵光义脸色一沉，告诉群臣，听闻汴梁集市有人当街杀人，影响恶劣。宋太宗认为，五代以来，数十年动荡不安，现在天下虽然初安，然人民习气依然勇悍，不明法度，不守法纪者大有人在。为天下长治久安计，五日之内必须将凶手尽快缉拿归案。开封府尹趴伏在地，宋太宗已经拂袖而去，府尹依然战战兢兢不敢起身。

皇帝为当街杀人事件大怒，责令限期查办。消息在汴梁城不胫而走，全城百姓茶余饭后几乎都在谈论这个话题。

开封府尹压力很大啊！回到衙门，府尹将各级官员全部叫来，严令有关官员每天一汇报，三天之内必须将凶犯抓捕到案，否则一律革职查办。负责验伤的仵作说，看死者腹部伤口，乃一刀毙命，凶手当是用刀高手。

办案多年的捕头仔细端详那把凶刀说，凶刀极为锋利，制作精良，乃是上乘镔铁打造，民间罕有。于是大家推测，行凶者或是军中高手。

可是，在汴梁城内外，禁军和马步亲卫足足有二十万之多，若要排查，谈何容易。办案人员到军营把当天有出营记录的军士名单全部搜集起来，逐一排查。可五天期限到来，凶犯还是没有找到。

怎么办？办案官员的屁股被打烂了，也找不到凶手。可上有对策，下有政策。开封府官员群策群力想出一条“妙计”。其实也很简单，皇帝虽然过问这个案件，但皇帝身在九重深宫，哪里会知道外面的事情。只要有人承认是凶手，案件有了着落，自然就可以交差了。衙役找到了那个酒店老板，对其威逼利诱，迫使酒店老板承认是他杀死了乞丐，与外人无干。

官员们把涉案人等全部叫来，串好了供词，将各种卷宗整理完毕，府尹小心翼翼将情况汇报上去。本以为做得天衣无缝，就算是朝廷派人复查，也查不出什么问题。可太宗听完府尹奏报，脸色阴沉，吩咐府尹:“卿家办案辛苦，能如此用心，也算难得。不过，人命大案，望再复核一二，千万不能出现冤案。另外，数日之后，将凶刀带来。”府尹提起的心登时就放了下来，没想到皇帝如此好骗。对于呈上凶刀的事情，府尹就没有多想。

几天之后，府尹朝会时再次禀奏，人犯已经擒获，案件已经具结，说完将凶刀呈上。宋太宗命宦官下阶拿过凶刀，并问府尹审查清楚了吗。府尹说，审查清楚了。此时，宋太宗脸色一变，命令宦官拿来一把刀鞘，当众展示完毕，将凶刀插入刀鞘，竟然丝毫不差。

百官一片惊呼，这是这么回事!

宋太宗起身，生气地说:“如此为官，岂能不枉杀百姓!”说完，拂袖而去。

开封府尹这下傻了，这是怎么回事呢？莫非杀人者乃是宋太宗本人？当然不是，据现场人员的描述，年龄相貌绝非皇帝。不过，皇帝身边的侍从都是虎狼之士，高手众多，或许就是宋太宗命令侍从杀掉恶丐。

## 闹剧背后的隐情

可宋太宗堂堂天子，为什么要掺和这样一件街头命案呢？百官对此议论纷纷，京城百姓却远没有百官这么多弯弯肠子。人们听说凶手竟然是皇帝，纷纷感叹乞丐该死，皇帝侠义心肠，为民除害。而酒店老板一家对宋太宗更是感恩戴德，感谢皇帝还他自己性命，还他一家清白。整整一个正月，太宗杀丐事件都是酒桌上最热门的话题，许多说书艺人更把故事演化成评书，引来无数人观看。

当然，官员之中也自有明白人。哲宗、徽宗朝权臣蔡京之子蔡絛就认为，太宗此举目的是“太宗初嗣位，思有以帖服内外者”。

原来，在开宝九年农历十月二十日晚，宋太祖暴病而亡，此前几乎没有任何征兆。当日正是十天一次的休息日，当二十一日宰臣们来到朝堂议事，忽然发现龙椅上坐的人换了一位，那份惊讶可想而知。朝中那些宰臣基本上是赵匡胤的心腹，看到大殿之上布满陌生的侍卫，嘴上不敢多说，可背地里难免会搞一些小动作。按照常理，本应该是父死子继，赵匡胤驾崩之后应当由儿子赵德昭或赵德芳继承，而不是皇弟赵光义。

于是，赵光义开始大规模的进行封赏，安抚众人。

朝中最大的反对力量是已经开府建衙的皇四弟赵廷美，以及赵匡胤的两个儿子。于是，赵光义封皇弟叔廷美为齐王，担任开封府尹。五代以来，开封府尹就是默认的皇位继承人，赵廷美一看三哥对自己如此器重，把江山的未来托付给自己，自然不去反抗。赵光义封赵匡胤长子赵德昭为武功郡王，兼任永兴节度使，次子赵德芳为山南道节度使，同平章事，并告诉赵德昭兄弟，你们的身份依然是皇子，所有赵匡胤的儿女依然是皇子皇女，也就是说依然有着皇位继承权。既然叔父如此厚恩，且赵德昭兄弟年纪轻轻，在朝中没有四叔赵廷美的支持，根本无力对抗三叔赵光义。

赵光义又赏赐宰相薛居正、沈伦等宰臣钱五百万、银三百斤，后来，又颁布恩旨，对赵匡胤那些健在的“义社十兄弟”一律加官晋爵，拉拢官心。于是，朝廷上下还算和谐。

可是，不知道怎么，民间依然有种种流言传播，有人还煞有介事地说什么“烛影斧声”，说是宋太宗赵光义杀死了兄长。中国的百姓们对那些官闱秘事历来兴趣浓厚，于是一传十，十传百，人人都在传赵光义得位不正。

于是，问题摆在宋太宗面前，如何扭转民间的这种舆论呢？官员可以一一收买，可天下百姓呢？

宋太宗下旨，废黜以往种种禁令，大赦天下，就算是以往不赦免的此次也可以赦免。可毕竟受到恩惠的只是一小部分人，甚至有人说，新君如此大赦，不过是收买人心，此地无银三百两而已。宋太宗无奈了，若是要亿万百姓人人都得到恩惠，就算把国库搬空那也无济于事啊。

不过，宋太宗还是够聪明，想出了一个高招，成功转移了百姓们的注意力。这个高招就是之前提到的杀丐事件。老百姓总是喜新厌旧，总是愚昧可欺，当有了新鲜事可说的时候，人们自然转移话题，关注别的去了。

并且，我们要注意，案件发生时，开封府尹就是对宋太宗威胁最大的齐王赵廷美。宋太宗一方面加封赵廷美，给赵廷美一个甜头，另一方面却又刻意布局，用杀丐事件打压赵廷美，并以此威慑百官，朝野上下皆是官家耳目，众人绝不可欺瞒！

# 切莫“身后有余忘缩手”

刘娥，宋真宗第二任皇后，宋真宗去世之后垂帘听政长达十余年。

人有雄心壮志本是好事，可雄心和野心常常只有一线之隔。船行海上，越是一帆风顺，越是容易忘却风浪的威胁。“身后有余忘缩手，眼前无路想回头”，人生常常如此。

世人都爱做皇帝梦。

古代中国是一个崇拜官员的国度。从上到下，从古至今，白丁想出仕，不入流渴望能入流，衣青衣绿想着衣朱衣紫。身在官场，说不在乎职位升降那有点假。职位改变的不仅仅是几块钱的工资，更会引发生活的一系列改变。唯唯诺诺、点头哈腰转变成前呼后拥、说一不二，那种诱惑很少有人能够抵挡。

于是，历史上有那么多做皇帝梦的人，就在情理之中了。当你身为宰辅，或手握天下兵权的时候，仿佛振臂一呼，天下就会云集响应，前进一步似乎毫无阻力的时候，你会怎么做？大多数人都禁不起这个诱惑。于是王莽篡权，曹丕夺位，武则天代唐，历史一再上演。当然，有的人成功了，有的人失败了。可也有极少的几个人，本来有称帝的资本，却最终选择了谨守本分，比如大贤周公，比如宋真宗朝的皇后刘娥。

周公废立周成王的故事世人皆知，就不讲了，本文只说刘娥。

关于刘娥称帝问题，有这样几个疑问：其一，刘娥有没有称帝的可能？其二，刘娥有没有称帝的心思？其三，因为什么特殊的原因，刘娥放弃称帝？

## 手腕与修持并行

刘娥此人出身寒微，却极有手腕。

作为女人，尤其是作为皇帝的女人，大都是人前光鲜，内心苦涩。贾元春省亲，向自己的祖母、母亲哭诉:“怎么把我送到那不得见人的去处!”宫中美女众多，党派分立，稍有不慎就会死无全尸。而刘娥作为一个毫无根基的女子，竟然能够在宋真宗赵恒身边专宠四十年。从十五岁的美艳少女，到五十余岁的老婆子，刘娥专宠不衰，堪称是中国古代后妃中最幸福的女人。

正因为宋真宗对刘娥一生专宠，于是在真宗晚年多病时节，刘娥就出面辅政。当宋真宗去世之后，年幼的宋仁宗继位，由太后刘娥摄政。北宋前三代君主都是成年继位，而此时的宋仁宗仅仅只有十一岁，并不具备亲政的能力。这时候，是由太后还是由朝中重臣辅政就成了一个问题。因为没有惯例，并非任何一位女主出面都会太平过度，不过刘娥在宋真宗晚年已经参与政事，并且通过对王钦若和丁谓的重用，得到了大臣的支持。于是当刘娥向大臣们宣布真宗皇帝遗诏“此后由皇太子赵桢在资善堂听政，皇后贤明，从旁辅助”的时候，并没有人敢公开跳出来反对。

刘娥利用丁谓打击朝中寇准一党，而当丁谓肆意罗织罪名，意图将寇准等人一网打尽而引发众怒的时候，刘娥又联合其他势力，迅速将丁谓一党铲除，从而从根本上确立了自己在朝中的威权。

同时，刘娥为政也算是号令严明，赏罚有度，比较公允。因为和娘家兄长刘美关系特殊，对刘美以及其子侄难免有些偏袒，但并不纵容他们插手朝政。在大是大非面前，她更尊重士大夫们的意见，王曾、张知白、吕夷简、鲁宗道都得到了她的重用，刘氏姻族也没有做出为害国家的祸事。当时有位叫王蒙正的官员和刘美是亲家，他的儿子王齐雄打死了一个老兵。王家逼迫老兵妻儿说是老兵自己生病死的。开封府尹程琳查明真相，要求治王蒙正的罪。事情捅到刘娥那里，刘娥说:“王齐雄并没有杀人，杀人的是王家的奴才啊?”程琳说:“奴才怎么会自作主张，想必是听从主人的命令。”刘娥一听如此，也就不再多说，默认了此事。王蒙正也被依法惩处，程琳也因此得到刘娥的重用。

并且，刘娥自律极严，生活相当简朴。在以太后身份摄政的时候，太后宫中的侍女见到皇帝身边的侍女衣着华丽，非常羡慕，多次向太后提及，希望也能够穿着好一些，以免被比下去。可是刘娥说:“那是皇帝嫔御才能享用的，你们哪有这样的资格。”

对仁宗生母李氏，刘娥也能够待之以礼，并非像世人传言，有什么“狸猫换太子”之事。刘娥死后，曾经有人告状说刘娥可能毒杀了仁宗生母李氏，一时之间风云大变。仁宗甚至派了兵马看守刘娥娘家，一旦查实，就抄家严办。可事实是李氏面貌如生，且以皇后的冠服安葬，这些都让宋仁宗感动不已，愧疚不已。

在摄政的十多年中，刘娥大权独揽，加上有宋仁宗的绝对服从，是完全有能力称帝的。

## 一线之隔的行与止

在史籍之中，刘娥曾经明确表示自己没有称帝之心，可是细细推敲，却可以看出并非刘娥本心。

程琳向刘娥献《武后临朝图》，不料刘娥亲掷于地，道:“我绝不会做这样的事!”很多人以此认定刘娥“有吕武之才，无吕武之恶”，把刘娥视为北宋第一圣后。

事实并非如此。

程琳是谁?程琳此人曾经出使契丹，其言其行不卑不亢，展现了大国使者风范。之后在担任开封府尹的时候，又公开惩处了刘娥的姻亲。可是刘娥并没有因此而给人家穿小鞋，且出人意料地对程琳提拔重用。其实，刘娥身边确实需要这样一个正直而多谋的人帮助她处理一些事务。之后程琳升任工部侍郎，又担任龙图阁学士，又以翰林侍读学士的身份再次出任开封府尹，之后又出任仅次于宰相的三司使一职，再后来参知政事，可谓官运亨通，成为刘娥执政时期的一位实力派人物。

这样的人物向刘娥进献《武后临朝图》，为什么？是程琳一味拍马的个人行为？恐怕不是。不说是刘娥授意，但至少是程琳揣摩刘娥心意之举。程琳以为如此或许可以让自己更进一步，可没想到刘娥竟然公开拒绝了。

但历史就是这么有趣。刘娥的拒绝并非是不想称帝，而是用程琳献图一事来试探朝中大臣的风向。当献图发生时，大臣议论纷纷，群情激动，刘娥自然知道不能强行称帝，于是假意拒绝。她不过对献图的程琳只是稍加斥责，之后更是提拔重用。

并且，在刘娥摄政十年之时，仁宗将太后生辰长宁节的仪礼升级到与皇帝生辰乾元节相同的程度。在刘娥摄政最后一年，朝廷举行祭太庙大典，刘娥竟提出要着天子衮冕祭祀太庙。群臣大哗，却只能将皇帝衮衣上的饰物稍减了几样，呈了上去。明道二年（1033年）的二月乙巳这天，皇太后刘娥身着天子衮衣、头戴仪天冠，在近侍引导下步入太庙行祭典初献之礼。为了将这场典礼搞得功德圆满，亚献者为皇太妃杨氏，终献者为仁宗皇后郭氏。仪式结束后，刘娥在太庙文德殿接受了群臣给自己上的尊号：应天齐圣显功崇德慈仁保寿皇太后。

同年，刘娥病逝。刘娥在死前的这番行为，我们可以结合当今所谓“五十八现象”分析。快要退休了，一看自己还两袖清风，什么都没有，于是大捞特捞，希望临到结束风光一把。刘娥也是如此。执政十多年有好几次机会可以称帝，却选择了放弃。临到身体不行了，实在忍不住诱惑了，于是什么都不顾，豁出去了，死也要戴一次天子冠冕。

既然刘娥有称帝之权势，有称帝之野心，那为何不称帝？

刘娥曾经问鲁宗道：“唐武后如何主？”回答是：“唐之罪人也，几危社稷。”刘娥听后，沉默不语。有些庸臣试图向刘娥献媚取宠，像方仲弓奏表上疏，请刘娥像武则天一样建刘氏宗庙。一开始，刘娥飘飘然，又有些犹豫不决，跟老臣商量后，才放弃了这个念头。

从这则材料中我们可以对刘娥不称帝的心思猜测一二。

首先，刘娥本心很犹豫。刘娥很想过把皇帝瘾，不然不会几次三番询问武则天是何等人。可是正因为她向臣子询问，可以看出她称帝的欲望并非绝对强烈，至少不是一开始就渴望称帝。

刘娥犹豫的原因，主要是考虑到两个方面。其一是自知。刘娥知道称帝的未来其实很渺茫。当年武则天病危时期最头疼的问题就是立储，以谁为太子呢？如果立儿子为太子，太子继位肯定恢复大唐国号啊。那以侄子为太子呢？从古到今哪里有侄子祭祀姑姑的道理呢？那一辈子就白忙活了。中国自古以来把父死子继视为正统，要改变这一个持续了几千年的思想观念阻力太大。刘娥称帝的话一样会面临这一个难题。其二是知人。刘娥了解，一旦自己称帝，许多大臣都会反对，甚至是一些心腹都可能会站到自己的对立面。当刘娥是太后的时候，大臣们对刘娥久不还政就屡有怨言(比如范仲淹就牢骚满腹)，若是刘娥要称帝，那就更是会闹翻天了。自古以来，牝鸡司晨，女主乱国的信念根深蒂固。原来互相撕咬的对立派，完全可能团结起来，一致对付这位昔日的女主人。刘娥看惯官场风云，其中道理自然明白。

其次，还有一点也很重要，刘娥没有武则天那样的好身板。武则天32岁为后，60岁成为皇太后，67岁才称帝，一直工作到82岁才归天。而刘娥45岁为后，53岁以太后身份摄政，66岁就病逝了。

有时候不得不说，上天对人们是很公平的。你是帝王将相也好，你是贩夫走卒也好，都难免一死。对刘娥来说，在适当的时候死去，虽然略有些遗憾，却得到后世长久的尊崇，也算是一件幸事！

# 第三章 御下

- 出人意料的赏与罚
- 修剪花木的寓意
- 信访之『信』
- 非常时期的『诚信牌』
- 刺头是把双刃剑
- 『纵』的障眼法
- 一朵花胜过千两金
- 宽容与纵容的距离
- 和颜悦色的太极术

# 出人意料的赏与罚

对于主政者来说，赏与罚都只是手段问题。赏与罚的背后才是其主政之理。高明的主政者常有出人意料的赏与罚之举，而其高明之处就在这出人意料正在情理之中。

赵匡胤一众在陈桥宣布起事之后，一天就拿下了京城，夺取了政权。在稳定京城之后，赵匡胤开始大封功臣，赵匡胤下达的几道封赏诏令让世人瞠目结舌，大感意外，可细细品味，却又不得不慨叹，赵匡胤能得天下确实有其自然之理。

## 有过却赏

先说一件小事。

赵匡胤在陈桥驿站起事，要回师京城，有两条路可走。一条是经过陈桥门，一条是经过封丘门，陈桥门近而封丘门远，大家自然是走了陈桥门。可是，大军到达陈桥门时，守门的陆卒长、乔卒长（卒长，管辖士兵一百人）以军队已经出师，回军入城必须有皇帝诏令为由，拒绝开门。一些将领建议强攻陈桥门，可赵匡胤下令，大军绕道，经封丘入城。

赵匡胤的决定无疑是非常正确的。陈桥门守卫虽然不多，然一旦开战，必然惊动京城中后周的死忠分子，他们就有可能集结军队，准备反扑。并且，一旦开战，必有死伤，也会引起京城官员百姓的恐惧。赵匡胤希望建立的是一个长远的安定的王朝，而不是一个短命的军阀政权。

大军到达封丘门，守卫官兵看到浩浩荡荡的军队，吓得立刻开门。

原本，大家都认为，陈桥门官兵阻挡天兵，赵匡胤即位之后必然严惩，而封丘官员审时度势，开门放行，使赵匡胤最快赶到京城，当然应该得到新皇赏赐。没想到赵匡胤即位后下旨，提拔陈桥门官员，处死封丘门官员。

赵匡胤封赏陈桥门官兵的理由是“旌其忠于所事”，陈桥门两位卒长没有开门迎接大军，那是执行自己的职责，是忠于后周的义举，对于这样的官兵自然要进行表彰。赵匡胤本人对两处官员的个人情感如何我们不得而知，可赵匡胤却明白，要想夺取天下，要想安定人心，绝不可以凭个人好恶行事。赵匡胤要用这件事情向天下人宣告，赵匡胤虽然夺位建国，但对那些忠于前朝之人绝不滥杀。同理，陈桥门守卫官员食君之禄，不能忠君之事，实在可杀。

不过，当赵匡胤表彰诏令下达的时候，有关部门却汇报，陈桥门两位卒长在接受新皇诏令之前已经上吊自杀而死。赵匡胤闻言大惊，亲自赶到陈桥门。看到两位卒长的尸身后，赵匡胤长叹:“真是忠义孩儿!”从此之后，陈桥门的守卫官兵，就被人称为“孩儿班”。他们的军帽之后都有两根头巾，一根青色，一根红色。青色是为周世宗服丧，红色是祝贺宋太祖登基。陈桥门的大门用黄罗遮蔽，常年紧锁，只在一侧开一个小门，供百姓日常出入。

京城百姓纷纷赞叹赵匡胤仁厚。不过，赵匡胤封赏陈桥门官员的做法却存在严重的弊端。陈桥门官员只是一个小军官，对赵匡胤的江山构不成任何威胁。当朝中出现了一个强有力的反对派，足够有能力对抗赵匡胤军团，而这个反对派正是后周的死忠分子的时候，赵匡胤会继续予以褒奖吗?

在行军之初，赵匡胤曾经下令:“太后、主上，吾北面事之；朝廷大臣，皆我比肩也。汝等不得惊犯宫阙，欺凌朝贵及犯府库。用命有厚赉，违则孥戮。”赵匡胤说得明白，凡是起事官兵都要尊重后周皇帝，善待后周官员，违背命令，杀无赦。赵匡胤发至内心的希望此次起事，最好能够兵不血刃地拿下京城，不要见血光。因为，一旦有人死亡，尤其是朝中勋贵死亡，就很可能引发后周官场的连续地震。

## 有功却罚

可是，赵匡胤千交代万嘱咐，担任散员都指挥使的王彦升还是杀了人，杀的还正是后周官场上举足轻重的人物——同平章事、侍卫马步军副都指挥使韩通。

后周的军队主要有两个体系，一个是以殿前都点检为首的禁军，一个是以侍卫马步军都指挥使为首的亲卫。当时，赵匡胤已经担任殿前都点检，是禁军的最高领导，韩通则是亲卫部队的副长官。这个韩通乃是一位智勇双全的名将，战功赫赫，且处理民政也是一把好手，后周的开封新城，就是由韩通营建。韩通有个残疾儿子，从小就得了佝偻病，常年弯着个背，不过人非常聪明，很早就发现了赵匡胤招揽人才、意图夺权的迹象，多次劝告韩通早做准备。可是韩通不信。前几年韩通曾经和赵匡胤共同处理军务，在最后决断之时，韩通独断专行，惹得许多将领不满，可赵匡胤从来不和韩通对抗，处处退让。于是韩通认为赵匡胤绝无胆略叛变，以至于错过了除去赵匡胤的最佳时机。

等到赵匡胤的部队进入京城，各大衙门很快被赵家军控制起来。韩通当时正在宫中上班，听到消息急忙出宫赶回家中。韩通想找儿子商议，如何调兵遣将保守京城，没想到半路上遇到了王彦升。这个王彦升乃是一个莽夫，力大无穷，作战勇猛，为人残忍好杀。王彦升一见到韩通，就率军追赶。韩通一路逃跑，回到家中，关闭大门。原本，王彦升完全可以将韩府包围起来，控制起来，这样韩通即无法阻碍起事了。可王彦升却命人砸开大门，纵马冲入，且见人就杀，将韩通一门老小数十人全部杀害。

王彦升得意洋洋，自以为立下大功。消息传到赵匡胤那里，赵匡胤大怒，将王彦升大骂一顿。王彦升还不服气，也有将领认为赵匡胤不过是做做样子，人家王彦升帮你除去起事最大的障碍，你感谢还来不及呢。

可赵匡胤却下旨，追赠后周大臣韩通为中书令，按照宰相的礼节将其好好安葬。韩通图谋对抗起事不但无罪，反而受到了朝廷嘉奖，这是怎么一回事？几天之后赵匡胤对陈桥兵变中参与的将领进行表彰，石守信、高怀德等十多人都加官晋爵，大都连升数级，成为宋朝开国勋贵。王彦升被任命为铁骑左厢都指挥使，担任京城巡检，官职虽然有升迁，可比起同样起事的其他将领可就差得太远了。王彦升很不服气。可赵匡胤说得明白，在入城之初，就已经颁布军令，严禁杀害朝廷官员，你王彦升参与起事有功，可违抗军令却当斩，此时不杀，已经是莫大的恩情。

王彦升心中恼火，于是在巡查京城时故意到原后周官员家中，借口巡查逆贼，大肆敲诈财物。若只是敲诈寻常官员也还罢了，这王彦升胆大包天，竟然跑到宰相王溥家中。王彦升宣称自己巡查辛苦，口渴难耐，到王宰相家讨口酒喝。王溥连忙摆下酒宴好好招待。王溥虽然是宰相，却是后周宰相，此时宋朝初建，虽然王溥已经宣布投诚，但未来赵匡胤会如何对待他，还是一个未知数。王溥也不敢贸然得罪赵匡胤的部下。没想到王彦升喝了几杯更加嚣张，大声嚷嚷要王溥把钱财交出来，把王溥的老婆孩子吓得半死。王溥好不容易把王彦升打发走，半夜里思前想后，觉得不告诉赵匡胤，王彦升必然还会再来刁难，再者也可以借王彦升敲诈事件试探下赵匡胤对前朝老臣的态度。

听到王溥的诉说之后，赵匡胤大怒，即刻下旨，将王彦升外放为唐州刺史。凡是参加起事的将领或早或晚都出任节度使，成为一方大吏，唯独王彦升到死不过是州防御使。

## 意料之外与情理之中

从这点看，赵匡胤赏赐陈桥门官员，贬斥王彦升，并非一时冲动，而是几番思量作出的正确决断。或许有人会说，陈桥门、韩通这些人都已经死了，赵匡胤当然可以重赏以欺瞒天下人，博取仁德之名，对于那些一直活跃的反抗分子，赵匡胤就不会心慈手软了。

此话对了一半，错了一半。

对的一半是，赵匡胤对那些严重威胁到自己统治的后周余党，打击起来确实不遗余力。错的一半是，赵匡胤真正要打击的人极少。朝中官员，有品格、有原则的君子很少，居心叵测、意图自立的野心家也很少，多数官员“千里做官只为财”，大家都是为了混口饭吃，都是为了要活下来。

说一个小故事。赵匡胤有一天骑马出行，半路上经过树林。忽然，从树林当中“嗖”的一声射出一只利箭。幸亏赵匡胤戎马半生，身手敏捷，一侧身，箭射到旁边侍卫拿的旗杆上。手下那些官员顿时紧张起来，人人大喊“抓刺客!”可赵匡胤命令部下继续前进。赵匡胤看看树林，说:“教射，教射。”意思是说，你要想来刺杀我赵匡胤，还要再去多学几年箭法。赵匡胤被人暗杀，竟然还如此洒脱，如此从容，让时人诧异。当一行人回到京城之后，有关官员申请全城戒严进行搜捕，将刺客一网打尽，可赵匡胤却命人照常工作，当作什么都没有发生就好。一开始，大家都很紧张，担心下一次的暗杀。没想到这种情况以后再也没有发生。

赵匡胤处理这次的刺杀事件非常高明。若赵匡胤展开大搜捕，必然会有许多后周官员被捕，也必然会有许多人被冤入狱。那些本来就在观望的占据绝大多数比例的普通官员为了生存，就只能投靠到反抗者的行列。倒是赵匡胤放手不管，让世人明白新朝宽大，自然也就不愿意冒险去搞什么暗杀叛变了。

以不杀来止杀，赵匡胤这温柔一刀，可谓高明。

# 修剪花木的寓意

老子有“治大国，若烹小鲜”之理，宋太祖赵匡胤则将其中之意寓于修剪花木之道，“长者任其自长，短者任其自短”，以容人之量服人，御人，使时与人和，得其所欲之意。

赵匡胤称帝之初，有个皇宫园林管理处的官员看到皇宫中花草树木几年没有修剪，到处拉拉杂杂的一点不整齐，想要让人修剪修剪，却又摸不准新皇帝的脾气，就打了一个报告，向上级请示。本来，这不过是一件小事。可是，那些花草树木是皇宫的花草树木，只要是和皇帝有关的事情，再小也是大事。报告层层上交，交到宰相手中，宰相不敢做主，第一时间交到了赵匡胤手中，请皇帝亲自做指示。

赵匡胤正忙着处理各种军务、政务，看到这样一件屁事也要自己处理，有些郁闷，拿起笔来，刷刷刷写了一行批语：“汝手足指宁无长短乎？胡不截之使齐？长者任其自长，短者任其自短。”赵匡胤的话说得很好，“长者任其自长，短者任其自短”。花草树木顺应本性，自然生长才是最美的，何必一定要人为的整齐划一呢？

《道德经》中从饮食角度谈治国之道，有个名言流传很广，“治大国，若烹小鲜”。细细品味赵匡胤称帝之后的种种行为，我们会发现，赵匡胤治理国家的手法竟然和修剪花木惊人相似，都能够讲求顺应自然，进而顺应时势，顺应人心。

## 压制不如宽容

赵匡胤抢的是周恭帝的位子。虽然说五代十国时期，兵多将广拳头硬就是王道。可还是有许多人不满意赵匡胤，一些后周旧臣更是日夜密谋想要除掉赵匡胤，复辟后周。赵匡胤明白，自己刚刚取得帝位，眼红的人很多，与其把时间花在搜捕反对势力，不如把时间花在如何招抚中间势力上，只要更多的人加入到自己的阵营，反对势力自然瓦解。当阳光雨水充足的时候，那些低矮的花木自然也会长高，这要多花一些时间，有些事情急不来。

皇帝虽然不在乎，可是负责赵匡胤安全的宫廷侍卫不敢怠慢。当赵匡胤再次出门的时候，有人就献给赵匡胤一个手杖。赵匡胤拿在手上，前看后看，没觉得有什么异常。那个侍卫走上前来，附在赵匡胤的耳朵边悄悄说:“陛下您拉下手柄试试。”赵匡胤一拉，龙头手柄下竟然是一把锋利的长剑。侍卫得意地说:“平常时候，不过就是手杖，危急时刻却可以解决大问题呢。”可赵匡胤哈哈一笑，把杖剑扔在地上，说:“要我拿这种东西，那要将军们干什么？何况若危难发生，一把剑又能解决什么问题?”在赵匡胤看来，真正可以保护他安危的，绝不是这把自欺欺人的手杖剑，而是众多真心拥护他的文臣武将。只要有这些人的支持，又何必担心什么刺客，什么反对势力呢?

多数反对者在面对赵匡胤这种宽仁政策的时候，都会选择顺从，毕竟仁君难得。当五代乱世中多数统治者都用刀剑来发言，屠戮反对者的时候，赵匡胤顺从时势，顺应人心，能给反对派一些空间，就显得弥足珍贵。当然也有一些死忠分子，宁死也不投降赵匡胤。赵匡胤征讨后周残余势力时，抓到了前来支援的北汉大臣卫融。赵匡胤早就听说卫融的大名，很想把卫融招揽过来。见面之后，赵匡胤首先责备卫融不应该助纣为虐，违抗天命，杀害了许多宋军将士的性命，然后表态，北汉君主残暴短视，卫融在那里根本没有前途，只要卫融肯投降，不但既往不咎，并且有高官厚禄。一般人在此时也就答应了。可卫融却说："臣一家四十多人，深受刘氏厚恩，我怎么忍心背叛。就算是陛下您不杀我，我也绝不会投降。只要我有机会，我就会逃走，回到自己的国家！"卫融如此不给面子，赵匡胤又羞又怒，让人拖出去用铁棍打卫融的头，打得头破血流。可卫融依然倔强，大喊着："人谁不会死呢，能够效忠君王而死，是我的福分啊。"暴怒的赵匡胤听后吃惊不小，马上把卫融叫到面前，亲自给卫融上药，赏赐卫融官帽、衣带、马鞍，对卫融的忠义赞赏不已。将心比心，当自己的部下被抓的时候，有多少人能够像卫融一样呢？赵匡胤表示，只要北汉的君主能够答应归还宋朝的将领，那自己就放卫融回去。卫融很高兴，很期待。可卫融没想到，自己爱北汉，北汉不爱自己。北汉君王迟迟不肯放回北宋将领，卫融的热血渐渐冷去。一年之后，卫融正式出任宋朝官员，为赵匡胤打江山去了。

## 好恶不如规则

对那些反对势力，那些稀疏的花草，那些低矮的树木，赵匡胤能够宽以待之，不强行剪除。对那些开国的将士，那些茂密的花草，那些高大的树木，赵匡胤也能够予以关爱，尽量让人人都能够感受到阳光般的温暖。最后，低矮的变得高大，高大的更加高大，放眼望去，一片欣欣向荣。

赵匡胤稳定后方之后，开始征讨四方，有的国家望风而降，有的国家誓死抵抗。攻打北汉太原城的时候，赵匡胤就碰了个大钉子。围攻太原已经几个月，可是还没有破城的意思。赵匡胤很苦恼。这时候，负责宿卫工作的卫兵们自告奋勇前来请命，将士们纷纷表示，小小一个太原城这么久都打不下来，那是因为地方的部队不能够出全力，希望赵匡胤允许，让卫士们前去攻城。这些人个个是万里挑一的高手，对皇帝绝对忠诚，一定会死战杀敌，回报君王。可赵匡胤不批准。赵匡胤说："朕相信你们的实力。可是，从一开始的选拔，到日常的训练，到现在基本练成，朕为你们花费了无数心思。你们都是大宋军队精锐中的精锐，更是我的好帮手。我宁可不要太原城，也不希望拿你们的性命去冒险!”赵匡胤最终选择了撤军。全体卫士听到皇帝这么说，感动得一塌糊涂，许多大男人都留下了激动的泪水。这些人的后人多被派往各地担任州县军事长官，成为捍卫大宋的强大力量。

当然，赵匡胤也有做错事、不理智的时候，但就算是自己再生气，再不愿意，只要是对国家、对江山社稷有害的事情，赵匡胤宁可委屈自己，也绝不会任性妄为。有一次，有一个大臣有功劳应当升迁，可赵匡胤和这个人以前有点小矛盾，不喜欢他，就故意把宰相赵普的报告给压了下来。可是，第二天赵普又打了一个申请升官的报告。赵匡胤继续不看，不批。第三天赵普又打报告。赵匡胤生气了，把奏折撕了，扔在地上，气呼呼地说:“朕就是不想给他升官，你能怎么样?”赵普一点不惊慌，弯腰把碎纸片一张张捡起来。第四天，赵普把那个拼好的奏折又递上去，说:“自古以来，有功必赏，有过必罚。何况赏赐也好，处罚也好，并非是陛下你一个人的事情，怎么能够听凭陛下您个人的喜怒呢?”赵匡胤狠狠瞪着赵普，也不说话转身就走了。没想到赵匡胤走到哪里，赵普就走到哪里。赵匡胤转到后宫一个妃子的寝宫，赵普不方便进去就在门外守着。赵普一站就站了几个小时。之后，赵匡胤明白过来，最终批准了给那个讨厌的人升官。

在赵普看来，衡量官员是否应该升迁，不是看皇帝个人的喜怒，而是是否符合考评制度，符合国家法度。赵匡胤当然也知道这一点。走入园林，有人喜欢桃红，有人喜欢柳绿，可不能因为你喜欢桃红，就全部种桃树，也不能因为你厌恶柳绿，就把柳树拔光。不能因为你喜欢整齐划一，就强行要求所有花木、所有人都跟随你的喜好。

赵匡胤不但领悟了这个道理，并且在实践中举一反三。于是，赵匡胤夺位之后不到半年，就稳定了京城，不到一年就消灭了后周残余势力，占领了全部后周地盘。十来年后赵匡胤去世时，除了吴越（已经臣服）、北汉还没有并入版图，赵匡胤基本完成了统一。

# 信访之“信”

李汉超，宋初悍将，作战骁勇，为政勤勉，颇受百姓爱戴。

为政重在上通下达。信访无大小事之分，对其采用“拖”与“卸”之策，实在是不作为之举。“访”不可“防”，所谓“信访”，其核心在“信”。上下有“信”，才可上下有和。

宋太祖这个人很有意思，作为开国之君，浑身都散发着独特的魅力，既有统领千军万马的霸气，又有谆谆教诲的儒雅。虽然宋太祖读书不多，对文人也比较轻视，但却天生精通处世之道。尤其是他的嘴皮功夫，就算与战国那些纵横家作比，也丝毫不逊色。

## “访”不可“防”

有一位将领名叫李汉超，担任齐州防御使、关南巡检（军区司令）。宋朝初年，国家尚未一统，地方也有许多盗匪。乱世之中，许多军队本身就是一方悍匪，为了获取更多的财物，打着剿灭盗贼的名义烧杀抢掠也是常事。为了让李汉超安心驻守地方，尽量不去滋扰地方，宋太祖特别允许齐州地区的赋税全部留给李汉超。可是，军队中依然有许多将领不知道满足，仍四处抢掠。李汉超本人是一代悍将，很会打仗，但是也有一个坏毛病——好色。李汉超出巡之时，每每看到美女，就强抢做妾。齐州的百姓怨声载道，忍无可忍之际就推举几个人作为代表，到首都汴梁告御状。

宋初的赵匡胤还是很开明，老百姓到汴梁不久，大宋皇帝竟然就接见了上访群众。赵匡胤和上访群众的一番对话非常精彩，堪称是官员应对上访者的典范之作。

赵匡胤很是亲切，完全没有威吓上访群众，因为打击压制是解决不了问题的。赵匡胤请老百姓坐下，端上时鲜水果美酒佳酿，和乡亲们聊起了家常。一开始大伙你看我我看你谁也不敢说，赵匡胤一再启发，让大家不要有顾忌，表态绝对会为他们做主。老百姓看到皇帝老子都和自己站在一边，放下心了，就你一言我一语大倒苦水，把李汉超和齐州的将领骂了个体无完肤、狗血淋头。

按照常理，既然李汉超如此罪大恶极，那关爱百姓的皇帝老子就该立刻下令抓起贪官昏官一刀砍了，最不济也应该罢免李汉超严惩各级官员。可是，赵匡胤没有这么做，他不但没有惩罚李汉超，竟然还奖赏了李汉超。并且，老百姓还无怨无悔。

这是怎么一回事呢？

## “访”之为“信”

赵匡胤默默听完了百姓的牢骚，问了好几遍，再也说不出什么李汉超的罪行了。赵匡胤就问：“不知道李汉超在齐州这么多年，契丹人有几次入侵？”百姓们听到皇帝提问，愣了一愣，回答：“没有。”’赵匡胤说：“李汉超在齐州为将之前，契丹每年都会入侵，边关将领没有谁能够抵挡。那时候你们能够保全自己的子女财产吗？”上访群众不说话。赵匡胤又说：“现在李汉超和契丹人相比，谁索取的财物比较多呢？”上访群众低下头，不说话。确实，相比万恶的契丹人，李汉超虽然霸道，但大家的日子总算还过得下去，至少小命还是能够保全。

转过脸来，赵匡胤又对那些状告李汉超强娶民女做妾的人家说：“你家里有几个女儿，都嫁给了什么人呢？”那几户人家都老实交代。赵匡胤就说：“听你们所说，多人人家的女儿大都只能嫁给普通农民，能够吃饱已经是万幸。现在你们的女儿虽然是给李汉超做小妾，可是李汉超乃是朕手下的高官，他是因为喜欢你们的女儿才会强娶，必然不会亏待她们。与其嫁给农民家庭受苦，还不如嫁给李汉超享受荣华富贵嘛！”

上访群众听到这里，想一想，确实有道理，不但不要治李汉超的罪了，反倒对皇帝老子千恩万谢起来。

或许有人会说，赵匡胤的言辞完全是强盗逻辑。确实，李汉超掠夺百姓的财产比契丹人少，他的家财也比普通农民家多，可是，李汉超本是大宋官员，既然拿了朝廷俸禄，安邦定边乃是分内事情。至于纳妾，若是双方你情我愿则罢，可是强娶民女，那就触犯了大宋律法了。赵匡胤一番说辞完全是无视律法的歪理邪说。

可是，歪理邪说竟然让老百姓高高兴兴离开，这是为什么呢？多数官员眼中的所谓“刁民”，其实只要官员们能够给予一点点基本的尊重，一点点微薄的报偿，就会安心回归，甚至欢天喜地了。可惜就连这些最基本的愿望，一些官员也不能满足，实在让人悲叹。

不过，如果仅仅是如此，那赵匡胤还不配称作有为之君。在安抚上访群众之后，赵匡胤还给李汉超写了一封亲笔信。赵匡胤告诉李汉超，你小子要是缺钱你告诉我，怎么能够抢夺百姓呢？赵匡胤让使者给李汉超送去了几百两银子，告诉李汉超，你自己把老百姓的钱还回去，让老百姓感谢你！那些女子，愿意跟随的留下，不愿意跟随的限期归还，多多赔偿。

当听说有群众去京城上访，皇帝还亲自接见了的时候，李汉超全家都很慌张。等到听说皇帝根本没有批评李汉超，还为李汉超说了许多好话，李汉超又有些沾沾自喜。等收到赵匡胤的亲笔信，看到几百两银子时，李汉超感动得痛哭流涕。赵匡胤背后夸奖，当面批评，既保全了李汉超的面子，又让李汉超明白了自己的过错。

从此之后，李汉超努力约束部下，严明军纪，齐州官兵风气焕然一新。李汉超在齐州为将十八年，病逝之时，全齐州的百姓都悲恸不已，数万人联名上书要求给李汉超立碑纪念，碑文名叫《李公德政碑》。

## 非常时期的“诚信牌”

“诚信”是施政的一条准则，尤其是在人心浮动、乱象丛生的时候，诚信尤能起到安抚人心、收服异志、稳定局面的作用。此时，诚信就像一副牌局，如何出牌，何时出牌，考验的就是为政者的智慧。

赵匡胤发动陈桥兵变，一朝之间夺取了汴梁，逼迫周恭帝禅位。但是，并不是说，整个后周的地盘就都归属于赵匡胤了。赵匡胤真正掌控的不过是京畿地区而已。当然，从周世宗时期开始，朝廷就有意识地开始将各地精锐提拔到京城充任禁军和亲卫，于是，当赵匡胤掌握了天下精锐的部队之后，原后周官员多数只能选择臣服。不过，五代以来各地节度使都拥有独立的兵权、财权、人事权，就算是赵匡胤手上有杀人利器，若天下诸侯群起攻之，也是双拳难敌四手。于是，合理招抚、适度打击就成了赵匡胤快速夺取地盘的一项宗旨。

在招抚手段当中，最重要的一项，就是告诉那些原后周官员，只要你认可新政权，那新君将保证其富贵照旧。赵匡胤在登基的当天，就派出宦官前往各州，将自己登基之事晓谕天下。同时，派出专使，带上自己的亲笔密信，分别送给各地节度使。

看到新君如此有诚意，多数官员也就选择了顺从。

## 诚招人情

在众多节度使当中，对于一些和赵匡胤走得比较近的，比如驻守现在的北京地区的雄武节度使王景守，驻守甘肃地区的定难节度使李彝殷，驻守河北地区的天雄军节度使符彦卿、忠武节度使张永德，赵匡胤一律予以封赏，加封太保、太尉、太师、侍中，以示恩宠。

这四路节度使当中，符彦卿的势力最大，军力最强，不过和赵匡胤乃是亲戚，赵匡胤很放心。

符彦卿是后周王朝绝对的重臣。此人13岁就能够上阵杀敌，20来岁就出任刺史。曾经率领数百人从数万契丹大军中救出自己的主帅，在30岁出头就成为名震天下的将领。进入后周，周太祖郭威对符彦卿非常看重，封符彦卿为王，并且让养子柴荣娶了符彦卿守寡的女儿。符彦卿已经成为后周时代仅次于周世宗的第二号人物。在周世宗去世前不久，皇后符氏去世，为了拉拢符彦卿，保全幼子柴宗训，周世宗又娶了符彦卿另一个女儿为皇后。可见符彦卿在朝中的位置。

可惜周世宗一世谨慎，把朝中凡是有可能篡位的反对者一一驱逐出朝廷，却忽视了赵匡胤。当然，也并非周世宗忽视，实在是赵匡胤掩饰得太好了，以至于周世宗到死也毫不怀疑赵匡胤的忠诚。

赵匡胤和符彦卿是亲家，其弟赵光义的妻子就是符彦卿的小女儿。于是，符彦卿既是后周的国丈，又是大宋的亲家。符彦卿对于后周有感情不假，可赵光义也是自己的女婿。眼下赵匡胤拥有兵权，掌握了天下，也少不了他符彦卿的好处。

于是，当赵匡胤下诏加封符彦卿为太师之后，盘踞河北、拥有重兵的符彦卿选择了顺从。

张永德本是赵匡胤的直接上司，和赵匡胤的关系比较微妙。如果没有张永德的提拔，赵匡胤不可能升迁那么迅速。两家的关系也不错。当初赵光义结婚，赵家没钱，是张永德拿出钱来，把婚事操办的风风光光。不过，赵匡胤想要上位，夺取兵权，就必须赶走当时担任殿前都点检的张永德。在周世宗北伐契丹的时候，赵匡胤故意将一个装有“点检作天子”的皮囊放在公文之中。周世宗看到之后疑心顿起。虽然张永德和周世宗的关系也不错，张永德其人也一直很低调，可为了保证幼子能够顺利继位，周世宗还是将张永德罢去殿前都点检之位，发配地方担任忠武节度使。

之后，赵匡胤顺利接任都点检，掌控三军，经过了半年的筹划，夺取了政权。此时，如何对待张永德呢?

张永德收到赵匡胤登基的消息，主动请求上朝问安。赵匡胤答应了，毕竟彼此还是有些恩情。不过，毕竟两人之间有过一段过节，相信张永德对自己被贬也不会没有想法。于是，赵匡胤在接见张永德的时候故意说了一件事情。

赵匡胤说:“驸马（赵匡胤多年来一直用的旧称），昔闻有通天犀带，不知今在何处?”张永德说:“往以征淮，过用官钱二十万贯，已偿之矣。”之前，张永德参加了赵匡胤剿灭淮南节度使李重进的战争，当时张永德私自挪用了官府钱粮二十万贯（两），用宝带做了抵押。赵匡胤早就知道这件事情，到此时才说出来。既然张永德能够主动交代挪用公款，对赵匡胤很诚实，那就表示张永德依然可信。既然张永德有心，那赵匡胤自然投桃报李。

赵匡胤问:“尚欠几何?”张永德老实交代:“五万贯。”赵匡胤当即下旨，将这笔欠款抹去，另外赏赐张永德二十万贯。你不是没钱用吗，不必挪用官府钱物，我赏赐给你。张永德感激万分。之后，张永德被调任为武胜节度使，平级调动，略示薄惩。张永德也无话可说。

## 信揽人意

在打了一通“诚信牌”，同时快速出兵，把刺头后周太尉李筠和淮南节度使李重进给收拾了之后，赵匡胤开始招呼其他的节度使。

对于一些关系尚可，没什么野心的节度使，赵匡胤下诏，将他们平级调任，调到别的地方继续当节度使。既然官职照旧，富贵照旧，一些节度使也就不好多说什么，就打包袱走人到新地方上任了。对于这一类节度使，赵匡胤不像其他的君王，喜欢搞什么秋后算账，只要不是自己的人马一律除掉。赵匡胤很仁慈，也很明白官场潜规则，你自己吃肉，也要让人家有汤喝。于是，这些人节度使继续当，甚至当到老死、病死，其儿子亲属也可以入朝为官，一切从优。只是，这些节度使去世之后，节度使的官爵由朝廷收回。

对于一些关系平平，还摸不准心思的节度使，赵匡胤下诏，节度使照旧，朝廷给一个有名无实的爵位，然后，派个官员进行监督。原后周成德节度使郭崇，乃是郭威的远方亲戚，当赵匡胤称帝诏书到达之时，想到郭威当初对自己的恩情，哭泣不已。监军陈思诲将郭崇偷偷抹眼泪的事情密奏给赵匡胤，并且提醒赵匡胤，成德军所在地靠近边关，要提防郭崇作乱。没想到赵匡胤下明诏告诉郭崇，有人奏报你日夜哭泣，不满新朝，我却不这么认为。我向来以为，你郭崇乃是一个看重恩义的磊落汉子，哭泣一事必然是旧恩难忘吧。郭崇一看，很是感动，心中对旧主的愧疚，就变成对新君的感恩了。而赵匡胤的密探把郭崇接到新诏书之后的种种表现一一上报后，赵匡胤这时候才真正放下心来。赵匡胤于是在百官面前宣布："我固知崇不反也!"郭崇听到消息，也就放下心来。

对于那些关系平平，且有点野心的节度使，赵匡胤也不是一味打杀。当保义节度使袁彦听说赵匡胤自立之后，在自己的一亩三分地上也开始厉兵秣马，准备争夺天下。赵匡胤不放心，派出自己的心腹大将潘美前往监军。潘美手下本有数万大军，可潘美竟然单人独骑进入城池，告诉袁彦和各级官员，皇帝对各位绝无加害之意，只要你们同意随自己入京面圣，就可以保证今后的富贵。袁彦的部下一听，全部都放下了武器。袁彦自己也即刻准备行李，随潘美赴京面君。赵匡胤听闻潘美不费一兵一卒平定保义军，很是高兴，说："潘美不杀袁彦，成吾志矣。"从此句可以看出，袁彦叛乱确实有迹可循，一般君王也就大刀砍下了。潘美之所以单人入城劝说，一方面是潘美本人仁德，另一方面也是贯彻赵匡胤和平政变、和谐治国的理念。见过赵匡胤之后，赵匡胤对袁彦多番安抚，让袁彦到了其他地区担任节度使。

正因为赵匡胤如此善待各路节度使，用心化解彼此的隔阂和误会，才使得赵匡胤能够在即位之后不到一年，就基本平定了原后周地区。

## 至诚至信者无敌

当然，邻近国家对这个新成立的宋朝政权也虎视眈眈，后周的世仇北汉就主动联络李筠和李重进，联手对付宋军。在平定李筠的时候，北汉的宰相卫融也被捕了。卫融颇有智谋，就是他，在赵匡胤登基之初，就劝说北汉国主联合李筠、李重进，甚至是南唐势力，联手消灭初生的宋朝政权。此时他意外被捕，一般情况下难逃一死。可赵匡胤不但没有杀卫融，反而大力邀请卫融加入宋军阵营。

当卫融被抓之后，赵匡胤亲自审问，问："汝教刘钧举兵助李筠反，何也？"卫融不慌不忙，很从容地回答："犬各吠非其主，臣四十口衣食刘氏，诚不忍负之。"狗对路人叫唤是为了自己的主人，何况自己一家都得到北汉国主厚恩，自己自然要为他着想。卫融不等赵匡胤回答，大声说："陛下宜速杀臣，臣必不为陛下用，纵不杀，终当间道走河东耳。"被捕之后竟然还如此嚣张，赵匡胤大怒，命令左右用铁条打卫融的头，把卫融打的鲜血飞溅。可人家卫融不但没有求饶，反而大喊："为君而死，死得其所矣！"赵匡胤叹口气，说："此忠臣也！"

赵匡胤和许多专制残暴的君王不同，他这个人很会换位思考，将心比心。从宋军的角度看，卫融出兵，确实杀害了许多大宋军士；从北汉的角度看，卫融却是国之功臣。不过，赵匡胤更能够站在比较中立的角度，用

则相对次要，遇到的阻碍自然也会小些。崇阳县财政的主要来源是征收的赋税，这些赋税征收上来之后都放在库房之中。可每当朝廷催缴赋税的时候，崇阳县经常发生无法及时上交的情况。张咏了解到，主要问题出在库房管理上。其因在于守卫库房的官员和一些兵丁互相勾结，盗用官府库银。张咏先派了工作组前往核查账目，可那些官员奸猾得很，账面上根本没有问题。工作组要核对库银时，那些官员也临时抽调各家银钱充数，抓不到他们切实的把柄。大家都在看新知县的笑话。如果库房问题不能解决，张咏在崇阳必将寸步难行。

张咏决定，亲自前往库房检查工作。到了指定时间，张咏到库房点算银两，核对无误。在搜检守库兵丁的时候，发现一个小官的头巾中包裹着一枚铜钱。小官狡辩称，这铜钱乃是自己本身所有。张咏大怒。按照规定，守卫库房人等一律不得携带任何财物进入库房，此小官身有财物必定是偷窃库银，竟还敢狡辩。张咏命令衙役将小官拖下堂去打板子。那小官嚷嚷："一钱何足道，乃杖我耶？"确实，按照大宋律法，若要以贪污入罪，必须满足一定的数额，一枚大钱最多不过十文，根本不构成犯罪。张咏不听，命令再打二十大板。那小官也火了，说："尔能杖我，不能斩我也！"你不过就是能打我的板子，你还能把我杀了不成。这小官态度如此强硬，张咏火大了，提起笔来亲自写下判词："一日一钱，千日千钱，绳锯木断，水滴石穿！"然后拔出宝剑，亲自走下台阶，一剑将那名官员杀死。

这下子全县官员都傻眼了。偷一文钱竟然要杀头，这是哪国的律法啊？死者家属联合县里豪绅，到县衙闹事。张咏命人将此事张榜公布，并对前来观看的官员百姓表态，自己的判词中已经说得明白，那名官员虽然只是被发现一枚铜钱，但一天偷一枚，一千日就是一千枚。长此以往，那还不是个大贪污犯？一些官员还有一些意见，可百姓却对张咏的做法纷纷赞赏。老百姓早就交了赋税，可正是因为这些官家蠹虫侵吞库银，搞得崇阳县好几次要交两次赋税，让百姓苦不堪言。事情传到朝廷，朝廷也有两派意见。

有人认为张咏行事不按律法，以一钱斩吏，实在荒唐。可有人却认为，大宋建国不久，不少地区治安混乱，依然有五代践踏律法的习气，张咏此举，正可以挫挫豪绅的锐气，让他们能够安分守己，于国于民有利！

宋太宗下诏嘉奖张咏，并将一钱斩吏事件通报全国，不但是崇阳县，就是全国的风气，也多有好转。

张咏怒斩下属，不单是因为那个下属语言不逊，藐视上官，更因为斩杀那个下属具有一定的社会意义。得罪一小部分人，却能够获得多数人的支持。在这样的情况下，不妨狠狠处罚，杀鸡骇猴。

## 驭“刺”在恩

数年之后，益州出现王小波、李顺叛乱，向来有模范官员之称的张咏临危受命，前往益州负责招抚工作。

当时叛乱初定，一些乱党残余势力还在山区活动。于是，张咏到益州上任，团结好各县官员，安抚受到战争创伤的百姓，就成为当务之急。张咏深明“宽猛相济”的道理。在战乱之后，官心未定，民心未稳，益州城中不少官员百姓和叛军有着千丝万缕的关系，严格各项法规就成了当务之急。张咏下发第一道命令，限令益州辖区内所有大小官员在指定的日期内到州衙集合，统一安排工作事项，任何人不得迟到缺席，否则严惩不贷。张咏特意交代传令的差役，再三嘱咐务必将命令传达到每一个人，争取开一个完美的大会。

传令的差役们都回来了，指定的日期也到了，上百号官员汇聚一堂。一些官员纷纷议论，从开国以来，益州还没有开过这样大型的会议呢。大家都听说了新任益州知州乃是以“一钱斩吏”得到皇帝嘉奖的张咏，谁也不想触这个霉头。张咏出场，众官渐渐安静下来。张咏拿过名册，开始点名，被点名的官员立刻出列，小跑上前下拜。多数官员皆如此，可当点到一个官员时，那名官员竟然出列一拱手就算完事。张咏有些生气。张咏的随从大喝:“见知州为何不拜!”一旁的州同知大人悄悄告诉张咏，那名官员乃是京城中的寺丞，下派到益州担任司法参军。张咏一听，皱了眉头。

寺丞乃是朝廷九个直属部门的重要属官，寺丞官品虽然比知州低些，却是朝廷直属部门管辖官员，虽然此时下派地方任职，但关系归属依然是朝廷。诸位官员看到有人竟然敢顶牛，一时骚动起来。有些官员窃窃私语，更有甚者，捂着嘴偷笑，看看张咏这新官上任第一把火怎么烧。

张咏盯着那名官员，说:“虽然你是朝廷下派官员，但此刻却在我益州管辖。既属我益州官员，为何敢不拜我益州知州?要想不拜，除非你递上辞呈!”听到知州如此说，满堂官员全都不敢出声。没想到那名官员竟然是个倔脾气，立刻交代家人拿来朝廷发给的官员凭信，就要甩袖子不干了。

张咏为难了。若这名寺丞乃胆小怕事之徒，张咏略加惩罚，就可以收到严肃官风的效果，没想到这寺丞竟然这么倔。张咏为官虽然一贯不畏惧权贵，可上任伊始，就因为人家不肯下拜这等小过就罢黜官职，传扬开去，整个益州官场都会埋怨张咏薄情，传到朝廷中，也容易授人以柄。

可是，眼前已经有骑虎难下之势，该怎么办?

很快，寺丞的家人拿来了官凭，寺丞借来笔墨，刷刷刷写了一首诗附上，差役转交给张咏。张咏沉着脸，很恼火，看到这首诗，不觉眼前一亮。诗中有云:“秋光都似官情薄，山色不如归色浓。”寺丞说啊，看眼前秋天的光景，落叶飘零，秋风萧瑟，一如官场，人情淡薄，只知道趋附名利。这益州的山色虽然秋意浓浓，却比不上我辞官归京的心意浓。看来，这个寺丞倒是有几分墨水，有几分才情。自古道:“民不畏死，奈何以死惧之。”此时，官不畏辞官，奈何以辞官惧之?张咏心念一转，想到了办法。

张咏看着辞呈，大声说着:“好诗!好诗!”一边走下台阶，亲自拉着寺丞的手说:“我的辖区内有一位这样有才情的诗人，我却不知道，实在是我这个知州的罪过啊。”然后，张咏吩咐，报道会结束，诸位官员都到后衙聚餐。张咏拉着那个寺丞走上主席台，亲自给寺丞倒酒。那名寺丞一看自己如此傲慢对待知州，可知州大人却毫不介意，以礼相待，感动万分。满堂官员也都认为，新任张知州并非如传闻当中那么只求出名，轻贱僚属，也都放下心来。

于是，张咏善待刺头下属，即保全了自己的颜面，又赢得了益州官员的支持。

其实，打压严惩也好，善待施恩也罢，主要还是要看不同的人、不同的情况。当然，一般的官员是看下属的后台、关系下菜碟。乍一看张咏也是如此，没有什么背景的库房小吏就一刀杀了，有京城九卿关系的寺丞就拉拢宽容，其实并非如此。张咏关注的，是当时全县（全州）工作的主要矛盾。在崇阳县时，民风剽悍，官员贪污成风，不严惩不能刹住歪风；在益州时，官员百姓经历战乱，民心未定，贸然处罚，只会引起更大的动荡。不少人就是因为受不了官长的欺凌而起兵反叛的，于是，只有宽容才能收拢人心。

# “纵”的障眼法

宋仁宗，赵祯，宋真宗之子，以仁德著称，曾推行“庆历新政”，但未克全功。

面对是非，大喝一声跳将出来是莽夫，抖抖索索龟缩不前是懦夫，审时度势引而不发才是智者。蹲下是为了更好的跃起，放纵正是为了更好的擒拿。

## 仁德障眼

下面故事出自南宋高宗时期文人朱弁的《曲洧旧闻》。文字比较简略，如下。

“仁宗时，一举子献诗于成都府云:‘把断剑门烧栈道，西川别是一乾坤。’知府械其人，表上其事，仁宗曰:‘此老秀才急于仕宦而为之，不足治也。可授以司户参军，处于远小郡。’其人到任，不一年，惭恧而死。”

在宋仁宗时代，有一个参加科举考试的书生，献了一首诗歌给成都府知府。其诗中有两句:“把断剑门烧栈道，西川别是一乾坤。”知府老爷本来也不在意，从来参加科考就有许多自命不凡，但是却又时运不济的穷酸。可是细细品读，这首诗歌是什么意思？想要阻断剑门，烧掉栈道，然后割据西川自立吗？那还了得，那可是意图谋反、大逆不道啊。知府大人当即下令把那个书生抓捕入狱。这种事情怎么敢隐瞒，万一上面查问起来，自己知情不报，那也是官帽难保。奏折送到朝廷，宰相不敢耽搁，立刻奏报宋仁宗。宋仁宗却一点不着急，说:“这不过是个总是考不中的秀才，想要当官，在发牢骚罢了。还是不要治罪吧。”宋仁宗还格外开恩降下一道恩旨，任命那个书生为司户参军，并且派到一个偏远的小地方当官。那个人到任之后，不到一年，羞愧后悔，竟然就死掉了。

在宋人史料当中，宋仁宗大体上都是一个勤政爱民的好皇帝，有时候对仗义执言的大臣很是畏惧，有时候对百姓非常关心。应该说，这则史料当中的宋仁宗，也是如此。

## 真相可怕

不过，对这则史料，我还有一些疑惑。

如果我们把宋仁宗和成都知府做一个比较，谁比较了解当时的情况，了解秀才的本来意图呢？当然是成都知府。于是，就出来两种可能。

第一种可能，是成都府知府确实认为那位秀才心怀不轨，题写反诗，于是如实上报。第二种可能，是成都府知府明明知道秀才只是发牢骚，但是却小题大做，故意陷害秀才意图谋反。

不过，作为成都府知府，如果治下出现了造反分子，如实上报的话，知府老爷会得到什么好处吗？不会。如实上报乃是本分，不但没有嘉奖，上面甚至可能认为，正是因为你为官无能，才导致地方治安混乱，导致出现造反分子。一般辖区出现了问题，多数官员比较常见的做法是隐瞒，能够瞒得风雨不透最好，至少那也应该是欺上瞒下，不让上面知道。

可这位成都府知府却冒着被上级申斥乃至撤职的危险，上报了反诗事件。成都知府为何这么做呢？

或许成都知府心怀国家，心怀大义，不顾个人利益，如实呈报此事，但更可能是成都府也想要滑头，可是隐瞒不报万一泄露引起的代价太大，于是值得冒着被申斥、降职的风险，如实上报。

于是，第一种情况也就是知府是在确认秀才有谋反企图之后再如实上报朝廷的。我们可以看到奏折呈报上去之后，一路畅通，被直接送到了宋仁宗手中。各级官员乃至宰执大臣都不敢隐瞒这件事情。在古代，有十恶不赦的大罪，第一项，那就是谋逆。

既然如此，宋仁宗的行为就值得反思了。

宋仁宗清楚那个秀才的为人思想吗？不清楚。宋仁宗有调查了解吗？没有。那宋仁宗凭什么就认为这首诗歌的作者根本没有谋逆之心呢？

宋仁宗其实在想当然。或者说，宋仁宗在演戏，在表现自己宽仁之君的高尚光彩的一面。不但不治罪，反而任命那位秀才做官，让你有个小小前程。相信此举一出，天下人，尤其是那些历年科考不中、心怀怨恨、满腹牢骚的读书人，心中肯定暖烘烘的。

不过，宋仁宗依然有后招，第一招，任命那位秀才做一个偏远州县的司户参军，也就是管理户籍的一个小官。第二招，第二年的时候，那个秀才就死掉了。

原来，控制天下人舆论的最好方式，不是斩杀，而是掩埋。如果当时就杀掉了秀才，就算秀才真的心存反叛，也必然有读书人觉得秀才不过是发发牢骚，宋仁宗做得太过了。可是公开奖赏，提拔为官，让天下所有的读书人，无论是得意者还是失意者，对皇帝都满怀敬意。

可是，一个君王怎么能够放过任何意图染指皇权的人呢？历来执政者的态度都是宁可错杀一千，不可使一人漏网。于是，让秀才去偏远州县担任个小官，远远地离开公众，离开舆论，然后让其寂寞死去。而死亡的原因，当然是心中惭愧。

于是，宋仁宗的丑陋目的达到了，但是天下人还沉浸在皇帝宽仁的光辉中。

# 一朵花胜过千两金

赞赏是驭下和拉近与下属距离的必要手段。上下之心的距离是很微妙的，二者之心的距离不是千两、万两金银就可聚拢的。只要上司有心，一朵花也能让下属心花怒放。表面功夫只要是用心去经营，内在利害也就不只是在表面了。

宋真宗即将去泰山封禅，命令枢密使陈尧叟为东京留守，马知节为大内都巡检使。在离开京城之前，宋真宗特别宴请两位主持京城事务的领导。真宗很有意思，不但有美酒佳肴，还破例让宫中美女出来倒酒伺候。陈老爷和马老爷都觉得倍有面子。

## 面上贴花

不过，和皇帝吃饭，也就是吃个脸面。真宗自己当然是无拘无束，想怎么吃就怎么吃，两位老爷就有点缩手缩脚了。一来是有些惶恐，难得天子赐宴，更有美人伺候，等出得宫去，可以好好向家人向那些同僚们炫耀一番。朝中重臣不少，可是能够享受这样高级别待遇的少之又少啊。二来，就算是没什么惶恐的，也必须装作惶恐。夹菜、喝酒都要侧着身子，皇帝每说一句话，都要谢恩什么的。这是礼节，是臣子对皇恩浩荡的尊崇。就算皇帝一再说不讲究什么虚礼，可是做臣子的虚礼一样可都不能少了。少了皇帝就可能记住你，被皇帝记住的话，那下场就会很悲催了。

酒喝得差不多了，宋真宗带上两位老爷去花园逛逛。看到园子里牡丹盛开，真宗命人采了一些，自己先戴了几朵，然后让两位大人也戴上。三个人满头牡丹，在宫中闲走。等到了一个亭子，皇帝坐下了。两位老爷站着伺候着。

宋真宗看看两位大臣，忽然传旨，让枢密使陈尧叟走上前来，把陈尧叟头上的牡丹花拿下，把自己头上的一朵给陈尧叟戴上。陈尧叟心里那个激动啊，赶紧三跪九叩大礼谢恩。

## 花下有语

酒宴结束，两位老爷出宫。忽然一阵风吹过，陈尧叟头上的牡丹花落下一个花瓣来，陈尧叟赶紧俯身捧起来，说："这可是官家赏赐的，绝不能丢弃了。"很珍重地放在自己袖子里。

大内都巡检使马知节实在看不下去了，皇帝亲自给戴花有那么了不起吗？看姓陈的得瑟的样子！马知节说："今天我们吃饭，官家本来是为宴请我大内都巡检的啊。"马知节故意戏弄陈尧叟。其实究竟为谁不是很明显吗？

陈尧叟一听急了，马上反驳："如果是为了巡检大人，为什么皇帝不给您戴花？"马知节一看陈老爷那急赤白脸的丑样子，就忍不住笑了。

陈尧叟也立刻意识到自己有点失态了，当官当到他们这级别，早就应该宠辱不惊了，于是也尴尬地笑了。

陈尧叟心中，当然认为自己身居枢密使高位，掌握全国军机大事，此时又兼任东京留守，处理京畿事务，可以说，皇帝一走，他就是当家人，自然是有资格让皇帝戴花的。

可是在马知节心中，却未必这么想。东京留守再重要，枢密使权力再大，那也是外臣，而我是大内都巡检使，掌握皇宫大内。你姓陈的不过是有事情皇帝才召见，而我却天天可以和皇帝妃子们打交道。正是因为我和皇帝很熟悉，皇帝当我是自己人，才没有给戴花呢。

一朵花胜过千金。激励下属最好的办法并非是给予更多的金钱官爵，而是要在下属之间拉开差距，显出亲疏。最高明的领导常常让每一位下属都觉得自己是特殊的一个，是最受到器重的一个。

# 宽容与纵容的距离

王旦，北宋真宗时宰相，为官宽容稳重，有贤德之名。

宽容是美德，纵容是恶行，二者之间看似相距遥远，其实只有一线之隔。为政者稍有不慎，宽容就变成纵容，伤人害己不说，误国误民更是大祸患。

## 虚假的宽容

王旦是北宋名臣，曾经担任宰相以及太尉等职务，朝野共赞王宰相胸襟宽广，从来没人见过王宰相发脾气。王旦在政事上颇有作为，本文不提，单说王宰相在生活上的几件小事。

王宰相为人很宽厚，可是对待饮食，却秉承先贤“食不厌精，脍不厌细”的原则，饭菜如果不是干净精美，那绝对不下筷子。王宰相每顿的菜不多，一般就是一份肉羹、一碗饭而已。有一天，几个仆人想要试试宰相大人到底度量如何，就悄悄把一些墨粉放到肉汤当中，王旦看到了，但是什么都没说，就吃白饭过了一顿。后来，仆人又把墨粉放到饭里，结果王宰相还是什么也没说，只是提出，今天不想吃饭，改喝粥吧。

后来，家人向王旦告状，说家里那个厨子经常会克扣钱粮，家里人想吃一点肉都吃不到，实在太可恶了。王旦还是一点不生气，说:“你们每个人要吃多少肉呢?”家人说:“我能吃一斤。可是现在最多只能吃到半斤，剩下的都被厨子也克扣了。”王旦说:“一斤真的能够吃饱吗?”家人说:“如果是一斤足的，应该就可以吧。”王旦说:“那样很简单，以后给家里每个人都分配一斤半的肉吧。”王旦就是不肯去揭发厨子偷食的过错。

王旦不但是对待吃饭这类事情不去追究，就算是家里大门被拆了，那也一样不管不问。有一次，他家的大门坏了，管家做主连门楼一起拆掉换了新的，暂时就在廊屋下面开了一个小门，以供出入。王旦出门的时候，因为房门太矮，只能低下身子趴在马鞍上才能勉强通过。前后工程搞了一个月，王旦一句话也没问。等到工程结束之后，小门关闭，大门重开，王旦还是一言不发。

类似这样的事情很多。“不发人过”，成为宰相王旦有度量的代名词。那么，王旦的这种行为对不对呢?

应该说，可以从两个方面来看待这个问题。

作为一国的宰相，王旦经常思考的问题都是国家大事，对待家里的一些生活琐事，确实很可能不关心，也懒得去计较。就像汉代名臣陈蕃所言:“大丈夫当扫除天下，安事一屋乎?”于是，王旦对待一些影响江山社稷的事情能够据理力争，成为真宗朝名臣。

但是，陈蕃的故事中还有一句话，流传更广，叫做“一屋不扫，何以扫天下?”如果一国宰相连自己的家庭都管理不好，又谈什么治理天下呢?并且，我们仔细看王旦对待家中的三件小事，就可以看出，宰相王旦的所谓宽容，其实正是对过错，甚至是罪行的一种纵容。

## 真实的纵容

几个仆人为什么有胆量在宰相大人的饭菜里放墨粉来考验老爷的度量，原因不得而知，但是却可以看出，王旦在诸位仆人心中的位置并不是那么神圣不可侵犯。正是由于第一次王旦对肉羹当中有墨粉保持沉默，才会有第二次连饭中都被放入墨粉的事情发生。

就像民国时期的章太炎，也受到了仆人的一番嘲弄。章太炎吃饭的时候比较懒，一般就是吃面前的两三个盘子。当时章太炎的伙食费很高，每天都可以做几十个好菜。于是仆人们故意把一些便宜常见的青菜放到章太炎面前，而把那些鸡鸭鱼肉远远地放到另一边。等到章太炎吃完饭之后，这一桌子的美食自然就被坏心肠的仆人们享用了。章太炎知道了，但是没说。为什么没说，我们不清楚，但是那至少就意味着必须天天吃青菜。后来章太炎的学生钱玄同实在看不下去，代替章太炎去找那几个仆人的上司(这几个人是袁世凯派人伺候章太炎的)，很快，几个仆人打包袱滚蛋了。

王旦明明知道家里的厨子在克扣伙食费，不但不说，反而增加家人的分配量，默许厨子以公肥私。不知道王旦家里那个厨子后来如何，是因此而感动，变好了不再克扣了，还是依然故我，继续保持每人扣半斤？或者变本加厉，由扣每个人半斤，改成扣每个人一斤？我想，最有可能的是第三种。王旦对手下一再的宽容，只能让那些贪图名利的小人认为王旦好欺负，认为王旦孱弱，从而变本加厉。

就像王旦的厨子克扣肉食一样，王旦的管家也懂得吃王旦，啃王旦，并且比厨子出手更加狠。厨子不过是克扣点伙食费，就算是王旦家里一百个公子小姐（仆人并非王旦老爷的家人，是不够资格享受一斤半肉的配给的)，那也不过是一天几两银子的事情。可是王旦家的大门坏了，本来不过是请个木匠敲打两下，最多二三两银子的事情，经过管家一闹腾，却变成了修建门楼的大工程，一搞搞了一个多月，估计花费的银两少则数百，多则上千。而王旦依然不闻不问。

王旦为什么不闻不问？因为王旦“不发人过”，连对待下人，王旦都不想得罪，那么对待下级，对待同僚，乃至对待领导，比如宋太宗、宋真宗，那又会如何呢？

宋真宗想要封禅泰山，担心王旦不同意。毕竟封禅泰山在封建时代是一件顶级大事。大唐明君唐太宗都没有去封禅泰山呢。可是宋真宗觉得自己已经拥有了超越先辈的资本，可以去封禅泰山了。宋真宗通过自己的心腹王钦若、丁谓等人也在朝野上下制造了不少舆论。可是，作为朝中宰臣的王旦一旦反对，宋真宗封禅就很难实现了。

宋真宗想了个法子，先派人去告诉王旦，告诉自己的真实想法，希望王旦不要阻止。第二天，宋真宗亲自宴请王旦，和王旦喝酒赏花，吟诗作曲，宴会结束之后，还赏赐给王旦无数的珍宝。很明显，宋真宗想用珍宝和恩宠来堵住王旦的嘴。

宋真宗软硬兼施果然奏效。在朝廷重臣面前，表现的一向很谨慎、很刚正的王旦没有反对封禅。不但没有反对，王旦还牵头发动朝廷大臣，搞了个万人联名运动，动作比有佞臣之名的王钦若还要大。王旦如此，一方面固然是宋真宗恩威并施，作为大臣下属的不得不遵从领导的意见，但从另一个方面看，那也是王旦从来就是一个外表宽容敦厚，内地里不敢得罪人，纵容过错的结果。幸好宋真宗后期比较太平，有这样不讲原则的宰相才不至于祸国。

# 和颜悦色的太极术

身在官场，总有人求着办事。可一旦要求着办的，多是不好办不可办的事情。此时，办则违背原则违背律法，不办则人情难却。此时，和颜悦色要个太极，是最好的应对方式。既表明苦衷，又让对方知难而退。两不妨碍。

## 太极妙招之“推”字诀

在宋仁宗至和到嘉祐年间，宋仁宗长期没有给后宫的嫔妃晋级，搞得后宫那些嫔妃们怨气很大。确实，这两个年号一共使用了十一年，也就是在这十一年的时间，宋仁宗都没有给自己的女人们提高政治待遇。后宫嫔妃的封号和朝廷百官一样，有着严格的品级。品级的升迁，不但意味着俸禄的增加，更是权势、地位、荣耀的成倍扩大。身在官场的男人，谁会不希望自己官越当越大？身在后宫的女人，谁又不会希望自己的品级得到升迁？要不然，在后宫还你死我活，尔虞我诈斗个什么劲呢？可是，宋仁宗就是不办理晋级业务。搞的那些最近三五年、七八年得宠的女人们，女人的家属们，家属的关系户们，一个个都急得像热过上的蚂蚁，三番五次、五次三番的流水似地去向宋仁宗恳求。

终于，后宫那些不同山头的嫔妃们一起联合起来，共同拦住宋仁宗，要宋仁宗不要再躲闪，给大家一个最后的交代。宋仁宗看到诸位面红耳赤的女人们，笑了，说：“诸位爱妃，并非是我执意不肯加封，实在是朝廷没有前例啊，就算是朕批了，朝廷公卿也不会同意的。”女人们谁肯相信，大家你一言我一语，叽叽喳喳的。确实，很多人从十来年前，就已经是五品的才人，或者四品的美人，本以为不用几年，就可以爬到顺容、顺仪甚至是贵妃的位子，没想到一晃十年过去了，依然故我。如果仅仅是一两位妃子没有得到升迁，宋仁宗还好说话，可竟然是所有嫔妃十一年都没有升迁。于是，就没有一个女人站在宋仁宗这边了。

那么，宋仁宗说的前例到底是什么呢？一般来说，在后宫职位得到升迁有两种原因，一个是生下儿子，没有皇子，有公主也好。这个是过硬的条件。只要是有这项指标，那晋封是稳稳的。可嘉祐年间的宋仁宗已经五十左右，十来年只不过是有一两妃子偶尔怀孕，即便是怀孕，皇子也是一两岁年纪就夭折亡故。那么，就只能靠第二个原因了。第二个原因，是个软条件，只要你得到皇帝的宠幸，得到皇后的信任，那么晋级就是一句话的事，哪还需要什么前例呢？古代官场的原则，不都是“说你行你就行，不行也行”？

于是，大家对宋仁宗不满也就在情理之中了。有人就说：“只要官家开口，那就是圣旨，只要是圣旨下达，哪个人敢不从呢？”宋仁宗笑着说：“是吗？如果你不信，我可以为你写一道诏书试试。”于是宋仁宗就写了一道晋封诏书给这位妃子。

在当时，后宫晋级的事情，需要有皇帝的圣旨下达，并且经由内阁宰臣盖印，才可以正式实行。于是，那位妃子拿着圣旨前往内阁。本来以为不过就是走走过场，可是宰相大人竟然丝毫不顾及情面，把皇帝亲自下达的圣旨给驳回了。驳回的理由就是没有前例，晋封的理由不充分。

于是，那位妃子才知道，就算是皇帝的圣旨，也有不灵的时候。

可是，嫔妃们还是不相信。是不是第一个妃子面子不够大，或者中间出了什么纰漏呢？又有许多个妃子来请求仁宗晋封，宋仁宗也不多说，拿起御笔，刷刷刷亲笔给每人都写了一份诏书，诏书都是标准格式，加封某阁某氏为某某官职。妃子们开开心心拿着圣旨去了内阁。到了领工资的那一天，大家都等着领到新工资，可算来算去，还是那么几块钱。搞的众位妃嫔都气得半死，大家聚在一起，去质问财务部门。财务部门说自己也没法子，宰相们都不承认这些批条，全部都给退了回来。众位妃嫔就拿着退回的批条，当着宋仁宗的面给撕了，还纷纷说着："原来官家的诏令竟然都是没用的。"宋仁宗也不说话，只是一个劲的笑，打发她们都回去了。

## 太极妙招之"卸"字诀

那么，为何嫔妃们十来年都得不到晋封呢？真的是因为晋封不合乎制度？

真相未必如此。

宋仁宗希望诸位嫔妃明白，只要是不合制度，只要是没有前例的事情，就算是有自己的手诏，也没有可能得到实行。这显示了宋朝宰相的权力着实巨大，不过更彰显了宋仁宗这位一代仁君对相权、对百官的尊重，宁肯委屈自己的女人，也绝不能歪曲祖宗之法。

不过，既然是宋仁宗希望嫔妃们明白，也就意味着可能事实并非如此。比如说在宋朝历史上就有着许多的记载，皇帝加封嫔妃，不需要任何宰相同意的例子。甚至是皇帝册封皇后这样的大事情，那也有皇帝乾纲独断的例子。皇帝在册封嫔妃时，唯一真正要尊重的人，是皇后，而并非宰相，并非所谓的朝廷。

从这个角度看，另一个解释就是宋仁宗晚年皇后权力膨胀，这些皇宫家事，不经皇后的同意，皇帝无权做主。且仁宗晚年，曹皇后和宰臣经常联手，共同挟制宋仁宗，使得宋仁宗连晋封后妃也寸步难行。

# 第四章 内斗

- 当民意遭遇权力
- 容人容己
- 谁都可以当枪使
- 婚姻，东风与西风之战
- 二十四年美人心计
- 善意关怀之『害』
- 把水搅浑好摸鱼
- 唯小人与女子难舍也

# 当民意遭遇权力

郑侠，宋神宗时期官员，因直言进谏多次被贬，名位虽卑，却颇受王安石、苏轼等人敬重。

在派系斗争中，找一个队伍站进去是最好的方法。可关键是队伍的出路很难确定。不是东风压倒了西风，就是西风压倒了东风。在风向不定的时候，郑侠选择的是坚持走自己的路，虽然一时有磕绊，却成就千古美名。

## 民意本是个多义项

王安石没有想到，当年自己照顾备至、呵护有加的好学生郑侠，多年之后会不惜性命反对新法，对抗自己。世事总是如此难料，可又总有一些痕迹可寻。

郑侠的父亲只是一个小小的酒税监，官卑职小，俸禄微薄。可郑侠兄妹众多，看家中如此清贫，郑侠读书更加刻苦。为专心念书、节省住宿费，郑侠常年居住在江宁清凉寺，一个偶然的机会遇上了到清凉寺礼佛的江宁知州王安石大人。王安石和郑侠一番交谈，对郑侠的才气非常欣赏，当面称赞郑侠当好好努力，争取成为良才国士，为大宋变法图强效力。之后，王安石更多番送钱送粮，让郑侠衣食无忧，专心学问。郑侠果然不负所望，在27岁时高中进士，被任命到秘书省担任校书郎。

转过年来，宋英宗病逝，宋神宗继位。宋神宗不甘于大宋积贫积弱的现状，渴望变法革新，于是起用变法派领袖王安石出任宰相。王安石拜相之后，没有忘记当年的好学生郑侠。很快，郑侠从书堆史料中走出，到光州担任司法参军，负责一州的司法诉讼。郑侠博学多才，断案小心谨慎，为官公正清廉，在光州为政名声赫赫。而王安石对于郑侠呈报的案件也一律照准，师生情谊其乐融融。郑侠对王安石的知遇之恩感念在心，多次写诗作文，表示要竭忠尽智，为国出力，以报效师恩。

三年之后，郑侠光州任满，前往京城述职。三年的基层工作，让郑侠对熙宁新法有了完全不同的见解。许多法令本身确实利国利民，可是推行过于急切，实施的官员趁机盘剥百姓中饱私囊，造成种种弊端，使下面的百姓怨声载道。郑侠入京后，把自己的见闻心得一股脑地告诉给了恩师王安石。在郑侠看来，自己一心为国，也同样是为了老师的改革大业考虑，王安石听了自己的建议之后自然会幡然醒悟。可事实恰恰相反，身居宰辅的王安石和当初在基层为官的时候已经变成了完全不同的一个人。虽然对大宋变法的信念和以前一致，可是为官处世却变得说一不二、专横固执。而王安石身边围绕的一群变法骨干，又大都是一些私德有亏，为权力不择手段的小人，比如吕惠卿、曾布之流。这些人阿附王安石，借推行新法为名，肆意打压反对派，动辄给一些官员扣上污蔑君上，对抗新政的大帽子。

王安石对郑侠很失望，在吕惠卿的怂恿下，没有授予郑侠相应的官职，反而把郑侠贬斥到京城安上门当了一个小小的监门小吏。当然，王安石后来还让自己的儿子亲自到郑侠府上，苦口婆心地告诉郑侠，只要他能够支持新法，必然会再次获得重用。王安石告诉郑侠，自己有意让他在新设置的修经局当中担任检讨一职。修经局是变法派为储备人才而设立的机构，在里面混个三五年，平步青云是迟早的事情。可郑侠一口拒绝。郑侠说："我读书不多，不配担任修经局检讨这样的要职。我为了增长学问，曾经求教于相公门下，但是现在相公说话论事处处以当官任职为先，于我向来的志向不和！"郑侠表示，除非王安石能够答应自己暂停推行新法的建议，不然自己再也不会与王安石为伍。昔日的学生，竟然向老师叫板，王安石很恼火，却也很无奈。

一晃，郑侠在安上门监门的职务上就干了三年。一开始，领导和同事听说监门官郑侠竟然和宰相大人王安石有交情，都来走门子拍马屁。可后来打听清楚，郑侠是因为和王安石闹翻，才被贬斥到这里守门的，一个个又如避瘟疫般避之唯恐不及。可郑侠毫不介意，每天勤勉工作，休息时苦读经史。只是国家政事日渐混乱，看昔日恩师越走越远，郑侠忧心如焚。郑侠也曾经写过不少奏折，可监门官只不过是一个不入流的小官，根本没有资格呈送奏折。而其他官员一听奏折是反对新法的，也连连闪避。

## 权力左右民意

本来，郑侠或许就这么平淡而寂寞的生活下去了。像他这么一个卑微的小人物，就算有冲天的英雄气，也只能淹没在日常琐碎之中。只是，天意难测，熙宁七年时，河北地区连续十个月没有下雨，百姓连生活用水都出现了问题，宋神宗让宰臣多次求雨无效。这时候，朝中的一些反对派抓住时机，制造舆论。御史言官连连上书，说之所以天下大旱，完全是因为新法弊端重重，百姓怨气冲天，是以上天干旱示警。

以司马光为首的反对派把新法贬斥的一无是处，连太皇太后曹氏都被说动，一起来劝说宋神宗暂停新法。可王安石、吕惠卿等人却认为这不过是反对派迷惑太皇太后，为了对抗新法编造的种种理由而已。司马光本人在宋仁宗时期，曾经为庆历新政大唱赞歌，本是坚定的改革派，为何到了宋神宗时代却变成坚定的保守派，坚持反对新法呢？理由只有一个，司马光竖起大旗宣称反对新法以博取正直敢谏之名。吕惠卿还三番五次的编造，司马光多次在太皇太后面前污蔑神宗太年轻，才被王安石轻易蛊惑，等等。宋神宗很恼火。

不过，宋神宗可以不惧臣下刁难，却不能无视天意。王安石执政六七年来，确实也出了不少问题。尤其是当太皇太后曹氏出面干涉时，宋神宗感到压力很大。为了找到一个解决的办法，宋神宗下旨，允许天下官员百姓对推行新法的利弊畅所欲言，所有人都可以直接上书，呈送皇帝。

郑侠积郁多年，终于有了这么一个机会。郑侠连夜赶写了一封奏折，天一亮亲自到皇宫前跪呈皇帝。本来，大家都在猜测宋神宗下旨大搞民意调查是不是做个姿态，官员们互相告诫，绝对不能做那个出头鸟。现在宋神宗对王安石、吕惠卿等人的恩宠未衰，贸然进谏，反对新法，只能成为改革派的众矢之的，必然死无葬身之地。

没想到，旨意下达的第二天，郑侠就出现在皇宫门前。宦官将郑侠的奏折直接呈报给宋神宗。当时王安石也在，宋神宗命令宦官当场宣读，让王安石也听听这第一份民意调查结果。宦官大声朗读，可只读到一半，宦官就读不下去了，再看王安石，“扑通”下跪，脸上大汗淋淋。

郑侠的奏折写得很细致，也很动情。郑侠没有说什么大道理，他本是安上门监门官，主要谈的就是税收问题。按照王安石颁布的“市易法”规定，只要是老百姓出入安上门，不论携带任何物品，都必须交税。一些富户还好，可一些挑水、理发、卖菜、卖茶水的小商小贩原来就是本小利薄，经过税务部门层层盘剥，根本就活不下去。加上连续十个月的大旱，不断有外地流民涌入京城，这些人的生活就更加的悲惨了。京城街道到处都是饥饿的百姓，这些人连一件好的衣服也没有。许多百姓吃树根挖野菜，连城中的百姓也因为新法盘剥不得不卖房子卖地，偿还官府的高利贷，每天在街边都可以看到饿死的百姓。为了让神宗能够更好地了解百姓的惨状，郑侠亲手画了一副流民图，夹在奏折中。宦官呈上，宋神宗看后一脸凝重。宋神宗变法，就是为了改变大宋贫弱的现象。多年以来，宋神宗虽然也听到一些反对意见，可从来没有像郑侠这样，如此直观地把百姓的悲惨生活展现在皇帝面前。郑侠说，这一切绝非虚构，只要皇帝走出皇宫，此中惨状，在京城随处可见。京城尚且如此，天下各地州县可以想见！

在奏折结尾，郑侠尖锐地提出：“天旱本就是王安石新法丧失人心所致，只要将王安石罢相，不出十天，上天必降甘霖，如果不符，甘愿一死！”听到郑侠竟然以死进谏，宋神宗颇为动容。再看王安石，沉默许久之后，竟然脱下官帽，主动向皇帝请辞！

原来，最近一段时间，王安石外有司马光等老对手叫嚣不停，内有吕惠卿耍手腕使绊子暗中纠集党羽自成一派。内忧外患如此，已经让王安石心力交瘁，无以为继了。

一旁的吕惠卿说话了："这郑侠本是相公学生，多蒙相公眷顾，现在竟然背叛师恩，攻讦相公，实在是一个毫无操守、品格低劣之徒。其德如此，其言必不可信！"吕惠卿不满王安石，希望王安石下台，可是，若宋神宗不再推行新法，那吕惠卿也就没有了立足之地了。吕惠卿满心以为只要从道德上否定了郑侠，那宋神宗必然不相信郑侠的言辞了。但没想到事情的结局恰恰相反。宋神宗转脸问王安石："你认识郑侠这个人？真是你的学生？"王安石点点头，说："确实曾经跟随我学习。"宋神宗一听脸色更加黯淡，早就听闻天下人皆反对新法，反对王安石执政，宋神宗本来不信，但没想到连王安石的学生也不惜一死反对新法。看来，新法的推行确实存在许多问题啊。

听闻王安石已经主动请辞，朝野上下官员纷纷上书，痛斥新法弊端。一些人不但把新法贬得一无是处，还连带把王安石批成了不学无术、祸国殃民的罪臣。可看着成堆的反对新法的奏折，宋神宗的心思却又在一点一点地变化。新法确实有问题，但完全否定新法，那就是否定自己七年以来的所有功绩。痛斥王安石罪孽深重，无异于在斥责自己昏庸无能、用人不当。吕惠卿看出皇帝的心思，多次入宫，建议皇帝，王安石可贬，但新法绝不可废。不但不能废黜，反而应该比以前更加努力去推行。唯有如此，才能维护皇帝的光辉形象。

几天之后，宋神宗下旨，王安石身体多病，主动请辞相位，现已照准。同时任命变法派主将韩绛为宰相，吕惠卿为副相；为平息众议，任命保守派干将冯京也出任副相。

听闻王安石罢政，郑侠长叹一口气。在王安石离京那天，郑侠前往城外送行。王安石的一些门人远远看到郑侠，围住郑侠想要暴打，但被王安石劝住。王安石告诉身边门人:“郑侠所言，并非为了自身，虽然我不同意他的看法，但他为国进言的一片赤诚，我又怎么会真的怪罪他呢?”门人把王安石的话转告郑侠，郑侠下跪在地，望着王安石远去的车马，泪流满面。

## 民意改变权力

王安石离开京城之后的几个月，经常有一些保守派官员前来探访郑侠。郑侠闭门谢客，一律不见。改革派中有吕惠卿一流的小人，可保守派中多是落井下石之辈。郑侠不愿意看着其他人痛批王安石。

几个月之后，郑侠重新到安上门上班。一些同事为郑侠抱打不平，凭什么王安石走了，郑侠的官职还是原地不动呢？有人就说，王安石是走了，可吕惠卿还在啊。几天下来，郑侠才明白，自己的一番辛苦冒死进谏，对新法根本没有触动分毫。王安石执政时期，对吕惠卿等人还多有压抑，现在宰相韩绛为人中庸软弱，根本不能控制吕惠卿。比起之前，吕惠卿更加为非作歹，对前些月在民意调查中抨击新法的相关官员正在一一调查，伺机报复。

看到吕惠卿如此暴行，郑侠怒不可遏，再次上书宋神宗。郑侠说，王安石制定新法，为祸百姓；吕惠卿结党营私，蒙蔽皇帝。放眼朝中宰臣都是吕惠卿一党，唯独冯京能够秉持正义，与之抗衡。恳请宋神宗罢黜奸猾之吕惠卿、无能之韩绛，用冯京为宰相！郑侠本来官卑职小，可之前奏折曾经得到宋神宗赞赏，这次奏折呈上，官员不敢隐瞒，呈报中书省。副相吕夷简看到郑侠的奏折，火冒三丈，若非当日王安石为郑侠说情，那第一个就要拿郑侠开刀。没想到这郑侠不知好歹，为政像王安石一样行妇人之仁，可是不行。吕夷简立刻奏报宋神宗，转告郑侠诋毁宰臣，勾结朝臣，抨击新法。本来，宋神宗对郑侠略有好感，可当无数官员纷纷上书反对新法之后，宋神宗对这个郑侠的态度也在转变。若非这个郑侠，宋神宗的境遇也不至于如此尴尬。宋神宗让中书省下达公文，罢黜郑侠安上门监门官一职，流放汀州，由当地官员监管。

郑侠跪在皇城外，跪了半天，等到了贬官流放的诏令。郑侠默默不言，脱下官帽，回家收拾东西。许多官员听说郑侠为百姓请命竟然被贬，纷纷斥骂吕惠卿专权。郑侠家境贫寒，远赴汀州连钱米都没有。一些保守派的官员纷纷前来问候，送来礼物。大家写诗词唱和，场面颇为悲伤。到了家门口，看到门前围满了前来送行的贫苦百姓。大家你一升米，他一斤菜，给郑侠送来不少东西。郑侠不收，老百姓都跪下来哀求。郑侠无奈，只能收下。第二天，开封府的差役上门催促，郑侠被押送出城，前往汀州。

郑侠是走了，可吕惠卿却准备用郑侠案件将那些反对派连根拔起。在民意调查之前，宋神宗对那些反对派心存敬意，毕竟司马光那些人大都是仁宗朝的老臣，名满天下。可在朝野上下一片反新法、逐安石的喧嚣之后，宋神宗对那些保守派却心生厌恶，有了严重的抵触情绪。吕惠卿每天随伺左右，对宋神宗些微的心情变化也了如指掌。既然郑侠推荐冯京取代自己，那就从冯京下手。

吕惠卿禀奏宋神宗，这郑侠反对新法并非出于公心，此人之所以悖逆师门是因为投靠在冯京门下。这冯京本是仁宗朝状元出身，之后又娶了北宋名相富弼之女，朝野关系盘根错节，隐然成为新一代保守党领袖。现在郑侠公开要求皇帝任命冯京，染指皇权，挑拨君臣关系，其心可诛！宋神宗也有疑心，连忙召见冯京，询问是否认识郑侠。冯京表示，自己和郑侠素不相识，根本就没有来往。

看冯京如此回答，吕惠卿大喜，叫来心腹担任狱司的张琥，让张琥调查冯京和郑侠来往的情况。在吕惠卿看来，郑侠公开支持冯京，那必然和冯京多有往来，必然得到了冯京许多好处，不然怎么会越级进言呢？可张琥仔细调查之后发现，冯京和郑侠确实没有来往。宋神宗多番催促吕惠卿，要吕惠卿告知调查结果。吕惠卿思前想后，让张琥去冯京家中把门房中来往客人出入名册偷出来。名册到手了，吕惠卿找了个写字高手，模仿门房的笔记在记录本上加了一笔：某年某月某日，安上门监门郑侠来访，赠送画卷一轴。然后，吕惠卿带着出入名册，一脸欣喜地入宫禀奏宋神宗，这冯京身为宰臣，竟然欺君罔上！明明和郑侠多有往来，郑侠送冯京书画，冯京还赠郑侠钱物。出入名册就是最好的证明！

宋神宗看了看名册，眉头紧锁。宋神宗再次叫来冯京，再次询问是否认识郑侠，冯京说不认识。宋神宗把出入名册扔到冯京面前，看到自家出入名册上郑侠拜访的字样，冯京傻了。

宋神宗看看冯京的表情，认定冯京欺君，当时就发脾气把冯京给抓了起来。吕惠卿趁机进言，郑侠之所以敢于抨击新法，不但是有冯京撑腰，朝中还有一大批的官员忽悠勾结，早就形成朋党，这些人经常聚会，妄议朝政。这些人遇事不问是非对错，只要是新法，一律都反对；对人不分好坏善恶，只要是改革派，一律都斥为奸佞小人。吕惠卿就是要告诉宋神宗，若非有郑侠、冯京之流刻意妨碍新法，新法早就大成，天下早就大治，宋神宗也早就成为超越先祖的明君。

宋神宗下旨，彻查郑侠、冯京一案！

吕惠卿命令张琥，派人立刻追回郑侠。郑侠被关到开封府监狱。吕惠卿亲自审理郑侠，要求郑侠承认和冯京有过来往，并且把那些结党营私、反对新法的同党都招供出来。郑侠不说，被打得皮开肉绽。可就算郑侠不说，吕惠卿也有办法把冤案做成。吕惠卿把这几个月和郑侠有过诗文往来的所有人员，全部抓捕入狱。又依据冯京家中的出入名册，将平日得罪自己的一些官员抓捕入狱。当然，那些保守派的大人物，位高权重，吕惠卿自然不敢动。

吕惠卿出手太狠，上至副相冯京，下到寻常小吏，涉案人员高达千人，开封府的监狱都给关满了。不过，冯京虽然被停职审查，太皇太后曹氏对这位仁宗朝状元颇为爱护，一直禁止对冯京用刑。冯京又通过太皇太后转告宋神宗，自己家中出入名册早已丢失，必定是吕惠卿偷窃名册，擅自更改，捏造罪名，打压同僚，制造冤案。宋神宗无奈，只能督促吕惠卿加紧对郑侠和其他官员的审理。

案件审理的半年多时间里，任凭吕惠卿严刑拷打，郑侠就是不承认和冯京交往的事情。吕惠卿也想过强行让郑侠画押，然后弄死郑侠。可保守派官员请出太皇太后，太皇太后告诉宋神宗，只要郑侠、冯京结党属实，按照大宋律法论处自己绝无异议，可若是有小人弄奸耍滑制造冤案，自己绝不能允许。最后，宋神宗只能答应，自己将会亲自过问郑侠一案。

宋神宗多次追问吕惠卿，吕惠卿一再推脱。最后，宋神宗下了死命令，在过年之前，案件必须审理结束，从即日起，所有审理官员不得回家，就住在官衙。吕惠卿大惊，一伙人秘密商议，终于买通了冯京家中的门房。既然郑侠不承认，那有门房的供词也算勉强可以结案。吕惠卿把案件结果呈报给宋神宗，并要求宋神宗将郑侠公开斩首，以正视听。收到结案公文，宋神宗推到一边，看也不看。想那郑侠，在如地狱一般的监牢生活了七八个月，却依然一口咬定和冯京绝无来往。看郑侠之前的言行，就可以明白，郑侠所言绝对属实。像这样一个把名誉信义看得比自己生命还重的人，又怎么会说谎呢。郑侠没有说谎，那就是吕惠卿在说谎了。

看吕惠卿有点不知所措，宋神宗拿出一封王安石的书信，递给吕惠卿，说："郑侠所说的话，并非为了自身，那都是为了国家、为了大宋。郑侠多次诋毁安石相公，可安石相公却如此大度。朕又怎么忍心处死郑侠？"于是，宋神宗下旨，将郑侠押送到英州监管，至于冯京，罢黜副相的职务，到亳州担任知州去了。其他涉案官员，也略加贬斥。

吕惠卿本来想让郑侠即刻出京，没想到宋神宗的旨意倒先下了："念及郑侠为国直言，上元节后再赴英州。"郑侠面对皇宫下跪，再一次流泪。

# 容人容己

范仲淹，仁宗朝名臣，力主改革，参于主持“庆历新政”，失败被贬，其《岳阳楼记》有名句“先天下之忧而忧，后天下之乐而乐”。

身居高位者权力大，责任也大，举手投足之间也可能关系万民。手握权力者如果能够将心比心，以宽容理解的情怀待人，有时，这份为他人留一条路的宽容，其实也是为自己铺上了一条退路。

## 容人不是一件易事

自古以来盗贼怕官兵，盗贼给官员送礼还偶有所闻，官员给盗贼送礼就有些匪夷所思了。可是，在北宋仁宗在位期间，还真发生了这样一件荒唐事。

宋仁宗庆历年间的江苏地区，有个叫做张海的土匪势力很大，在当地横行无忌。官府几次调集大军围剿都没有成功。这一天，张海率领几千盗贼忽然出现在高邮地面，高邮军分区司令叫做晁仲约。此人不但没有积极备战，组织军民击退盗贼，反而发布官府告示，要求城中的富户捐出钱财，给土匪们送去美酒牛羊。不仅如此，晁仲约还亲自带队，把慰问品送到了土匪头子张海手中，并低声下气地恳求张海，带走钱财礼品，放过满城官员百姓。那张海多日来被官军追击，饥饿难耐，本就是想到高邮大干一笔，没想到官军竟然把东西全部准备好了。张海一高兴，走了。

消息传到中央，宋仁宗大怒。三军总司令富弼不敢怠慢，立刻打报告给宋仁宗，要求杀掉晁仲约以正军纪。堂堂大宋军分区司令，竟然给一个土匪送礼，这不是天大的笑话吗？富弼理由充分，作为一方军事长官，土匪横行，既不能带兵剿匪，又不能据城守卫，竟然选择让百姓送钱买通土匪才换得自己的性命，这样玩忽职守，贪生怕死，影响实在恶劣。此事一旦传扬天下，那些地方官长在敌军来临的时候，谁会誓死杀敌、报效国家？并且，富弼还说，据可靠消息，连高邮的百姓都痛恨晁仲约，觉得晁仲约实在窝囊，人人恨不得吃晁仲约的肉，睡晁仲约的皮。这样的官场败类，不杀不足以平民愤，不杀不足以正军威。

富弼的报告递上去了，无数官员也纷纷表示赞同，朝廷舆论几乎一边倒，有人甚至提出，简单砍头还真是便宜了晁仲约，这样的人就该千刀万剐凌迟处死，甚至是抄家灭门也不为过。可是，在群情激奋，送礼事件闹得沸沸扬扬的时候，有个人却公开表态，认为晁仲约不能杀，不但不能杀，并且不应该治罪。

此人便是范仲淹。范仲淹认为，我们评判高邮送礼事件，不能简单地依照律法，法律是死的，可人是活的。晁仲约为什么送礼给土匪？他难道不知道送礼会葬送自己的政治前途？当时他的小命就算保住了，事后朝廷时候难道不会追究？晁仲约不是傻子，人家也是多年苦读圣贤诗书的大宋进士。既然晁仲约明明知道送礼会有严重的后果，为什么还选择了送礼？其中肯定有苦衷。什么苦衷？如果高邮城内兵精粮足，足够可以击退盗贼，那么，晁仲约遇上盗贼不但不抵抗，反倒送礼贿赂，那就毫无争议，该杀。可现在高邮城中不过是二三十个士兵，那些士兵又根本没有杀敌经验，面对数千盗贼，不可能守住城池，更无法击退盗贼。此时晁仲约强行抵御，不但于事无补，进而可能激怒盗贼，在攻破城池之后屠杀百姓。晁仲约作为一方长官，从道义上确实应该死战，为国捐躯也是本分。现在晁仲约送礼给盗贼，事情虽然是做错了，但如果杀掉晁仲约，恐怕也不符合朝廷立法的本意。

范仲淹提出，富弼所谓的民意并不可信。高邮的百姓虽然拿出了些钱财，可是却免于杀戮，保住了身家性命，按照常理推测必然会很高兴。富弼说什么高邮百姓痛恨晁仲约，想要吃肉寝皮，恐怕是传话的人故意夸大吧！

宋仁宗听后，觉得范仲淹说得更有道理，于是释放了晁仲约，将其罢黜。

## 容人才能容己

听到这个结果，富弼很恼火。富弼不敢对宋仁宗发火，就对着自己的亲信发牢骚，埋怨范仲淹。在富弼看来，当时正是庆历新政的关键时期，正想要在朝廷推行改革，本来很多保守势力就在想尽方法反对新法了，现在本有这么一个机会可以让自己好好发挥一下，借晁仲约的人头来震慑下那些藐视国法、对抗新政的人，结果却泡汤了。范仲淹本来是和自己一个阵营共同主持新法的骨干，没想到关键时刻窝里反，竟然和自己唱起了对台戏。这样一来，他富弼的面子丢了是小，新法难以推行就事大了。

有人把富弼的话传给了范仲淹，范仲淹思量很久，也派人秘密告诉富弼：自从太祖建国以来，从来没有随意杀害臣下，这本是古来难遇的大好事，为什么现在要轻易处死晁仲约，开斩杀大臣的先例呢？

确实，从赵匡胤建国以来，就一直秉持以仁德立国的精神。赵匡胤曾经设立石碑，告诫历代子孙，都必须严格遵守：其一，善待后周宗室，死罪也可以赦免。就算是造反，也罪不牵涉他人。其二，不杀士大夫和上书言事之人。其三，子孙如果有违犯，老天必然严惩。虽然宋太祖和以后历代宋帝也并非一个士大夫也没杀，但比起其他王朝，为政的确宽容得多，仁德得多。

确实，仅仅从法律角度看，晁仲约的行为在任何一个时代都是官场所不能容忍的，是严重触犯法纪的。可是，从人情角度看，事情或许又是另一种面目。孔子曾曰：己所不欲勿施于人。正因为宋仁宗能够体察下情，站在晁仲约的角度看待盗贼问题，了解到高邮兵少城薄的实际情况，从而理解晁仲约关爱百姓的真实用心，才免去了一场冤假错案。

为了让富弼能够了解自己的良苦用心，范仲淹又告诉富弼：“现在你我都在朝廷主持改革，放眼满朝文武，能够同心同德的人能有几个呢？就算是我们现在有皇帝的信任，可是谁又能够保证一直如此呢？现在如果尊崇富弼您的意见杀了晁仲约，打破惯例，那么一旦皇帝斩杀有罪大臣成为习惯，杀人杀得‘手滑’，万一我们也得罪了人被调查判罪的时候，我们又如何能够保全自身呢?”

范仲淹的话都是掏心窝子的话，没有一点官腔。可是被盛怒冲昏头脑的富弼根本就看不到现在斩杀晁仲约，严酷执法远离仁德的后果。一直到多年之后，范仲淹被迫离开中央前往边疆主持对抗西夏防务，富弼也被排挤到地方为官，路过京城，连城门也不让进的时候，富弼心中惶惑。晚上富弼睡不着觉，整晚绕着床走来走去，边走边感叹，这个范仲淹，真是圣人啊。等到富弼自己也身处困境，沦落为砧板上的鱼肉的时候，才真切地体会到范仲淹主张宽仁执法、仁德为政的好处。

当然，宽容也分对象，仁德也并非滥施。范仲淹了解晁仲约，此人绝非一个贪生怕死之辈。多年之后，晁仲约辗转复出，担任兴州市长。晁仲约在兴州市长任上干得很不错，开垦荒田，兴修水利，为政有方，万民赞颂。苏轼听到晁仲约的惠民善政后曾作诗一首，其中有诗句云：“百亩新池傍郭斜，居人行乐路人夸。自言官长如灵运，能使江山似永嘉。”正因为晁仲约有治民之才，更有爱民之心，苏轼才会如此高度评价晁仲约。

# 谁都可以当枪使

权力场中，利用与反利用无止无休，一不小心，就会被别人当枪使了。在精于权谋的高手面前，即使是高高在上、手握生杀大权的皇帝也难以幸免地成为他人谋权追利的工具。

## 内有乾坤

第一位高手，北宋太宗朝状元孙何。

宋太宗主持科举考试，沿袭太祖赵匡胤朝的风气，喜欢让第一个交卷的人当状元。第一年如此，第二年还是如此，不久，全天下的读书人都看出宋太宗这个小习惯。于是，读书人全都摩拳擦掌训练快速成文，不管文章质量好坏，第一个交卷最重要。宋太宗本人对科场的这种风气并不知情，可宋太宗这个小习惯却决定了无数读书人一生的命运。

992年，京城科举出现了两大热门人物，一个叫做孙何，一个叫做李庶几。两个人的文章都很好，李庶几是个快枪手，应试作文一挥而就，孙何却是个慢性子，在规定时间勉强能够交卷。两个人同时参加殿试，大家都认为，此次状元非李庶几莫属。此间，朝中一个大臣上奏："有些考生为人轻薄，写文章不讲究思想内涵，光知道图快，影响很不好。"宋太宗一愣，就问怎么回事。大臣说："据说前几天，李庶几和一些考生在一个饼店聚餐，大家一起比赛写文章，规定以一个大饼蒸熟的时间为限，谁先写完谁就获胜。”世人大都认为这个大臣是出于公心，认为科举考试以快为胜助长了华而不实的文风。可是，这位大臣不但汇报了考生中间流行快速作文的不良风气，并且单单挑出了考生李庶几的名字。这对李庶几非常不公平。李庶几写文章很快并不代表李庶几的文章就华而不实，又快又好并非不可能。之前的以快为胜选拔的22位状元中，三分之一成为朝廷宰辅、一时名臣。何况李庶几等举子以饼熟的时间为限，不过是年轻人争强好胜一时贪玩，可是，在宋太宗面前说起这件事情，就有批评李庶几把国家科考大事视同儿戏的味道了。

果然，宋太宗听后大怒。到了殿试，孙何慢腾腾地还在想呢，李庶几已经第一个交卷。李庶几脸上还有几分得意，可看看宋太宗一脸怒气，还没闹明白怎么回事，就被宋太宗大骂赶出了考场。于是这场科考很晚交卷的孙何反倒成为宋太宗关注的焦点，结果被宋太宗钦点为状元。而李庶几就惨了，此后连续多年都被禁止参加科举考试，直到九年之后才成为进士。

其实，宋太宗不知道，自己不知不觉被孙何当了枪使。原来，向宋太宗提出禁止抢先交卷的人叫做陈靖，此人是宋代大儒，在当时颇有名声。宋太宗对他很是信任，并听从他的建议实行糊名考试，推行了一系列新的考核制度。当时全国共有一万多名考生参考，可是，就是这个陈靖，和后来选拔为状元的孙何关系很不一般。如果说陈靖和孙何是在科考之后认识的也还说得过去，可是，很遗憾，早在992年之前，陈靖在家中为父亲服丧的时候，就和孙何、丁谓两位大才子交往甚密。等到服丧期满，陈靖入朝为官，并且提出了禁止科考抢先交卷的提案。

陈靖正是抓住了宋太宗看重科考，看重文治的心思，于是故意点出快枪手李庶几轻薄无行，藐视朝廷科考。陈靖以牺牲李庶几为代价，成就了好友孙何的辉煌人生。

## 脆弱的窗户纸

第二位高手是个无名氏。

杨亿是个大才子，是被文豪欧阳修夸张为文豪的大才子。可是，杨亿的文章虽然写得不错，为官却很是坎坷。这主要还是杨亿的为人比较耿直，不知道迎合变通，很难和人相处。如果杨亿在州县当个小官独当一面也还罢了，偏偏杨亿文名遍天下，宋真宗尤其喜欢，常年让杨亿待在身边，帮自己起草圣旨，做了贴身秘书。皇帝的贴身秘书是个风险极高的工作，无数人想从杨亿那里套取消息，无数人想把杨亿拉下马来，不知不觉中杨亿得罪了许多人。

有一天晚上，杨亿在翰林学士院中读书，忽然太监传旨皇帝紧急召见。怎么回事呢？杨亿来了，宋真宗阴沉着个脸，也不说话，让杨亿坐。杨亿不敢不坐，就勉强侧着身子坐着。宋真宗让人给杨亿赐茶，上好茶，杨亿更是吓得半死，赶紧下跪。就算宋真宗对杨亿再欣赏，可毕竟是大宋帝国的最高领导，哪里有皇帝请臣子坐、请臣子喝茶的道理？看杨亿一脸惶恐，宋真宗道出了本意。宋真宗拿出了一箱子文稿，告诉杨亿："你认识朕的笔迹吗？这些旨意可都是朕亲手起草，并没有让人代笔！"宋真宗说着，把一些文稿拿出来摔在杨亿脸上。杨亿莫名其妙，不知道宋真宗为什么生气，只能一个劲地磕头请罪，请皇帝息怒。等到退出之后，杨亿向熟悉的太监打听到底出了什么事情。那个太监开始不肯搭理杨亿，后来看杨亿可怜，就告诉杨亿自己管好自己的嘴巴，别到处炫耀皇帝的圣旨都是他杨亿代笔的。杨亿听后恍如五雷轰顶，自己可从来没有这么说。担任知制诰（起草圣旨）这个职务多年，自己一直口风很紧，从来都是小心本分，没想到还是遭遇横祸。后来，杨亿再去找宋真宗辩解，宋真宗就不见杨亿了。不久之后，杨亿就被贬出京，再也没有回到朝堂。

宋真宗不知不觉也做了某人的枪手。这个枪手不知道姓名为谁，不过确实很厉害。这个人很明白宋真宗的弱点，宋真宗一生好名，于是才会在澶渊之盟后封禅泰山，来掩饰自己城下之盟的屈辱，才会伪造天书标榜自己的盛世。宋真宗本身的文才平平，可是被臣子夸赞多了，还真觉得自己才华横溢，远过翰林学士了。翰林学士本身不过是代替皇帝起草圣旨，工作就是给皇帝做枪手，枪手怎么能够抢走本主的功劳呢？是可忍孰不可忍！于是，大文豪杨亿被贬黜也是必然的事情了。

两位高手面对的皇帝各有不同，技艺也各有巧妙，不过对于皇帝的品性却都读得很清楚。宋太宗重文，于是以藐视科考挑拨；宋真宗好名，于是以杨亿“诽谤”进谗。两位皇帝为政都颇有手腕，但是遇上高手，还是吃了败仗。

# 婚姻，东风与西风之战

宋真宗和皇后刘娥，是中国古代帝王中极少的能够终老和睦的夫妻。真宗和刘娥从十五岁时相遇，一直到真宗老去，一直对刘娥不离不弃。刘娥的十五年宫外寂寞生活，也无法阻止宋真宗迎回刘娥，并立刘娥为后。这可以说是中国帝王史上的奇迹。不过，真相或许并不是那么完美。真宗晚年，或许和刘娥的关系已经不和，只是隐忍不说罢了。

## 和谐中的矛盾

在宋人笔记《涑水记闻》记载了以下这样一段文字。

“真宗晚年不豫，尝对宰相盛怒曰:‘昨夜皇后以下皆去，刘氏独留朕于宫内。’众知上眊乱误言，皆不应。李迪曰:‘果如是，何不以法治之?’良久，上悟曰:‘无是也。’章献在幄下闻之，由是恶迪。”

宋真宗晚年身体不适，估计是有老年痴呆症吧，经常会犯糊涂。有一天宋真宗在和宰相交谈的时候忽然变了脸色，很生气地说:“昨天晚上，皇后以下的所有人都离开了，可是，皇后刘氏却单独把我留在宫里。”是宋真宗想离开，皇后刘娥强行留住不让走?刘娥竟然敢软禁宋真宗！大家你看看我，我看看你，没有谁敢轻易接嘴。

此时，大臣李迪回答:“如果真的有这回事，皇上为什么不用国法来惩处她呢?”大家一听都吓了一跳。宋仁宗沉默，大家沉默。过了很久，宋真宗才恍然大悟，似乎回过神来，说:“唉，好像没有这回事啊。”当时，皇后刘娥就在帷幕之后，听到了李迪的回答，从此之后就记在心中。

《涑水记闻》的作者是司马光，那是中国历史上最著名的史家之一，治学严谨，活跃时间基本上在宋仁宗、宋神宗时期，可以说，这段文字的真实性非常高。

对这段文字有几点疑问。

一个疑问是刘娥究竟有没有强行留下宋真宗的事情。应该有。为什么？

就算是宋真宗真的是老年痴呆，也不会忘记在现实生活中，谁对自己好，谁对自己不好。一个犯病的人与清醒的时候最大的不同是什么呢？是清醒的时候知道什么不能说，说了对自己对大家有害。可是犯病的时候就没有这些顾忌了，心里怎么想就怎么说，想怎么说就怎么说，但是说出来痛快是痛快了，却可能引来严重的后果。

宋真宗忽然对宰相批评皇后，或许就是长期以来心中对皇后有所不满。在正史中有明确记载，皇后刘娥在宋真宗晚年，经常参与政事，作风强硬，大臣畏惧。那宋真宗是不是也会感到不舒服呢？就算是夫妻，对于至高无上的皇权，宋真宗也不会情愿把皇权交出。只是宋真宗晚年多病，实在无力处理朝政，只能让刘娥协同办理。宋真宗为政勤勉，对大臣进谏多有采纳，可是真宗为人却又软弱，处事远不如刘娥干练。而刘娥在辅政期间，为了加强自己的威信，更是雷厉风行办了许多事情，比如借助丁谓之手，打压朝中清流领袖寇准、李迪等人。于是，宋真宗和皇后刘娥对一些事情的看法多少有些不同，而一点一滴的分歧到后面也就难免会积累成怨恨。

在文中有两处证据。

一个是宋真宗忽然“上悟”，明白了什么，就改口说没这回事。是真的没有吗？宋真宗或许只是一时牢骚，可发现李迪却上纲上线，说可以依照国法惩处皇后刘娥。宋真宗才意识到问题的严重性，于是改口。

第二个是皇后刘娥一直站在帷幕后面，估计就是昨晚刘娥做了于法理有亏（软禁真宗）的事情，心中有愧，躲在帷幕后面偷听，看看问题究竟会怎么处理。而李迪的话正像一根刺，刺向刘娥心中。在宋真宗在世的时候，刘娥虽对李迪、寇准等人一再压制，但人家李迪是占了理的，刘娥只能强忍下这口怒气。

第二个疑问是李迪为什么希望宋真宗以法惩处刘娥。

李迪在宋代是出了名的耿直大臣，后世史家有社稷之臣的高度评价。李迪在很早的时候，就认定皇后刘娥——后来的太后刘娥，权力欲望特别强，一直渴望专权。而真宗晚年多病，太子年幼，以后势必由刘娥垂帘听政。一旦刘娥成为太后，大权在握，就很有可能野心膨胀，甚至更进一步，临朝称帝，改朝换代。

## 偶然中的必然

李迪的担心并非没有道理。当年的唐高宗和武则天与宋真宗和刘娥两对夫妻之间有许多惊人的相似。

武则天是唐高宗李治的初恋情人，在登基之前就感情深厚，可是却因为是太宗的才人被驱逐到感业寺出家。等到高宗继位之后，把武则天接到宫中，没几年，武则天就做了皇后。然后儿子被册立为太子，地位稳固。高宗晚年多病，于是主动提出让武则天参与政事，让武则天有机会培植自己的势力。当唐高宗去世之后，武则天得以废黜太子，自己改朝换代当了皇帝。

而刘娥呢，早在十五六岁的时候，就认识了当时还是秦王的赵桓。赵桓见到刘娥之后，一见倾心。可是却由于得罪了赵桓的乳母，被告发到宋太宗处，从此被驱逐出门，在宫外一待就是十多年。等到三十多岁赵桓继位为宋真宗，然后刘娥才被接入宫中。当刘娥久不生子时，宋真宗竟然协同皇后刘娥借腹生子，扶刘娥登上皇后之位。可以说，赵桓对刘娥的宠爱，比之李治对待武则天，有过之而无不及。而当宋真宗赵桓身体不适时，也一样提出由皇后刘娥辅政。之后，宋真宗去世，刘娥垂帘听政，临朝称制。

在后来，刘娥确实想过学习武则天。刘娥曾经询问大臣对武则天的看法，也曾经有大臣逢迎刘娥，献上《武后临朝图》，可是因为多数宰臣强烈反对，刘娥才没有实行。同时，刘娥也没有武则天那样铁打的好身板。武则天32岁为后，60岁成为皇太后，67岁才称帝，一直工作到82岁才归天。刘娥45岁为后，53岁以太后身份摄政，66岁就病逝了。

刘娥心中其实一直有着皇帝梦。在刘娥去世的当年，刘娥病体沉重，知道自己命不久矣，于是提出，要穿天子的衮冕朝拜太庙。一时之间，朝野轰动。说好的说坏的，闹得沸沸扬扬。最后还是宋仁宗出面，主动同意太后刘娥穿戴天子服饰，只是象征性地减少一两样东西。

于是，刘娥身着龙袍，头戴天子冠冕，到太庙祭拜祖先。可以说，终于圆了自己一个皇帝梦。

李迪正是出于对刘娥未来专权的预判，然后做出了这样大胆甚至有些荒唐的建议。可是，很遗憾，宋真宗对皇后刘娥就算是有些不满，但却并不想真正翻脸。毕竟宋真宗和刘娥有着四十年的深厚感情。于是宋真宗把刘娥软禁自己的忤逆大罪以一句“无是也”，轻轻掩饰过去。而李迪也在宋真宗去世之后被一贬再贬，几乎被迫害至死。一直等到刘娥去世之后，李迪才由宋仁宗召回朝中，担任宰相、大学士。

# 二十四年美人心计

这个世界，只要有人存在，就会有王存在，有王存在，就会有王的女人存在，有王的女人存在，就会有争斗存在。而无论是哪个时空的美人心计，都会极尽手腕，和男人的权谋相比，其阴险，其诡谲绝不会逊色。

历史上的狸猫换太子，男一号是宋真宗，男二号是宋仁宗，女一号是刘娥刘美人，女二号是刘美人的宫女李氏，女三号是杨淑妃。人物挺多，故事曲折，比起《三侠五义》版本有过之而无不及！

历史上的宋真宗，不是一个聋子，也不是一个瞎子，不会任别人糊弄，宋真宗本身就是“换太子”密谋中的主谋之一。历史上的宋仁宗最终也没有和自己的母亲相见，却在得知生母真相之后，差点把皇太后一家灭门。

历史上的刘妃，没有悄悄把李氏的儿子换成剥了皮的狸猫，然后把儿子夺走；也没有把李氏赶出宫廷，让李氏流落街头；更没有在包青天请回李妃之后，又惊又惧自己死掉。历史上的刘妃，通过换太子一事，成功地晋升为大宋真宗朝第二任皇后，并且一当就是二十年。在宋真宗去世之后，更是垂帘听政独掌大权十余年，风光无限。而宋仁宗生母李妃也一直生活在大宋宫廷，无疾而终。宋仁宗的养母则在刘娥去世之后，抓住时机上位，成为大宋新一任国母。

历史和传说为何会有如此大的差距呢？为何刘娥能够一步步瞒天过海呢？狸猫换太子最后的结局如何呢？

## "巧遇"成局

在正史当中，对于李氏和宋真宗的相遇，记述非常简单，"初入宫，为章献太后侍儿，庄重寡言，真宗以为司寝"。

这里提到了两个信息，一个是李氏原本是宋真宗嫔妃刘娥的侍女，一个是李氏为人庄重寡言。不过，即便是刘娥的侍女，可是能见上皇帝的机会也并非很多，能得到皇帝宠幸的机会也就更少。究竟是什么原因，让刘娥竟然默许李氏出现在宋真宗面前，并和自己分享同一个男人呢?

我们可以结合宋人王明清的《挥麈录》中的记载，对照之后，或有所得。文章如下。

"章懿李后初在侧微事章献明肃。章圣偶过合内，欲盥手，后捧洗而前，上悦其肤色玉耀，与之言。后奏:'昨夕忽梦一羽衣之士跣足从空下云:来为汝子。'时上未有嗣，闻之，大喜曰:'当为汝成之。'是夕召幸，有娠。"

简单来说，就是仁宗的生母李宸妃，原本不过是章献太后刘娥身边的一个宫女。有一次宋真宗偶然经过刘娥宫中，想到要洗手，这时候还是宫女的李氏，就捧着水盆上前。宋真宗看着李宫女皮肤白净，清纯可爱，就和李宫女聊了起来。然后，李宫女就说:"昨天晚上我做了一个梦，梦到一个神仙光着脚从天上下来，说:'我来做你的儿子吧'。"当时，宋真宗还没有儿子，听到这件事情之后非常高兴，说:"那我就成全你吧。"于是，那一晚就让李宫女侍寝，结果就怀上宋仁宗了。

其实，这段文字稍微一推敲，就可以发现许多疑点。而众多疑点，都指向一个人，就是四品美人刘娥。

第一个疑点，是宋真宗来到刘娥宫中，为什么是李宫女给宋真宗端水。

在《红楼梦》中，有这样一个情节。有一次宝玉偶然回到怡红院，着急要洗手洗脸，可是屋里一个大丫头也没有，于是大叫大嚷。这时候有一个小丫头上前来帮忙，宝玉还奇怪以前怎么不认识，小丫头就和宝玉聊了起来。两个人说得正开心呢，晴雯从外面回来了，冲上去就给了小丫头一巴掌，让小丫头明白，不是谁都有资格给宝玉端茶递水服侍宝玉的。

于是，我们就可以看到，李宫女能够成功地站到宋真宗面前，绝非偶然。皇宫的规矩比起贾府大观园来说大得多，如果不是主人刘娥允许，哪个宫女敢出现在宋真宗面前？

并且，我们可以看到李宫女是一个很了不起的女子。皮肤白净，长得不错，那不算是什么。在宫中美女多了去了。美，只是吸引宋真宗眼球的一个敲门砖，可是要想宋真宗看上你，并且愿意帮忙播种，就完全是另一回事了。

在这里，李宫女出色的言辞帮了大忙。我们可以猜想宋真宗和李宫女见面聊些什么呢？按照常理，不过是主子和美女仆人之间简单的问候，比如姓名啊，家人啊，在宫中生活好不好啊，等等寻常的问题。可是，李宫女回答非常巧妙，并且话题竟然就渐渐变得很亲密了。李宫女竟然给宋真宗汇报起自己昨晚做的一个梦了。并且，这个梦非同小可，乃是天降龙种的异梦。李宫女在宫中几年，怎么会不知道宋真宗当时没有儿子（郭皇后曾经有几个孩子，但都早夭），怎么会不了解宋真宗三十多岁渴望有儿子的心情，又怎么会不知道刘娥也一直无子？

于是，这一切必然是刘娥的刻意安排，是刘娥花了许多心思，按照宋真宗喜欢女子的标准，找了这样一位皮肤非常白净、能言善辩、清纯可爱的李宫女，并且教她说了这番异梦的话。于是，第一次见面，宋真宗就为这位李宫女吸引，并且为了实践这个异梦而留下了李宫女。还竟然就一下子怀孕了——连最佳受孕日期都计算好了。

而正史当中，把李氏的善于言辞悄悄掩盖，变成“庄重寡言”。当然仔细想想这也有道理。李氏一方面口才很好，另一方面却不是那种喜欢搬弄是非、逞口舌之快的人，庄重寡言的性格，让李氏能够保全许多秘密，得以在钩心斗角的宫廷生存下去。

## 瞒天过海

宋真宗子嗣一直零落，尤其是最宠爱的刘娥刘美人，多年不孕，于是，就派遣自己身边的小宫女李氏，“巧遇”宋真宗。结果，珠胎暗结，成其好事。

但是，在李宫女怀孕之后，刘娥站了出来。

刘娥当时还没有儿子，而宋真宗一直深爱着刘娥，并且在前任郭皇后去世之后，一直希望让刘娥来坐那个位置。可是朝中大臣以宰相沈伦为首，都希望宋真宗能够让沈伦的小孙女做皇后，美其名曰皇后应出身高贵。刘娥确实出身寒微，本是个卖艺女子。虽然宋真宗为了给刘娥遮丑，宣扬刘娥的祖父曾经在五代时期担任节度使，可毕竟刘娥出世时，家道已经完全败落，刘娥本人更在街头卖过艺，人所共知，无法掩饰。

可是，宋真宗拒绝立沈伦之女为后，为了表示对抗，真宗公开宣称暂不立后。

一方面，确实是宋真宗比较喜欢刘娥，不过另一方面，也是更重要的一方面，还是三十多岁的宋真宗，不希望朝中出现强大的后党势力。沈伦在朝中本来就威望很高，一旦孙女成为皇后，必然成为威胁到皇权的外戚势力。如果沈伦孙女再怀上龙种的话，那就更不得了了。于是宋真宗把立后之事冷处理。

而刘娥一直希望怀上孩子，可是十多年了都没有怀上。并非是宋真宗无能，宋真宗和前任郭皇后曾经有过三个儿子呢，实在是刘娥这块“土地”太贫瘠。于是，刘娥就想出了借腹生子的主意。当宋真宗了解到前因后果的时候，宋真宗并没有生气，而是和刘娥联袂演出，搞了一场瞒天过海的大戏。

在李宫女怀孕的时候，宋真宗让刘娥也不要出门，躲在自己的寝宫，一直到李宫女生下儿子，就对外宣布，刘娥已经生下龙种了！

以前那些反对刘娥为后的人傻眼了，跟随宋真宗将近二十年不孕的女人竟然也会怀孕了。这次宋真宗的态度非常强硬，既然刘娥已经产下龙种，母以子贵，谁也不能阻止立后。于是，刘娥终于当上了大宋皇后。

而李宫女呢，也被封为崇阳县君，成为人上人。

刘娥没有亲自抚养宋仁宗，而是把孩子交给了另一个宫中妃嫔——杨淑妃。杨淑妃早在刘娥入宫之初，就追随刘娥，对刘娥比较忠心。当然，最重要的一点，是刘娥选择的养母，不能是威胁到自己地位的女人。于是，生母李氏就首先被排除。而杨淑妃虽跟随宋真宗多年，地位仅次于刘娥，但是一直不孕。既然如此，刘娥把孩子交给杨淑妃，就可以为自己争取到一个强大的盟友。

至于李氏，看着自己的儿子被抢走虽然痛苦，想到永远不能和儿子相认虽然伤心，可是毕竟自己的儿子做了皇后的儿子，以后就可以登上皇位，成为天子。作为母亲，或许李氏又会感到很幸福吧。

## 步步设防

在宋仁宗出生到正式掌权的二十多年，宋仁宗一直认为自己的生母就是皇后（皇太后）刘娥。而真正的生母李氏，则在冷清的宫廷一角默默地祈祷儿子一生幸福。

在这二十多年里，关于李氏的记载很少，大多只是官职的罗列，李氏寻访弟弟李用和的事情应该是李氏人生中的一件大事。

《宋史》中记载，“已而生仁宗，封崇阳县君；复生一女，不育。进才人，后为婉仪。仁宗继位，为顺容，从守永定陵。章献太后使刘美、张怀德为访其亲属，得其弟用和，补三班奉职。”

原来，在生下宋仁宗之后，李妃还生下过一个女儿。宋真宗对李妃还不错，当然，也可能是宋真宗觉得自己默认刘娥抢走李妃的儿子，心怀愧疚，于是偶尔还会来找找李妃吧。李妃后来当了五品的才人、从四品的婉仪。在宋仁宗继位之后，李妃被晋封为正二品的顺容，但是却被命令到永定陵为宋真宗守陵。

刘娥对这位宋仁宗的生母一直小心堤防！作为借走李氏儿子的回报，刘娥帮助李妃找寻到失散多年的弟弟，并且让李用和在朝中当了一个小官。她还依照礼仪，给李氏加封品级，不过，却让李氏远远地待在宋仁宗的视线之外。正史中，一直等到死去的那一年，李氏才被封为宸妃，估计是刘娥看到李妃病重，给李氏一个最后的安慰奖吧。

在那远远的永定陵，李氏寂寞地度过了十年，无声的活着，也无声的死去。

消息传到宫中，皇太后刘娥想着以普通妃嫔的礼节在外安葬就好了。可是当时的宰相吕夷简却认为礼节应当从厚。刘娥很生气，立刻起身就要走人，同时拉走皇帝，把宰相晾在那里。

刘娥一生都在对仁宗隐瞒生母的事情。为何宋真宗一个普通妃嫔的死，安葬的礼节要从厚呢？刘娥不希望宋仁宗起疑心。等到带上宋仁宗走后，刘娥又派人悄悄约见吕夷简，当面质问，仅仅是一个普通的宫人死了，为什么宰相却说什么要从厚安葬呢？刘娥一直认为自己借腹生子的事情，除了当事人李氏，谁能够知道呢？其实天下没有不透风的墙，宰相吕夷简等高官，对于皇家的秘密一清二楚。

吕夷简的回答很含蓄，他说:“我身为宰相，朝廷内外所有的事情，我都有权力干预。”吕夷简虚晃一枪，没有直接回答为什么要从厚安葬李妃，不过吕夷简相信刘娥能够听懂自己话中有话。

刘娥大怒，说:“宰相你想离间我们母子吗？”

吕夷简很镇定地说:“臣怎么敢，不过如果您不挂念刘家以后的遭遇，臣就不敢多说了；如果您还顾及刘家，希望安葬一定要从厚！”

太后想想明白了，是啊，自己在世的时候，没有人敢告诉宋仁宗生母不是自己亲生的，可是自己百年之后呢？但是刘娥不想让吕夷简看到自己内心的尴尬和彷徨，还犟嘴说："死去的不过就是一个宫人，就是李宸妃，相公您说怎么办呢？"

吕夷简于是请求以一品皇妃的礼节安葬，把灵柩停放在洪福院。刘娥勉强答应。

转过身来，吕夷简找到负责殡葬事宜的官员，交代他李宸妃一定要以皇后的服饰入殓，并且在棺材当中放上水银，保持不腐。负责此事的官员疑惑了，说太后的旨意只是用一品的礼节安葬啊。吕夷简瞪着那人，说："随便你，哪天你被抄家，你可别怪我吕夷简没有提醒你。"

负责官员吓了一跳，于是偷偷用皇后的服侍安葬了李宸妃。

其实吕夷简一方面是为了皇太后刘娥，另一方面也是为了自己。一旦刘娥去世，宋仁宗必然会知道自己的身世。那时候刘娥已经死去，宋仁宗很难追究，可是自己是当时的宰相，罪责难逃。此时不做好预防，以后保不定就有大祸。

果然，在刘娥去世之后，有人就告诉了宋仁宗真相，甚至有人传言李宸妃是被刘娥毒死的。而这个告密的人，却是刘娥一生最信任的妹妹、宋仁宗的养母杨淑妃。

## 算计百年身后

宋仁宗从出生就一直认为自己是皇后刘娥的儿子。后来，宋仁宗少年继位，母亲刘娥以太后的身份垂帘听政十余年。当刘娥去世之时，宋仁宗哭的非常哀伤。虽然说刘娥对宋仁宗非常严厉，可是对宋仁宗也极为爱护。正是因为宋仁宗的孝顺，刘娥才会在去世之前，就把政权交还给宋仁宗。

据说，杨淑妃是看到宋仁宗哭的过于哀伤，怕宋仁宗毁伤身体，才告诉宋仁宗：其实刘娥不是你的生母，生母是早就亡故的李宸妃。

事实是这样的吗？

其实，这一切都是杨淑妃夺取后宫最高权力的手腕罢了。

当时，刘娥虽然去世，可是朝中大臣多是刘娥故旧。杨淑妃虽然也是后宫长辈，可是在朝中却势单力薄。当时朝中还有一位燕王，也渴望上位，于是二人联手，同唱双簧。

当杨淑妃告诉宋仁宗之后，燕王就公开宣称："陛下您是李宸妃所生，而李宸妃死于非命！"燕王认为，是刘娥霸占了李宸妃的儿子，并且最后害死了李宸妃。

宋仁宗一听之后又惊又怒。

李宸妃是什么时候死的呢？是在明道元年（1032年），而刘娥是在明道二年三月份病逝的。宋仁宗或许会想，莫非，是太后看到自己病重，于是抢先下手杀死生母李宸妃，希望永久掩埋这段往事？

从刘娥对待李宸妃葬礼的事情看，刘娥确实想过抹杀李宸妃。不过，千算万算，刘娥万万没有算到是自己一生最信任的妹妹杨淑妃出卖了自己。当初，是刘娥把宋仁宗交托给杨妃抚养。在刘娥看来，这就等于给了杨妃后半生的荣华富贵，这份恩情，杨妃一辈子也难偿还。

可是，杨淑妃有自己的打算。刘娥在世时，宋仁宗就对杨淑妃不错，可是刘娥处处压制杨淑妃，在宫中也好，在朝中也好，杨妃的影响一直很小。杨淑妃不希望自己永远生活在刘娥的阴影之中。此刻，既然刘娥已经去世，那么轮到杨淑妃登台表演，杨淑妃当然想好好唱一把。可是要想众人喝彩，就必须立威，要想立威，就必须办一件大事。

而告诉宋仁宗的生母是谁，就是一件震动朝野的大事。告诉宋仁宗生母是谁，对杨淑妃有害吗？没有，一点害处也没有。宋仁宗早就知道杨淑妃只是自己的养母，也对养母亲近有加。告诉宋仁宗真相，不会影响杨淑妃在宫中的地位，反而会让仁宗认为，这个世上只有杨淑妃才是真正关心自己，才是自己最好的母亲！

听到生母竟然是李宸妃的时候，宋仁宗极为愤怒。从小，刘娥就对宋仁宗极为严厉。宋仁宗小时候就喜欢吃海鲜，可是又经常喉咙痛，刘娥就严令禁止。可是，杨淑妃经常偷偷带一些海鲜给宋仁宗，并且悄悄告诉宋仁宗："哎呀，大娘（仁宗称呼皇后刘娥为大娘，养母杨妃为小娘）怎么能这么虐待我的宝贝儿子呢？"日积月累，宋仁宗对刘娥有的只剩下敬重和恐惧，而现在，对刘娥的恐惧全部都变成了对刘娥的怨恨。原来，正因刘娥并非自己生母，才会对自己那么冷淡，才会经常刁难自己。

宋仁宗立刻下令，派兵包围刘娥寝宫，包围刘娥娘家。然后派李宸妃的弟弟李用和前往李宸妃停灵的奉先寺。

来到奉先寺之后，李用和奉命开棺验尸，却意外地发现，棺材中的李宸妃面貌如生，根本没有中毒的迹象。于是，宋仁宗撤去兵马，并下诏嘉奖刘娥的亲眷。

开棺风波之后，燕王受到了惩罚，宋仁宗亲自到刘娥灵前谢罪，焚香哭泣，说："从今之后，再也没人会冤屈大娘了。"可是，对养母小娘杨淑妃，宋仁宗却没有任何怪罪，反而把杨淑妃尊为章懿太后，一生对杨淑妃宽容孝顺。

是啊，杨淑妃只是说刘娥并非宋仁宗生母，是燕王多事，说李宸妃死于非命。杨淑妃是据实禀奏，而燕王则别有用心。

一场"狸猫换太子"大戏终于落下帷幕，可是，无数场大戏又在持续上演。

# 善意关怀之“害”

郭皇后，仁宗皇后，出身名臣之家，性妒忌，后失宠被废。

慈善，也可以分为暴力和非暴力。暴力慈善，虽有行善之行，却违慈善之道。关怀，并非都是善意，或者说，虽有善心，却导致恶果。一切只因形势逼人，利害逼人。

景佑二年（1035年）的十二月十日，宋仁宗发妻郭皇后去世。当时，王尧臣担任谏官，上奏仁宗：“之前只是听闻冲静元师（郭皇后被废之后道号）偶染风寒，身体略有不适，不知为何忽然薨逝，且听闻棺椁器具都已经准备停当，事情大有可疑。请下旨交付有关部门，推究元师起居饮食用药情况。”可是，一贯仁德的宋仁宗竟然拒绝了这个请求。

## 旧日之恶

大小朝臣都知道宋仁宗和郭皇后的关系并不好。当初，在宋仁宗继位的第二年，在皇太后刘娥的安排下，宋仁宗不得不接受了贵族出身、血统高贵的郭氏作为皇后，而放弃了新近看重号称绝色的王蒙正之女；宫中本有一位张才人，颇得宋仁宗欢心，也被皇太后驱逐到一边。宋仁宗很生气。加上郭皇后年少气盛，倚仗着有太后撑腰，对宋仁宗也强加干涉，竟然不允许宋仁宗找别的女人。两人积怨越来越深，十年之后，皇太后刘娥去世，宋仁宗得以亲政，双方的矛盾终于爆发。后宫尚美人和杨美人互相争宠，又同样看不起失宠的郭皇后。三人在争风吃醋的时候，宋仁宗好意去劝架，没想到郭皇后正挥起手来，准备给尚美人一个耳光，宋仁宗挺身而出，郭皇后的指甲划伤了宋仁宗的脸颊。宋仁宗大怒，尚美人和杨美人也趁机添油加醋，终于，宋仁宗决定将郭皇后废黜。

可是，尚美人和杨美人也没有捞到什么好果子吃。尚美人在宫中没有什么靠山，家中也没什么背景，被赶出皇宫，出家为尼。杨美人则因是宋仁宗养母杨太后的家人，被允许带发修行，在几年之后又回到了皇宫，却永远失去了争夺皇后宝座的资格。

可是，皇帝并非如世人心中认为的一人独大，想要如何就如何。无论是哪个朝代，皇帝也不能为所欲为，更何况宋仁宗是要做废黜皇后这样的大事，只要消息传开，必然会轰动朝野。无论郭皇后是否有理，一旦提到废后，必然有许多大臣跳出来，以郭皇后是太后钦定的皇后为借口，以国母不可以擅废为托词，阻挠宋仁宗废后。

宋仁宗能够废后，两个人立下了大功，一个是宦官阎文应，一个是宰相吕夷简。

宋朝宦官势力其实非常强大，一些宦官不但在皇帝身边服侍，甚至离开京城，在各地统兵作战，兼任将相。像《水浒》中提到的奸贼童贯就是北宋末年有名的宦官。而宋仁宗亲政前后，权力最大的就是担任入内都知的阎文应了。作为长期跟随在宋仁宗身边的首席宦官，阎文应想仁宗之所想，急仁宗之所急。宋仁宗在被郭皇后抓脸之后气呼呼的，也不知道如何处理。阎文应提醒宋仁宗，可以找宰相吕夷简商量。宋仁宗在后宫被压迫了十多年，对郭皇后已经深感厌烦，此时郭皇后闯祸，正好借机发难。阎文应提醒了宋仁宗，朝廷大臣皆不可怕，只要搞定了宰相吕夷简，一切都好办。

宰相吕夷简一听到阎文应透露皇帝想要废黜郭皇后的事情，双手赞成，很是支持。这又是为什么呢？事情还要和几个月之前说起。从明道二年（1033年）皇太后刘娥去世开始，宋仁宗就大展拳脚，在朝廷之内清除皇太后的残余势力。皇太后手下的那一班老臣，此时多成为因循守旧、不思进取的顽固分子，只有将其赶出朝堂，大宋才能够有一番新气象。而主持这项工作的，则是担任宰相多年，深受宋仁宗器重的吕夷简。吕夷简做事很卖力，宋仁宗很满意。

有一天宋仁宗和郭皇后一起吃饭，聊天的时候讲到罢黜夏竦的事情。郭皇后听了，说："相比夏竦，我看吕夷简才更奸猾。官家说夏竦是阿附太后的小人，难道他吕夷简就不是吗？只是吕夷简为人机智，善于应变罢了。"这句话谈得让宋仁宗闷闷不乐。确实，吕夷简这个人非常狡猾，做事情不得罪太后，也不得罪皇帝，在许多问题上都是哼哼哈哈装糊涂。宋仁宗马上下旨，罢黜吕夷简，远远发放到地方为官。吕夷简那天正在中书省处理公务，签署罢黜其他官员的公文，没想到圣旨下达，要罢他的相位。吕夷简大惊。看看中书省其他同僚都窃笑不已，吕夷简心里窝了一团火。事后，吕夷简了解到，在皇帝面前中伤自己的就是郭皇后。吕夷简想报仇，可人家是皇后，有什么法子呢。

没想到老天不负有人心。在地方为官半年之后，吕夷简又被重新召回到了中央，再次担任宰相。当阎文应告诉吕夷简，郭皇后抓伤宋仁宗的时候，吕夷简大喜。

于是，在宋仁宗定调子、宦官头领阎文应通风报信、宰相吕夷简默许的情况下，明道二年，郭皇后被废。

## 今日之悲

本来，郭皇后可在冷宫的道观中安安静静地度过残年。可是因为宋仁宗偶然的一次心动，导致郭皇后最终的死亡。

宋仁宗是个好皇帝，更是个好人。好人善良，做了事情之后总习惯站在对方的角度考虑。多日之后，宋仁宗闲庭信步，偶然看到园中郭皇后以前乘坐的车子，很是感伤。郭皇后虽然霸道，却是宋仁宗的结发妻子。十多年来，两个人有着许多的怨恨，却也有一些快乐的时光。现在郭皇后已经被废黜，原来郭皇后使用的物品都被堆到了角落，看着落满枯叶的车驾，宋仁宗很难过。废后的这件事情，回想起来，确实有点急躁了。想郭皇后的年纪不过是二十出头，此时却要幽居冷宫……

宋仁宗写了一首《庆金枝词》，派一个小太监悄悄送给了废妃郭氏，并且传口谕："当复召汝。"你耐心等着，等时机成熟我还要召见你。事情很快传到了阎文应、吕夷简的耳中，两个人听了心惊肉跳。一旦郭皇后复位——就算是不复皇后位，成为后宫妃嫔也不得了。宋仁宗自然没事，阎文应和吕夷简却必然死无葬身之地。两个人开始密谋，如何才能将废妃郭氏彻底整垮。

要想彻底消除威胁，只有将废妃从这个世界上消失！

阎文应悄悄找到了照料废妃郭氏的太医，嘱咐如此如此。郭氏已经成为废妃，在宫中已然失势。何况郭氏和宋仁宗关系一向糟糕，几乎就不可能有复位的可能。加上阎文应假托皇命，太医又怎敢不从。于是，郭氏一开始不过是偶然风寒，渐渐的，小病治成了大病，大病最终变成绝症，终于一病不起。

据说，废妃郭氏安葬的那一天，还有宫女看到郭氏的手脚摇动，明明还有气息，却被阎文应强行放入棺木。郭氏很有可能是被活埋的。

可是，事情发展到这样，宋仁宗也无力去追究。当初宋仁宗只是一时仁慈，才写了那首词表示愧疚，没想到废妃郭氏竟然转告宋仁宗，只有用皇后的凤辇迎接，自己才会和宋仁宗见面。宋仁宗偶然想念，心中有愧不假，但要说到重新让郭氏成为皇后，回到往日的噩梦之中，却绝无可能。废妃郭氏一句话就暴露了幽居多日却一点都没有悔改的心性。

景祐元年（1034年）的九月，宋仁宗在养母杨太后的劝说下，在大臣们的一致推举下，已经立北宋第一名将曹彬的孙女为后，就更不可能答应郭氏的要求了。

无论是从宋仁宗的个人情感上讲，从中宫曹皇后的角度来讲，还是从朝廷大臣乃至宫中宦官势力来讲，多股势力无不希望废后郭氏早些死去。于是，就算是郭氏的死有着太多的疑点，宋仁宗也不想去查也不能去查。

# 把水搅浑好摸鱼

曹皇后，仁宗第二位皇后，祖父为北宋名将曹彬，其叔父为曹佾，即传说“八仙过海”中的曹国舅。

权力场中争斗本就波谲云诡，对力图打破固有权力格局的势力来说，乱中才有胜机，因此搅局是其争斗的必有之策。水被搅浑，别有用心之人即可先发制人，而水中之鱼，一旦在浑水中辨不清方向，就很容易中了招。

## 浑水有暗涌

宋仁宗没有想到，入宫十五年一直沉默的曹皇后会为了再搞灯会的事情，公开和自己叫板。

本来，宋仁宗很高兴。这一年的正月，朝廷终于有了一件久违的喜事。大宋立国以来，弥勒教引发多次骚动。前年年底，在匪首王则的率领下，攻占贝州城，杀掉了贝州的大大小小的官员。王则先是自封为东平君王，之后更自称为安阳武烈皇帝，公开和宋仁宗叫板。王则不知道用了什么妖术，使许多百姓被其蛊惑，参与到叛乱之中。据前线官员回报，王则叛军人人脸上都刺有“义军破赵得胜”字样，宋仁宗气得直拍桌子。地方上久未动兵，连战皆溃。朝廷不得不派遣枢密副使（三军副统帅）文彦博亲自带队前往平叛。文彦博不负众望，马到成功。贝州城池坚固，守卫森严，强攻必然死伤惨重，文彦博就挖地道直通城中，在晚上杀了王则一个措手不及。在庆历八年（1048年）的正月擒获匪首王则，一举荡平贼军。

文彦博曾建议在贝州将王则斩首，免除后患。可是枢密使夏竦却以为不妥，万一文彦博抓的不是王则本人怎么办？夏竦强烈建议，必须把王则押送京城，三司公审之后再明正典刑。

文彦博和夏竦关系一向紧张，是朝廷公开的秘密。不过，把王则押送京城也不是什么大事，宋仁宗不希望两位得力部下闹得太过火，就点头答应了。现在，王则已经押送至京，在闰正月的十五过后，就会公审，处决。

几天前，宋仁宗曾经在和妃嫔聊天时，谈起想在宫中再搞一个灯会，热闹一番，开心一番。话一说出，宋仁宗最宠爱的张美人首先站起来叫好，其他妃嫔也纷纷点头。宫中生活本来就拘禁，搞个灯会，大家都可以轻松一下，众多宦官宫女更是高兴。可是，一贯顺从的曹皇后却强烈反对。

曹皇后告诉宋仁宗，正月十五皇宫之中已经举行灯会，此时是闰正月，再搞灯会，于礼不合。何况宋仁宗一贯节俭，当初因为一位妃子做了一个价值二十八千钱（约9000元）的大闸蟹就摔筷子给脸色，拒绝吃饭。现在再搞灯会，耗费巨大。况且，贝州一战，官军虽然得胜，但是前后打了一年多，军费开支亿万钱。此时又搞灯会，就算是后宫诸妃答应，恐怕朝廷那些御史、谏官也不会答应。

宋仁宗很扫兴。一旁的张美人更是阴阳怪气，却被曹皇后大声呵斥，搞得所有妃嫔面面相觑。

宋仁宗还是很开明，虽然搞灯会，可以让自己开心一些，让大家开心一些，更可以让张美人开心一些，不过，既然曹皇后说到立国讲究节俭，说到铺张浪费会被谏官弹劾，那么，不搞也罢！

只是，大家都不明白，为什么入宫沉默十多年的曹皇后，对这次搞灯会的事情态度这么强硬？

其实，在场的诸位妃嫔也好，朝中的公卿大臣也好，都知道宋仁宗和曹皇后的关系很紧张，甚至可以说，十多年来从来没有好过。除了每个月的初一、十五（朔望日），宋仁宗会按照礼仪去曹皇后的宫中，平日根本不会宣召曹皇后侍寝。入宫都十五年了，曹皇后依然没有一儿半女。

那么，宋仁宗为什么讨厌曹皇后呢？这还要从曹皇后为何成为曹皇后说起。

明道二年（1033年）仁宗郭皇后被废，仁宗的养母杨太后就开始张罗仁宗的婚事。郭皇后是当初嫡母刘太后强行指配给宋仁宗的，宋仁宗不喜欢。现在，宋仁宗二十四岁了，独掌大权了，终于可以找一位自己喜欢的皇后了。杨太后很体贴这位养子，派了许多人，千挑万选找了一位寿州的陈姓茶商的女儿入宫。后宫诸位长辈看了，杨太后也看了，都夸赞陈氏貌美，堪称倾国颜色。宋仁宗先看了呈报上来的画像，这陈氏确实娇媚动人，楚楚可怜。之后，宋仁宗躲在屏风后看杨太后和陈氏聊天。陈氏虽然是平民出身，却举止优雅，进退有节，足可为后。宋仁宗非常满意，告诉杨太后，皇后就是这陈氏了。

可是，消息传到朝堂，一贯钩心斗角的朝廷公卿们，这次出奇的团结。大家都说，一个出身卑微的平民女子，怎可为大宋国母。皇后人选，必须从朝廷勋贵中挑选！宋仁宗听了很恼火，平民怎么了？只要自己喜欢，就可以让她家立刻变成高官，变成豪门。大臣们看到年轻的皇帝闹倔脾气了，就开始密谋，费尽心思想了一条阴损的计策。

大臣们找到了宋仁宗当时最宠信的宦官阎士良，告诉阎士良如此如此。于是，有一天，在宋仁宗翻查礼书，找行皇后册封礼的好日子的时候，阎士良进来了。他神秘兮兮地告诉宋仁宗，自己有绝密消息汇报。阎士良说，官家想立陈子城的女儿做皇后？宋仁宗说，对啊。你也有意见？阎士良说，小人怎敢？只是官家知道陈子城这“子城”到底是什么官吗？宋仁宗一愣说，不知道啊。阎士良说，这子城使啊，是大臣家中奴仆头目的名称啊。小人刚刚从两府过来，听到许多官员都在背后嘲笑官家呢。宋仁宗有点生气了说，嘲笑朕什么呢？阎士良说，嘲笑官家娶了一个家奴的女儿做皇后啊。宋仁宗脸色铁青，当场就把礼书给撕了。

其实，陈氏的父亲只是名字叫做陈子城，官员们张冠李戴，把年轻、好面子的宋仁宗给摆了一道。

最后，在朝廷宰臣的挟持下，在杨太后的认可下，宋仁宗不得不娶了曾担任大宋枢密使的曹彬的孙女做皇后。这曹皇后也算懂事，封后十多年除了一些必须出席的典礼仪式，基本上都在皇后宫中种种稻子，养养蚕，练练字。世人都认为，曹皇后清心寡欲，甚至是暗弱可欺。

那么，这次曹皇后为什么如此强烈反对皇宫之中举行灯会呢？

曹皇后这几天都很紧张。

十五日那天，宋仁宗给众位妃嫔题诗，曹皇后也写了一副，让宋仁宗赞赏不已。宋仁宗工书法，尤其擅长飞白。一位官员呈上自己写的三百种飞白笔法，诸位妃嫔纷纷叫绝，认为写尽了飞白，结果宋仁宗又写了三种。大家一片叫好。曹皇后提起笔来，还写了三种，看得宋仁宗目瞪口呆。早就听说曹皇后经常练字，没想到功力如此深厚。于是，在接下的几天，宋仁宗都在和曹皇后谈书法，聊艺术。成婚十多年来，宋仁宗第一次发现曹皇后原来是一个如此博学、如此有才情的女子。

可是，曹皇后还是很紧张。

不久以前，有人向曹皇后汇报，经常看到陌生女子出入后宫，行踪诡秘，听说还有崇政殿值班卫士在打探后宫路径，仿佛在密谋什么。可是，曹皇后入宫多年，早就明白把一切深藏在心里。在事发之前说出，只能让对手隐藏的更深。

正月十八日晚，福宁殿中，曹皇后刚侍奉宋仁宗睡下，就听到后宫之中传来一声惨叫，仿佛还有人高喊“有刺客！”曹皇后立刻起身，叫来随从出殿打探。小宦官回来禀报说，大事不好，宫廷之中有了刺客。一听有刺客，宋仁宗也随即起身，想离开福宁殿前往张美人住所。曹皇后连忙劝阻。宫廷之中变乱突发，到底有多少刺客，目的到底是什么还不清楚。福宁殿是皇帝休息的正殿，有数十名宦官宫女伺候，勉强可以守卫。一旦出殿，势必更加危险。

宋仁宗无奈，只能在房中走来走去。

派出去查探的宦官又回来禀报，看情形有四名刺客，都手持利刃，武艺高强，已经杀了一名宦官，马上就要冲到福宁殿外了。

曹皇后看看慌乱的宋仁宗，挺身而出，命令福宁殿所有的宦官宫女全部集中起来，一口气下达了三道命令。其一，派腿脚快的小宦官立刻往皇宫门口宣召负责宫廷安全的都知王守忠前来护卫。其二，派出多名宫女出福宁殿，通知所有妃嫔不得擅自离开住所，各自谨守大门，以防贼人乘虚而入。其三，贼人很可能用火攻，大家全部行动起来，提水准备灭火。

几个人出门办事去了。不久之后，刺客们就杀到了福宁殿殿门外。一个年轻的宫女躲避不及，几刀就被砍死。曹皇后连忙命令关闭殿门，死守福宁殿。

就在危急时刻，一伙人忽然闯入了福宁殿。为首的是宋仁宗最宠爱的张美人。

看到张美人的到来，宋仁宗几分意外，几分欣喜。张美人满脸泪痕，扑到宋仁宗怀中，哽咽着说，一听到官家有难，就立刻赶来护驾。福宁殿现在正是皇宫之中最危险的地方，而张美人却不顾自身性命，赶到福宁宫，这份深情厚谊让宋仁宗很是感动。至于张美人违抗皇后命令，擅自出宫走动，自然是放在一边不提了。

跟随张美人前来的还有她的心腹入内副都知杨怀敏。杨怀敏略通武艺，有他在场，大家心安不少。

刺客看攻不入福宁殿，就找来许多布幔，放火烧殿。火势刚起，就被殿内宫人扑灭。火攻无效，刺客又搬来宫女灭火用的长梯，打破窗子，突入福宁殿。许多宦官原本守卫在大门前，此时刺客突然出现在背后，慌乱之下，又有几人被刺客杀死。其他人连忙退入后殿，关闭门窗。刺客边杀人边放火，情况万分危急。

宦官宫女们都吓破了胆，纷纷躲避。曹皇后把剩下的宦官全部召集起来，告诉众人。平日官家对诸位恩深义重，此时正是报答君恩、建功立业的大好时机。此时众人若是怯弱躲避，全部难逃一死，若能够挺身杀贼，一旦贼人平定，必然重重封赏。曹皇后平日对宦官宫女极好，一句话吩咐下去，十多位宦官站了出来。曹皇后亲自上前，剪去他们的一缕头发，告诉他们，平定贼人之后，以断发为证，绝对不会辜负大家。众人感动万分，拿起刀剑，冲出殿门，和刺客拼死作战。

最后，又有三四名宦官战死，三名刺客也当场被诛杀，立功最多的就是杨怀敏，三人都死在他的刀下。剩下一名刺客看到情况不对，连忙逃跑。杨怀敏想要追赶，却被曹皇后喝止。

曹皇后看看在宋仁宗身边娇笑的张美人，又看看一身是血的杨怀敏，下了第四道命令："只剩一名刺客，定要活捉，查问幕后主使！"

看着火光之中刚毅果决的曹皇后，宋仁宗心情很复杂。

## 浑中有浑

张美人很高兴。自己冒死赶到福宁殿，果然是一步妙棋。所有的事情都在按照自己的布置进行，皇后的宝座已经在向自己招手了。

王守忠和其他几位皇宫安全负责人带兵赶到了福宁殿，开始清理现场。宋仁宗再次重申曹皇后的意思，务必活捉逃走的那名刺客，将逆谋答案查个水落石出！

听到宋仁宗把案件定性成逆谋案，王守忠吓了一跳，这下不知道要有多少人人头落地了。

一番调查之后，王守忠向宋仁宗汇报，四名刺客身份已经查明，是崇政殿的卫士颜秀、郭逵、王胜、孙利。除王胜逃窜之外，其他三人已经当场诛杀。现已派遣杨怀敏与其他几位副都知到各处搜查逃犯，绝无漏网可能。

说完之后，王守忠还有些吞吞吐吐。宋仁宗疑惑了，问，还有什么要说的吗？王守忠说，有人认出，逃走的那个王胜前几天和皇后身边的一个侍女见过几面。宋仁宗一听大惊，立刻吩咐把那名宫女找来。宫女来了，交代自己确实见过王胜几面，可并无其他往来，也不知道王胜的密谋。

宋仁宗看到这个宫女一脸惊恐，不像是说谎话。转脸看看曹皇后，曹皇后一脸冰霜。宋仁宗吩咐把宫女先押下去，问曹皇后怎么处置。曹皇后说，既然那名宫女已经涉嫌逆谋，那么就应该按照律法处以极刑。何况，后宫女子和朝廷侍卫私下往来，本就犯了死罪。不论那名宫女出于什么理由，都不能原谅！张美人倒开口求情，说，这个宫女追随曹皇后多年，毕竟还是有感情的。现在虽然犯下大错，可念在服侍皇后多年，也可以免除死罪，重重责罚就是了。宋仁宗看看张美人，点点头，心想还是张美人有仁慈之心啊。

可是，曹皇后坚持要杀死那名宫女。宋仁宗表态：狠狠打几板子就足以惩戒了。曹皇后还是不同意。曹皇后说，不杀掉那名宫女，就不能整肃宫廷！宋仁宗让曹皇后坐下，说，皇后何必如此激动呢。可曹皇后就是不肯答应。搞得宋仁宗也火大，自己的宫女出了事情，管束不严也就罢了，连张美人都来求情，曹皇后竟然还要杀掉那名宫女，实在绝情！宋仁宗已经发话要放过那名宫女，可曹皇后还是不听，完全不把宋仁宗放在眼里，实在可恶！

可是，曹皇后坚持不肯退步，站在一旁和宋仁宗耗了足足四个小时。看看都天亮了，宋仁宗实在没法子，只能答应。于是，那名宫女被拖到东园杀死了。

从曹皇后的立场看，当场诛杀这名宫女虽然绝情，却是最好的选择。既然这名宫女已经对曹皇后不忠，留下性命只可能被敌人利用。此时，宫女只是被揭发和贼人有交往，一旦被捕，严刑拷打之下，还不知道会供出什么呢。强行要求杀掉宫女确实会让宋仁宗不快，却能够消除后患。

上午，宋仁宗抽空见了下大臣们，把宫乱的事情告诉了他们，问问他们如何处置。枢密使夏竦请求由朝廷御史与宦官共同在皇宫之中审查，不要牵连太广，以免影响朝局。副宰相丁度却认为，竟然有刺客在大宋皇宫行刺，而行刺之人竟然是皇帝侍卫，这种大案怎么能够随便处置，必须交由刑部，把所有的幕后党羽一网打尽。两人都是朝廷高官，各自有一批自己的支持者，双方争吵不休。宋仁宗看看宰相陈执中，却发现这个老头子沉默不语。

仁宗朝党争风起云涌，而党争的根子却在后宫。张美人出身卑微，却很懂得笼络人心，前任宰相贾昌朝、现任枢密使夏竦、谏官王贽都是张美人的人马。新任的副宰相文彦博和新党有关联，却是走张美人的路子才升上副宰相的。而欧阳修、范仲淹等人看不惯张美人骄横跋扈、拉帮结派，尤其是为其伯父张尧佐多次要官，在朝中培植自己的势力。欧阳修、范仲淹等人多次上书弹劾，早已被张美人视为眼中钉。曹皇后和欧阳修、范仲淹等新党人员虽然没有直接接触，却同声共气。前几天曹皇后力谏不搞灯会，副相丁度还有翰林学士张方平、御史何郯就连连叫好。

这次后宫卫士之乱，虽然朝中大臣还不清楚幕后情况，但后宫殿阁众多，皇帝每天就寝的地方都不同，刺客却准确快速地找到了福宁殿，可见必然有内应。现在已经得知皇后身边有人牵涉其中，是皇后参与逆谋，还是遭人陷害？实情不得而知。何况，事情本来已经牵连到皇后，枢密使夏竦却意外的不想深究，为什么不穷追猛打，把屎盆子给皇后扣实了，反倒是丁度要求严查？

这场卫士之变的水实在太深，陈执中为相数年早就参透了官场玄机。陈执中之所以能够在朝中立足，正因其不偏不倚，可以充当皇帝制衡后宫，制衡新旧两党的缓冲地带。

于是，夏竦和丁度吵吵嚷嚷三四个小时，陈执中一直打瞌睡。

宋仁宗最后选择听从夏竦的建议，还是低调处理，万一有什么突发事件也好暗地里处理掉。

果然，到了下午情况就急转直下。原本逃走的王胜，竟然在逃出皇宫的最后一刻，已经到了皇宫北楼，马上可以出宫的时候，被搜捕人员发现了。只要活捉王胜，仔细盘查，就可以了解逆谋案的前因后果，也可以洗刷曹皇后的冤情。可是，张美人的心腹杨怀敏却忽然冲上去，将已经束手就擒的王胜乱刀砍死。杨怀敏回报宋仁宗，王胜殊死抵抗，已当场将其格杀。可是，一贯走皇后路线的都知王守忠却从其他人口中得到了真相，禀告给曹皇后。曹皇后大怒，当即派人把杨怀敏捆往中宫，却被张美人截下。

## 局中藏局

宋仁宗知道杨怀敏有问题，或许背后张美人还有猫腻，可宋仁宗不想沿着这个方向追查。

曹皇后封后多年，虽然处世一直低调，从来不干涉朝政，可是，在宫中也好，在朝中也好，影响却似乎无处不在。宫中的许多宦官首领，就连宋仁宗身边的都知，都处处维护曹皇后。朝廷那些大臣也都在看曹皇后的脸色。前些年，张美人产下公主，按照惯例可以晋升，可欧阳修竟然上表，批评张氏出身卑贱，没有资格受封。之后宋仁宗加封张美人的伯父，又遭到新党领袖范仲淹的强烈反对。之后，新党势力太盛，宋仁宗找了个借口把欧阳修和范仲淹等人全部赶出朝堂，换了一批新人。可没想到还有人冒出来力挺曹皇后。现在曹皇后没有产下子嗣，万一生下皇子，那还不要凌驾于宋仁宗之上？

虽然时隔二十多年，嫡母刘娥专制的阴影一直还在宋仁宗心头盘旋。当初，宋真宗曾经考虑让太子监国以分皇后刘娥的权柄，可消息泄露，自小陪伴宋仁宗的宦官周怀政也被刘娥杀死，宰相寇准被赶出朝廷。当初，宋仁宗年纪还小，不明白大家为什么你争我夺。可经历了十多年刘太后垂帘听政的威压之后，宋仁宗已经极为厌恶后宫干政，于是才会在刘太后一死，就全力清洗朝中的太后势力。现在的宋仁宗已经是一个年近四十的成熟君王，他绝不允许皇后坐大。只是，许多时候曹皇后做事都循礼而为，找不到什么纰漏。于是，宋仁宗刻意抬高张美人，打压曹皇后。张美人这几年来和朝中的许多大臣都走得比较近，比如贾昌朝、夏竦、文彦博，等等，宋仁宗都了解，只是不说话，不表态。

这次，杨怀敏确实有错，张美人确实有嫌疑，但宋仁宗不能失去这两枚重要的棋子。

杨怀敏杀死刺客的消息传到朝堂，以何郯为首的全体御史都跳了出来，要求严惩杨怀敏。既然宋仁宗、曹皇后已经三番五次地要求留下活口，杨怀敏杀死刺客就是违抗圣旨，罔顾皇命。本来审问王胜，就可以知道幕后真凶，还皇后一个清白，杨怀敏为什么杀掉王胜？是不是和刺客有什么关联？杨怀敏犯下这样的弥天大罪，就算是斩首一千次也不足以赎清他的罪孽。

可是，宋仁宗将其他的几个负责宫廷安全的宦官首领都贬出宫去了，杨怀敏不过是职位降了一降，竟然还留在宫中。宋仁宗有理由，杨怀敏在危难之时，主动来到福宁殿，并且带头斩杀刺客，立下大功。枢密使夏竦也公开表态，既然杨怀敏有大功在先，足可以将功补过，贬官留任也在情理之中。

看到宋仁宗如此偏私，何郯加紧活动，朝廷当中不满张美人和夏竦的公卿大臣纷纷上书，抗议张美人干涉朝政，强烈要求处斩杨怀敏。看到夏竦站出来力挺杨怀敏，御史们又开始搜集资料搞垮夏竦。御史们拿出切实的证据，证明夏竦曾经通过杨怀敏，多次和张美人联络。朝廷大臣和后宫嫔妃勾结，事关社稷，不可忽视。

何郯联络到皇帝很信任的翰林学士张方平，还有枢密副使梁适。看到连这些朝廷重臣都反对，宋仁宗无奈，只能把杨怀敏赶出皇宫，到地方任职。几天之后，京城发生轻微地震，一贯厌恶夏竦的张方平就上书，说就是因为枢密使夏竦为人一贯奸邪，老天才地震示警。枢密副使梁适也揭发夏竦当枢密使以来的种种罪行，搞的宋仁宗头大，只能把夏竦罢黜出京。

可以说曹皇后打了个漂亮的翻身仗，张美人也老实了很多。只是，当朝中那些中间派也站到了曹皇后一边，共同庆祝赶走杨怀敏、赶走夏竦、打击了张美人的嚣张气焰之时，却忽略了宋仁宗的感受。

宋仁宗找到宰相陈执中、新任枢密使梁适，流着泪告诉他们，当初宫乱发生时，美人张氏有护驾之功，理应受到封赏。陈执中没有点头，只是说，将会交宰臣讨论。翰林学士张方平悄悄告诉陈执中说，当初汉元帝的冯婕妤曾经用身体来抵挡猛兽，保护皇帝，也没有听说得到什么封赏。大家都明白，宫乱能够平定，最大的功劳乃是曹皇后处事果决。一旦张美人得到晋封，天下人都会痛骂陈宰相阿附后妃，贪图权势。这个污点可一辈子也洗不清啊。陈执中听后觉得有道理，还是继续装傻不表态最好。第二天，陈执中向宋仁宗说了一遍冯婕妤的典故。宋仁宗明白了。陈执中这个老狐狸！张美人的晋升只好暂时搁置。

张美人当然不甘心就此沉默，她派自己的伯父张尧佐联络到谏官王贽。王贽上表，要求宋仁宗重新调查庆历宫乱一案，理由是皇后身边的宫女和刺客有关联。宋仁宗接到王贽的奏章之后，不但没有秘密压下，反而拿出来让宰臣公开讨论。本来，事情已经过去多时，调查的官员都已经发落完毕，还要调查什么？朝廷官员议论纷纷，都在揣摩其中意味。莫非宋仁宗想要废后，改立张美人？

朝堂上吵个不休，宋仁宗听了一整天，到黄昏才回后宫。御史何郯上前追赶，询问宋仁宗到底什么意思。宋仁宗强调，自己只是想弄清真相。何郯再三叩头，说，这一切定是奸人设计陷害皇后，请宋仁宗明察。曹皇后已经贵为国母，是天下至尊，且曹皇后没有儿女，一旦宋仁宗去世，能够得到什么好处？皇后根本就不可能参与逆谋！宋仁宗听了，默默不语。

第二天，枢密使梁适又找到宋仁宗。宋仁宗又问，梁老，这个问题你怎么看？梁适很恳切地说，如果展开调查，万一奸人操控审讯，结果牵连到皇后，那么，皇帝要再次废掉皇后吗？像这样休妻的事情，就算是普通老百姓都不忍心做，您是万乘之君，怎么能够做第二次呢？传扬出去，对陛下的名声实在不好。宋仁宗听了，再次沉默。

庆历八年十二月，宋仁宗宣布，涉案人等都已经死亡，宫乱一事从此之后不许再查。同时，宋仁宗下旨，将张氏由正四品美人越级晋封为正一品贵妃。这道圣旨下达的时候，罕见的没有什么反对的声音。至于逆谋案的真相，是弥勒教众行刺皇帝为王则报仇，还是张美人、夏竦故意布局想扳倒皇后更上一层楼，成了一个永远的谜。

# 唯小人与女子难舍也

宋真宗，赵恒，宋朝第三位皇帝，在位期间与辽签订澶渊之盟，以金钱换和平，又大搞封禅、祭祀，致使国力疲弊。

权力是一个场，在这个场中，不管是君子还是小人，其存在的价值就在于权力主导者的不舍。一个强努的女人，与一群钻营的小人，之所以能活跃在宋真宗、仁宗的政治舞台，就在于这两位帝王知其不可，但又弃之不舍。

## 从困局始

大中祥符九年六月，天下大旱，黄河流域千里江山爆发蝗灾。宋真宗忧心忡忡。

宋真宗命令宰臣商议对策，派出官员奔赴受灾州县，对受灾最严重的兖州地区，又派入内都知周怀政带上钱粮前往监督落实救灾工作。同时，宋真宗命令宰相王旦率领百官前往玉清昭应宫、景灵宫向天帝祈祷。为表示诚意，宋真宗下诏，皇宫之内最近十天不宴乐。一番劳碌之后，枢密使王钦若奏报："官家诚意动天，京城地区蝗虫纷纷飞入河中，主动求死。"王钦若还从袖中拿出死去的蝗虫作证，请求宋真宗召开朝会，将这件喜事诏告天下，接受百官的拜贺。宋真宗很高兴。

可首相王旦却说："蝗虫出现，本是天显灾异，警示百官。现在就算是灾难平息，也是上天庇佑、祖宗有灵，有什么值得庆贺的？"王旦为相多年，风格稳健，对于王钦若奏报蝗虫求死并不相信，可又不好当众戳破，只好委婉劝阻。宋真宗有些不高兴。不过王旦为相十多年，对真宗可谓鞠躬尽瘁，现在年近六十，须发皆白，宋真宗也不好驳了老宰相的面子。最后，宋真宗只能依从。

第二天，宋真宗召开朝会，议事之时，忽然蝗虫飞来，犹如黑云一般遮天蔽日，左右急忙关闭殿门，可还是有数十百只蝗虫从门窗缝隙挤入，在高大巍峨富丽堂皇的紫宸殿中飞翔。有的蝗虫飞到官员身上，钻入官袍，整齐严肃的班列顿时骚动起来，宦官们急忙扑打蝗虫。整整半个多小时，紫宸殿的骚乱才告平息。殿外的蝗虫群直闹腾了几个时辰才飞离皇城。再看皇宫内外，昔日葱郁的树林、娇艳的花草，大都变成残枝败叶，一些小树甚至只剩下光秃秃的树干。宋真宗看着跪在地上的王钦若，脸色铁青。宋真宗说:“若朕信你所言诏告天下，蝗虫主动求死，蝗灾已经过去，接受百官朝贺，岂非让天下人耻笑？这等荒唐的事情，亏你们做得出来！”诸位宰臣一齐下跪，说:“首相王旦远见卓识，并非臣等能够相比。”

十来天之后，从兖州视察的周怀政回到皇城。宋真宗询问灾情是否好转，周怀政满脸喜色地告诉宋真宗:“官家大可放心！此次出行，沿途十多个州县虽蝗灾灾情严重，不过，那些蝗虫却只吃寻常花草树叶，不吃果树树叶，更不吃禾苗。今年百姓的收成，基本还是可以保证的。”周怀政还从身上掏出一只饱满的稻穗为证。宋真宗看看稻穗，又看看周怀政，将稻穗一丢，训斥周怀政竟然也学会了欺君罔上。周怀政大惊，连忙说，一路所见，蝗灾确实严重，虽然州县官员赈灾尚算得力，但百姓损失惨重。只是官家连日烦忧，身体日渐消瘦，不忍心再让官家伤怀。周怀政顿了顿，说：“入朝时遇上皇后，皇后也交代务必以官家龙体为重。是以……”既然是皇后发话，自然没错。宋真宗叹息了一声，摆摆手让周怀政离去。

蝗灾从六月份在河北地区爆发，七月份波及京城开封府，之后更飞到长江淮河一带，一直到七月末、八月初天下转凉，北方普降寒霜，蝗虫才陆续死去。蝗虫在京城盘桓的那些天，宋真宗心情沉重，人也消瘦了很多。

有一次，宋真宗正在殿阁中用膳，身边的人告诉真宗，蝗虫群又飞来了，大家忙着关闭门窗。宋真宗却让人打开大门，不顾众人劝阻，到庭院之中亲自观察蝗虫。宋真宗站在庭院中，仰脸向天，见蝗虫无边无际，不禁长叹。左右看宋真宗不高兴，也不敢多问，只是劝说宋真宗早些入殿用膳，不能因此伤身。宋真宗却摆摆手，让人撤下饭菜。

当晚，宋真宗摆下祭品，光着脚到太庙之中祈祷。夜深露重，地气湿寒，加上宋真宗心情郁结，竟然染上风寒，从此缠绵病榻，一病多年。

从大中祥符以来，宋真宗以倾国之力从事各种祭祀活动，封禅泰山，祭祀汾阴，修建景灵宫、玉清昭应宫崇奉赵氏祖先，祭祀轩辕黄帝，等等。宋真宗是要证明自己虽然签订了澶渊之盟，却并非一个贪生怕死为一己私利签订城下之盟的无能皇帝。于是，王钦若、丁谓等人制造祥瑞，假托天命，宋真宗开始半信半疑，后来却乐在其中。毕竟封禅泰山是千古帝王最大的梦想，连太祖太宗都不能完成，却在宋真宗手上实现了。成功的喜悦和骄傲并非用语言能够表述。另外，更重要的，宋真宗重用王钦若、丁谓之流，目的就是要打压在澶渊之盟后崛起的以寇准为首的朝中老臣。寇准本是宋太宗朝的名臣，宋辽和谈后处处以功臣自居，俨然成为宋真宗的大恩人。寇准为人豪奢，不拘小节，就连对待宋真宗也常常有失礼之处，让年青的宋真宗很不痛快。等到寇准罢相，一些老臣也陆续罢免，放眼朝中已经无人敢藐视宋真宗的威权。

开始搞封禅、祭祀的那几年，宋真宗还能听到一些反对的声音，几年之后，这些声音不知不觉消失了。留在宋真宗身边的就只剩下一片歌功颂德之声。宋真宗陶醉其中，也没有觉得有何不妥。可是，这次的蝗灾，第一次让宋真宗意识到，或许自己搞了将近十年的祭祀活动，全都无用。自己如此诚心侍奉上苍，尊崇祖先，为何大宋还会频繁出现灾害？说什么轩辕上帝庇佑，说什么历代祖宗恩泽，到头来全都没用？

宋真宗虽然好大喜功，可心中还是有百姓，有大宋社稷的。可如何才能改变大宋王朝千万百姓流离失所、饿殍遍野的困局呢？

不久，御史上书，引用前代史传为证，认为之所以出现大规模的蝗灾，只因天下官员中有许多人放纵自己的家属为非作歹。宋真宗下诏，加强对官员政绩的考核，要求各级官员严格管束家属，一旦有发现官员子侄欺压良善、干扰律法，必将严惩不贷。

只是，考核官员、约束家属子弟不过是治标之法，如何才能从根本上走出现在的困局呢？要想彻底改变大宋面貌，就必须改变官场风气，必须有那么一个人能够挺身而出，力挽狂澜。可惜宰相王旦执政力求稳健，走中庸之道。且王旦已经年老，多次提出退休。那么，王旦退休之后谁来出任宰相呢？按照常理，应该由枢密使王钦若接任，可王钦若拍马功夫不错，为相却不够格。像王钦若一流无品人物，可用，却绝对不可以大用。

可见，就算是一国皇帝，许多时候也不能随心所欲。

## 靠谱不分男女

皇后刘娥最近几年风头很健。

刘娥出身贫寒，十五岁时从一个卖艺女子进入王府，之后被赶出王宫。一直到十多年之后宋真宗登基，才被宋真宗接入皇宫。在宫中苦熬六年，被封为四品美人，又过了六七年，才成为皇后。刘娥登上皇后之位，靠的是宋真宗的鼎力相助。在宋真宗看来，立刘娥为皇后，本来就是一场争夺朝政主控权的战争。一些朝中宰臣，借口刘娥身份卑贱，主张以前任宰相沈伦孙女为后，好扩张他们交错纷纭的关系网，继续左右朝局。宋真宗自然不能让他们得逞。于是，宋真宗和刘娥联手，共同编造了一个刘娥产子的谎言，赢得了皇后之战的胜利。

当上了皇后的刘娥一直伴随在宋真宗身边，宋真宗走到哪里，皇后刘娥就跟到哪里。刘娥不年轻了，她和宋真宗赵桓同岁，在大中祥符九年的时候已经四十九岁。历代帝王身边无不是三千佳丽，宋真宗虽然后宫女子众多，可妃嫔却没有几个。为了平衡关系，宋真宗也会找找其他妃嫔。面对那些年轻貌美、娇媚多情的女子，宋真宗未必不动心。只是，宋真宗三十岁才继位，继位之后朝中权臣众多，在一次又一次的权力交锋中，宋真宗明白，只有刘娥才是最能够帮助自己、绝对不会背叛自己的那个人。真宗继位，已经得到刘娥不少帮助，继位之后，无论是清算王继恩谋逆案，还是亲征澶渊对抗辽军，背后都有刘娥的功劳。刘娥不但是宋真宗的女人，更是宋真宗的知己，是宋真宗最得力的助手，是那个唯一可以信任的人。

于是，染病以来，宋真宗放心将朝政交托皇后刘娥处理。刘娥在幕后多年，经验丰富，现在到前台工作，也是滴水不漏。朝中也有御史议论，认为皇权神圣，只能乾纲独断。宰相不经皇帝同意任命官员已经是大逆不道，何况是皇后一介女流？女主祸国的例子还少吗？王钦若把御史非议皇后一事禀奏宋真宗，宋真宗想要贬斥御史，好让皇后安心治国。反倒是刘娥认为，不但不应该处罚，反而应该嘉奖御史的忠诚。皇后治国，确实于法礼不合，只是现在皇帝多病，太子年幼，自己只能权宜处之。刘娥的大度让朝臣赞赏，反对的声音也少了许多。一两个月之后，大家就发现，刘娥精明果断，远在宋真宗之上。宋真宗好大喜功，多年崇奉神道，大兴土木，朝臣百姓多有怨言。而皇后刘娥却脚踏实地得多。

听到大臣们称赞皇后，宋真宗也很高兴！

不久，宰相王旦病体沉重，已经无力上朝。那么，谁来继任呢？

皇后刘娥提出，让枢密使王钦若出任宰相。王钦若十年之前，就有为相的呼声，只是因为太祖有言“南人不可为相”而受到朝廷老臣的打压。事实证明，王钦若对官家一贯忠诚，处置封禅泰山、祭祀汾阴事宜也很是得当，功勋卓著，是最好的宰相人选。

宋真宗本来不满王钦若谎报灾情，欺瞒自己，可面对皇后刘娥列举的王钦若一项又一项的功绩，又无从反驳。既然宋真宗选择了让皇后刘娥处理政务，那么就应该让皇后刘娥有相对独立的人事权力。况且王钦若虽然徘徊在帝后之间，对宋真宗还算忠诚，何况，宋真宗也没有什么更合适的人选。于是，在王旦辞去相位之后，由王钦若出任宰相。皇后刘娥又把远在地方任职的丁谓，调回朝廷，出任参知政事。

开始的一两年，皇后刘娥还事事请示宋真宗，在真宗决定之后再转告宰臣。可渐渐的，刘娥就独断专行起来，就算宋真宗身体恢复，坐朝听政，一些宰臣事后还要跑到柔仪殿禀奏刘娥。朝廷大臣一次又一次的无视，让宋真宗很是窝火。就算是夫妻，就算是皇后，也绝对不能超越他宋真宗，染指皇权。宋真宗想要夺回主控权，可朝中老宰相王旦已经去世，现在是王钦若和丁谓掌权，三四年来，这两人早改投皇后刘娥门下，成为忠实的走狗。在他二人看来，宋真宗身体一日不如一日，早晚驾崩。而皇太子赵祯年幼，以后必然是皇后刘娥垂帘听政，从长远利益看，当然是投靠皇后刘娥来得实惠，来得保险。宋真宗气呼呼地找皇后刘娥理论，本以为刘娥和自己相伴一生，必定会尊重自己，没想到皇后刘娥竟然劝宋真宗安心养病，一点没有放权的意思。

权力就如毒品，一旦染上，再难戒掉。帝后之间越走越远，三十多年的恩爱夫妻从此有了嫌隙。

宋真宗不甘心皇权旁落，更担心以后太子的安危。世人都以为皇太子是皇后刘娥的儿子，可他宋真宗知道不是。刘娥是个聪明的女人，也是个颇有手腕的女人，更是个野心勃勃的女人。宋真宗担心，在自己去世之后，皇后刘娥掌控朝政，垂帘听政，甚至可能效法武则天废帝自立。要想挽救眼前的局面，就必须有人能够代表自己与皇后抗衡。放眼朝堂，能够让宋真宗放心的大臣竟然一个都没有，就算是在皇宫之中，又有几个人不是皇后的党羽？

宋真宗富有天下，可能够相信的人只有自己的跟班宦官周怀政。周怀政是宋真宗亲手从小黄门提拔为入内都知的宦官，十多年来一直追随左右。现在周怀政担任太子宫中负责人，照顾太子赵祯的饮食起居，和赵祯感情极好。

思考了许多天之后，一日，用过晚膳之后，宋真宗摒退众人，倚靠在周怀政的腿上，告诉周怀政，自己想要让太子监国，可现在朝中大权都在皇后一党。天下官员中，能够忠心辅佐太子且有能力和皇后抗衡的只有老宰相寇准了。可现在寇准远在河南，如何才能将寇准召回京城呢?

寇准回京，面临两个难题。其一，若想提拔寇准为相，必定要扳倒现任宰相王钦若。可王钦若一旦倒台，势必引起皇后刘娥的警觉。那寇准在当初刘娥封后的问题上投了反对票，皇后刘娥一直耿耿于怀。调寇准回京，皇后刘娥一派必定层层设置障碍。其二，当初将寇准罢黜出京，本是宋真宗的意思，寇准虽然忠诚，但未必心中没有怨气，人家愿不愿意冒风险回来帮宋真宗，也是个问题。

两人密谋许久，直到天色微明，周怀政才离开。

## 小人掣肘

天禧元年的八月份，宋真宗下诏任命王钦若为宰相了。王钦若进入宰臣行列，一晃已经十多年，论能力论资历，早就应该出任宰相了。用王钦若自己的话说:“为王子明（王旦），迟我十年作宰相!”现在终于算是熬出了头，成为大宋朝二圣之下第一人了。

不过，王钦若还是有些不痛快。以往王旦在位时，朝中都是独相，可王钦若拜相不久，宋真宗再次下诏，王钦若荣升左仆射，即左相；副相向敏中为右仆射，即右相，副相有两位，除去一贯和王钦若穿一条裤子的丁谓，还有一位叫王曾。向敏中和王曾都是王旦一手提拔的官员，两人向来鄙视王钦若一味阿附真宗，更看不起王钦若拜在皇后刘娥的裙下，没有士大夫应该有的操守。中书省议事，向敏中、王曾经常和王钦若、丁谓叫板，王钦若恨得咬牙切齿。

要想树立威信，王钦若就必须找一个人下手。思前想后，王钦若瞄准了副相王曾。

王曾虽然拜在王旦门下，可处事风格却远不如王旦严谨、稳重，对王钦若和王旦之间的争斗，也常常徘徊其中，立场不是很鲜明。宋真宗时期，修建了会灵观祭祀神灵，按照惯例应该由副相出任会灵官使。当副相丁谓的任期满时，应当由副相王曾继任。可王钦若看中了这个会灵观使的职务，派手下向王曾吹风，希望王曾主动请辞。王曾收到消息，沉默了几天，最后还是向宋真宗请辞。宋真宗不同意，说:“朝廷宰臣按照惯例都必须参与国家大事，你为什么要让自己这么特殊呢?”可王曾还是坚持请辞。宋真宗恼火了。宋真宗多年来升官贬官有一个基本的原则，凡是支持祭祀的，一律升官，凡是反对祭祀的，一律贬斥。这王曾竟然主动请辞会灵观使，明显是对宋真宗祭祀神灵表示不满。

看到宋真宗误会自己了，王曾很苦恼。找到宋真宗宠信的宦官周怀政，告诉自己被王钦若催逼的苦处，周怀政答应转告。可宋真宗听说之后不但没有原谅王曾，对王曾却更加恼火了。敢于反对祭祀，还算是有大臣正直之风，像寇准，多年来就反对祭祀，宋真宗虽然贬斥寇准，对寇准还是很尊敬的。可王曾竟然是因为畏惧王钦若的权势，才推辞职位，完全是谄媚阿谀，毫无大臣节操嘛。

王钦若得偿所愿，出任会灵观使。王钦若打探到宋真宗对王曾有了意见，就开始搜罗王曾的不法事迹，伺机扳倒王曾。

王曾做副相也有几年了，攒了一些钱财，就想换个能够配得上自己地位的豪宅。手下人回报，太祖皇帝原配贺皇后的娘家有座大宅出售，价格比较公道。王曾听后大喜，几次前往查看，很是满意。王曾命管家和贺家的后人签订了购房合同，约定日期交房。可没想到到了交房的日子，贺家竟然还有人没有搬出去。原来，贺家虽然落败，但依然人丁众多，虽然贺家长子和王曾签订了购房合同，但众兄弟却因为分钱不公吵吵嚷嚷。管家把贺家人不肯交房的事情告诉了王曾，王曾大怒。你们如何分钱，是你们贺家的事情，大可以搬出去再分。况且贺皇后已经去世六十七年了，贺家早就落败了。一个落魄的前皇后家族，竟然胆敢藐视现任副宰相，实在胆大包天。王曾下令，让家仆全部出动，挖来泥土，把贺家的大门给封堵起来。

贺家本来在内斗，看到王曾如此欺负贺家，于是放下内部矛盾一致对外。贺家自从宋太宗夺位之后就颇受冷落，无权入宫面圣，于是到开封府告状。开封府尹不敢处理，将案件呈报中书省，让宰相们看着办。王钦若先拿到了卷宗，一看，大喜过望，急忙入宫找到宋真宗，状告副相王曾，藐视皇亲。贺皇后虽然死去多年，却是太祖原配，在太庙中也享受祭祀。欺负贺家，那就是欺负大宋皇族。

原本宋真宗就对王曾有些反感，现在更加生气。王曾对王钦若何等软弱谄媚，对失势的贺家却何等蛮横跋扈，品行如此低劣，怎堪为相？宋真宗即日下令，罢黜王曾。

几天之后，宋真宗找到皇后刘娥，提议由翰林学士李迪出任参知政事。既然刘娥提议丁谓出任参知政事，宋真宗没有反对，现在宋真宗要提拔李迪，皇后刘娥自然也只有默许了。

天禧元年的十一月，前任宰相王旦正式出殡。太常寺官员禀报中书省，按照惯例前任宰相出殡之日，皇帝当停止朝会以示悼念。公文交到王钦若手上，王钦若竟然扣押下来，没有及时回禀宋真宗。到了王旦出殡的日子，王钦若吩咐下去，皇帝下诏，与宰臣商议军机要务，所有人不得打扰。宋真宗对王旦一家极好，王旦病重，宋真宗亲自到王旦家中探望，亲手给老宰相喂药。王家人都感激涕零，本以为王旦出殡之日，宋真宗就算不亲自前来吊唁，也会派宦官到场安抚一番。没想到左盼右盼，宫中就是没有动静。王家人向太常官员询问，才知道是王钦若从中作梗。

第二天，李迪询问宋真宗为何昨天没有循礼停止朝会，派使者前往吊唁。宋真宗一愣，才知道昨天是王旦出殡的日子。宋真宗看看王钦若，说自己并没有接到太常寺的奏报。王钦若则说，必是太常寺官员疏忽，中书省也没有接到相关公文。散朝之后宋真宗叫来当日值班小吏，询问最近几日太常寺官员有没有呈递奏报到中书省。小吏战战兢兢，回答说确实有，不过具体内容就不得而知。宋真宗摆摆手，让小吏下去。宋真宗明白，当年王旦多番打压王钦若，现在王旦一死，王钦若就要开始打击报复呢。只是，这王钦若竟然胆敢欺瞒宋真宗，甚至假传诏命，实在胆大妄为。

不过，王钦若拜相不过数月，又颇受皇后刘娥信任，正是如日中天的时候，暂时不能动，也动不了。加上这件事情就算调查，也查不到王钦若头上。王钦若说是礼官失误，就算真宗查问礼官，礼官也必然承认是自己失误。

或许，王钦若自己也会稍加收敛，改过自新吧。

可事实是王钦若不但没有收敛，反而更加嚣张。仗着有皇后刘娥的恩宠，王钦若在朝中肆意妄为，打击异己。

宋真宗提拔李士衡出任负责全国财政的三司使。李士衡上任之后，对朝廷财政政策提出许多改革意见，让左相王钦若很是恼火。王钦若苦读李士衡的诗文，终于被他抓住了一丝把柄。有一天，王钦若假意和宋真宗闲聊诗文，故意推荐几篇路振的文章，宋真宗听了连连说好。之后，王钦若翻到路振为李士衡父亲写的表文，读了起来。开始，王钦若大加赞赏，大声诵读，可读到一半忽然停止不读了。宋真宗奇怪了，就问原因。王钦若说:“路振虽然诗文不错，却有些不识大体。李士衡的父亲乃是先帝下令诛杀的朝廷罪臣，可这路振竟然吹嘘‘世有显人’，赞颂李父名望卓著，实在有失体统。”

宋真宗立刻明白王钦若找自己谈诗文的意思了。像李士衡这样的有政治污点的人，怎么能够在朝廷出任要职呢。本来宋真宗想过提拔李士衡出任副相，以挟制王钦若，但王钦若若在朝会之中搬出先帝，弹劾李士衡乃是罪人之子，那场面就尴尬了。

不久，宋真宗将张知白提拔为参知政事。之前，张知白担任御史中丞，乃是言官领袖，论资历论影响都完全可以出任参知政事。王钦若无法反对。可没想到仅仅几个月过去，张知白竟然主动请辞，要求到地方为官。宋真宗很恼火，为何这些人就没有一个人敢于和王钦若叫板呢？不过，仔细想想，宋真宗也理解张知白的难处。

自从大中祥符九年染病以来，宋真宗身体时好时坏，无法处理朝政。皇后刘娥出面处理政务，朝中百官都是人精，自然明白投靠谁才能保全性命，获得富贵。诸位大臣哪里是害怕王钦若，明明是害怕王钦若背后的皇后刘娥。那王钦若早年表现还好，虽然谄媚，但还算恭顺，现在竟然肆意打压同僚，凡是宋真宗提拔的宰臣，一律攻击罢黜，放肆到如此地步。继续放纵下去，估计皇后刘娥对王钦若也难以控制。

宋真宗开始盘算如何收拾王钦若。

机会终于来了。在天禧三年的六月，有御史状告王钦若接受他人贿赂，买卖官爵。真宗大怒，找到皇后刘娥，要求将王钦若罢黜。刘娥沉默。刘娥未必不知道王钦若买官卖官，看王钦若品性，绝非正人君子，只是，王钦若是个人才，虽然品行有亏，有些事情却必须要仰仗他去办。正直古板如寇准、王旦之流，对刘娥一直抱有成见，刘娥处理国政，即便公允果决，也被他们视为异端，处处加以防范。自古帝王人主用人，何必拘泥于小节呢。

王钦若听到消息，到皇城求见宋真宗，宋真宗不见。王钦若无奈，只能通过中书省按照程序呈递奏折给宋真宗，要求宋真宗将自己受贿的案件下发让御史台调查清楚。王钦若还不知道情况严重，满心希望宋真宗像多年前一样力挺自己，惩办弹劾自己的官员。他没有想到，这次御史弹劾根本就是得到宋真宗的授意。

宋真宗看了奏折，把奏折一摔，让周怀政转告王钦若：“朝廷设立御史台，难道是替人辨别真伪的吗？”御史台只负责纠察弹劾，可以风闻言事。王钦若一听就傻了，知道宋真宗要向自己开刀了。王钦若急忙入宫求见皇后刘娥，满心以为刘娥会支持自己。没想到皇后也闭门不见，还让人转告王钦若，不要到处奔走，好好在家闭门思过。

王钦若没辙了，只能回到家中，向皇上上奏。王钦若痛陈最近一段时间跋扈蛮横的种种丑态，向宋真宗沉痛认错，且自动请求贬斥到边远地方，不过，王钦若也没忘记在奏折中大谈当年自己是如何追随宋真宗，和宋真宗共同经历一次又一次危难的。花了一晚上写完奏折，派人递交上去，王钦若长舒一口气。本以为宋真宗会按照惯例挽留，没想到王钦若在家里等到的是开封府的官差。

王钦若被传唤到开封府对质，府尹表示，在商州地面抓捕到一个妖道，在其身上搜到许多驱使鬼神、诅咒巫蛊的器具。据那个妖道交代，和王钦若多有往来。官府到妖道住处搜查，果然搜到王钦若和妖道的来往书信。

往日，开封府尹见到王钦若，那都是唯唯诺诺，可今天却大义凛然，惊堂木拍得山响。王钦若立刻明白了。宋真宗根本不想挽留自己。自己和那个道士有来往不假，可若不是宋真宗崇信神道，自己又怎么会苦心结交一些奇人异士呢？

既然人证物证俱在，既然皇帝皇后都要让自己滚蛋，王钦若只有选择认命。在天禧三年的六月，王钦若被罢黜宰相之位，前往杭州。

## 君子难为

天禧三年的五月，寇准回到京城。六月初九日，王钦若罢相。十三日，寇准出任宰相。到此时，王钦若和皇后才明白，之前寇准的种种自甘堕落的“丑行”，都是为了这一刻的到来。只是，一切都已经成为定局。

事情还要从天禧三年的三月份说起。

周怀政接到宋真宗的密令之后，开始联络寇准。如何才能让寇准回京而不惊动王钦若和皇后呢？一切还是多亏了王钦若。有一次宋真宗假装闲聊，说起寇准，说朝中自从王旦去世之后，就有不少老臣上书，要求召唤寇准回京出任宰臣。王钦若听后，连忙表示绝不可以。那寇准乃是反对天书国策最激烈的人，官家能够让寇准在地方任职，已经是莫大的宽容，怎么能够将这样悖逆的罪臣调到朝廷呢！宋真宗笑嘻嘻地说：“那王相公以为，寇准要怎么样才能够返回京城呢?”王钦若冲口而出：“除非寇准能够认可天书，忏悔当初自己的种种悖逆恶行。”宋真宗点点头，转而谈别的事情。

宋真宗交代周怀政，就从天书下手。寇准由天书而罢黜，只能再由天书而还朝。这样，皇后一党才无可反驳。

周怀政秘密前往河南，找到了在终南山修道的朱能。这个朱能和周怀政早就相识，听完周怀政的交代后更是捣头如蒜，连连应承。

这个朱能本是单州团练使的门客，生性狡诈，看到宋真宗好神仙之说，就四处宣称自己能够通神，在单州地区名声大噪。单州团练使看到奇货可居，就把朱能推荐给了周怀政，周怀政也投宋真宗所好，将朱能又推荐给了宋真宗。朱能虽然来自江湖，可在江湖也好，宫廷也好，只要对方心存贪念，骗术就一样通行。宋真宗大喜，封朱能为刺史职衔，安排在终南山修道。这朱能成为宋真宗的御用真人后，又和宋真宗身边一帮小人呼朋引伴，相互勾结，装神弄鬼。几年下来，朱神仙名声大振，无人不知。

周怀政乃是朱能发迹的恩人，现在周怀政有求于朱能，让朱能上演一场天书降世的大戏。装神弄鬼本就是朱能的惯用伎俩，何况此次演戏的总导演乃是当今皇帝，自然是本钱丰厚，获利无穷。

搞定朱能，周怀政秘密会晤寇准。对这位宋真宗面前的得宠宦官，寇准还是比较敬重。周怀政虽然是宦官，出身卑贱，可为人还算忠厚。当年寇准被王钦若诋毁，若非周怀政帮忙讲些好话，寇准的日子恐怕还要糟糕。但是听到周怀政提出的计划后，寇准沉默了很久。

周怀政提出，官家有意宣召寇相公返回京城，出任宰相，但必须由寇相公亲自出任天书奉迎使。对于宋真宗崇信神道、封禅泰山、大修宫殿，搞得劳民伤财、国库空虚一事，寇准每每想起，就叹息不已。对于自己因为反对天书被贬，寇准从不后悔。作为臣子，不但是要忠于君王，更要忠于江山社稷、黎民百姓。现在竟然要寇准出任天书奉迎使才能还京，不就是告诉世人，他寇准是一个口是心非、没有节操的小人吗？自古以来，士可杀不可辱，作为士林领袖的寇准，怎么能够做这样放弃操守、以求名利的丑行呢？

看寇准毫无转圜退让的意思，周怀政长叹一声，告诉寇准："寇相公，此次官家邀您返京，实在是有一个关系大宋社稷的事情要您来主持……"

听完周怀政的叙述之后，寇准呆住了。寇准本不屑于和朱能这类小人来往，可大宋江山有难，宋真宗病重嘱托，都让一贯忠义以天下为己任的寇准无法拒绝。加上从当年被王钦若诋毁赶出朝堂，到现在宋真宗主动伸出橄榄枝，一晃已经十三年。在地方漂泊的十三年间，寇准无日不想重回朝堂。寇准不贪恋权位，可要想施展自己的抱负，就必须要拥有权位，而要拥有权位，就必须做出一些妥协。寇准喜欢读书，但却不是一个迂腐的书生。

寇准慨然表态，事关社稷安危，寇准绝不计较个人名誉，虽千万人吾往矣！

三月份，寇准向朝廷禀奏，真人朱能在终南山中发现天书。天书降世，乃大宋之福，此等祥瑞，当奉迎至京城，让当今天子，让天下臣民共同瞻仰膜拜。为表示对天书的崇奉，寇准主动请求亲自出任奉迎使一职，确保天书安全抵达京城。

看到寇准的表章，王钦若呆了。宋真宗即日下旨，宣召寇准入京。

寇准出发的时候，追随多年的几位学生苦苦劝说寇准，此次天书事件既然是皇帝安排，想要置身事外已经是不可能了，不如在到达河阳地区时，宣称身染重病，无法入京，坚决请求继续在地方为官，如此，老师的名节才可以保全，此为上策。若一定要进京城，那也要在面见圣上的时候，揭发天书虚假、朱能欺诈的事情，此为中策。若老师借天书事件，得到宰相之位，此生名节必然全毁，后人必然视寇准为佞臣，此为下策。

看学生一脸焦虑，寇准微微一笑，转身上了马车，前往京城。

四月，到了京城，御史言官果然纷纷上书，斥责朱能虚妄。天本无言，又何来天书。历代以来，所谓天书全都是小人假托。然后大家的矛头又指向寇准，御史们痛批寇准，罢相之后十多年，言行皆为士林楷模，没想到如今也堕落成阿谀奉承、谄媚求官的小人。

一些老朋友更纷纷表示，要和寇准绝交。面对众人的口诛笔伐，寇准脸色淡然。

天禧三年的五月，寇准出任枢密使。六月，王钦若罢相，寇准出任宰相。为平衡朝局，丁谓被提拔为第一副相。

十三年过去了，寇准终于又回到京城，回到熟悉的中书省官衙了！

宋真宗多次召见寇准，要求寇准尽快在朝堂上扫清王钦若的势力，并且为年幼的皇太子挑选合适的辅佐人选。无论任何人阻碍，自己定会力挺寇准，让寇准放手去做。皇后刘娥也多番召见丁谓，此时王钦若已经被贬，刚刚安定的朝局又开始动荡起来，一些原本投靠在皇后刘娥身边的大臣，又开始看寇准的脸色了。刘娥很冷静，她交代丁谓，要低调处世，绝不可和寇准发生争斗。当年，寇准以跋扈专横挑战宋真宗威权而被罢黜出京。事隔多年，就算是宋真宗和寇准一时可以握手言和，共谋大计，可江山易改，本性难移。假以时日，皇帝和寇准之间必然出现矛盾。

刘娥的预料果然没错。

中书省办公之余，寇准邀请大家一起吃个工作餐。吃饭的时候，寇准的胡须上粘了一点菜汤，坐在旁边的丁谓连忙起身，用袖子帮寇准把胡子擦干净。寇准大笑，说:“丁参政乃是国家大臣，现在竟然也为长官拂拭胡须呢！”几位副相，还有其他陪侍的中书省官员都哈哈大笑。丁谓又羞又怒。丁谓只不过比寇准官低一级，一番好意，却被寇准当众嘲笑。寇准是老资格不假，可丁谓却有皇后撑腰，又有何惧?

不过，丁谓没有发作，更没有当面顶牛，脸上依然笑嘻嘻的。此后，丁谓对寇准一样是跑前跑后，讨好寇准，完全是一副奴才相。寇准本来对王钦若的死党丁谓心存忌惮，可看到丁谓如此猥琐无能，戒心也就渐渐放下了。

寇准转任宰相之后，枢密使出缺，宋真宗提拔枢密副使曹利用转正。那曹利用多年在外统兵，为人粗豪，多年来，从不阿附王钦若，本是可信可用之才。可寇准一旦掌权，志得意满，将宋真宗的苦口婆心渐渐淡忘。每当中书省和枢密院商议军机大事的事情，寇准常搞一言堂。枢密使曹利用提出反对意见，寇准嘲笑他说："您不过是一个武将，如何了解这些国家大事呢?"曹利用读书确实不多，可功勋卓著，当年若非曹利用舍生忘死前往契丹大营谈判，怎么能够换来两国数十年和平。曹利用不服，可寇准博学，且铁嘴钢牙，曹利用根本不是对手。看到曹利用出糗，丁谓悄悄夜访曹府，把曹利用拉到了自己身边。丁谓要借曹利用之势，曹利用要借丁谓之智，两人一拍即合。丁谓将此事禀奏皇后刘娥，刘娥大喜。

一阔脸就变，就算是寇准，也禁受不了权力的诱惑。

从天禧三年六月寇准出任宰相以来，朝中以丁谓为首的后党，多番退让，很少与寇准发生争执。寇准渐渐放松警惕，宋真宗也安心下来。对于皇后刘娥，宋真宗的感情很复杂。这位从少年时期就陪伴宋真宗的女人，与宋真宗一起经历了无数的大风大浪，四十年的恩情，岂能一朝忘却？但愿皇后从此安心后宫，不再干预朝政。

不知怎么的，年初宋真宗和周怀政彻夜谋划的事情传到了皇后刘娥耳中，刘娥把当晚值班的宦官宫女逐个传召，细细盘问，联系寇准回京的前因后果，明白了许多。不过，皇后刘娥却也没有进一步的动作。皇后每天只是和后宫妃嫔聚会，有时候也会召唤一些外命妇，比如嫂嫂钱氏。在钱氏的撮合下，钱氏的哥哥钱惟演和副相丁谓做了亲家。

周怀政很警觉，立刻发现不对劲，赶紧禀告宋真宗，可宋真宗却不想多事。周怀政又告诉寇准，寇准急忙找老朋友李迪商量。

李迪是参知政事兼任太子宾客。当初，皇帝有意授予李迪太子太傅之位，可皇后刘娥强烈反对，以为太子太傅权力过重，且自太祖以来，就没有设立过太子太傅一职。李迪听闻，也就主动表态，自己才寡德薄，怎堪太子太傅一职。当年刘娥封后，李迪担任翰林学士，曾经多次上书，说刘娥出身寒微，没有资格出任国母。从此之后，刘娥和李迪之间就有了芥蒂。

寇准没有说出当初周怀政找自己密谋的全部内容，只是告诉李迪，副相丁谓和枢密使曹利用沆瀣一气，人所共知，现在又拉拢翰林学士钱惟演。那钱惟演本是皇后刘娥之兄刘美的大舅，乃皇亲国戚，现在竟然和丁谓结成亲家，丁谓一党势力更加强大。丁谓坐大，必然图谋加害太子。万一皇帝驾崩，太子年幼，丁谓必然怂恿皇后垂帘，那样太子地位不保。

李迪刚直，做人没有那么多弯弯肠子，听寇准一说，就有些急了。寇准告诉李迪，如今之计，必须推崇太子权位，太子权重，丁谓也好，皇后也好，自然不敢擅动。还有半句话寇准没有说，太子权重，自然作为太子的首席老师太子宾客，权力自然加重。

第二天，李迪上书真宗，说："皇太子一举一动都能够遵循礼节，小小年纪就处事稳重，从不随意说话。就算是看戏曲杂耍，也从不乱笑。"宋真宗很满意，真宗继位二十多年，仅有一子，本为李宸妃所生，但是，当年为了联手皇后夺取大权，于是对外宣称，是刘娥产下皇子，刘娥于是顺利封后，

宋真宗说："皇太子平常在宫中也从没有胡乱说话，很守礼节呢。"寇准在一旁赞叹："皇太子天性仁德，为人稳重温和，乃是国家社稷之大幸啊。

不久，朝廷将举行祭祀大礼，祭祀时对于皇太子的站位，官员中有一番争论。丁谓以为皇太子年幼，应当援引当年真宗做太子的惯例，位在宰臣之下。可李迪和寇准却认为，皇太子乃是国家储君，虽然年幼，却仁德有加，人臣怎敢居其上？"宋真宗下旨，采纳寇准意见，让皇太子位寇准之上。

转过年来，到了天禧四年，宋真宗的病情日渐严重，连说话都有些困难了。皇帝多日不能上朝，朝中事务堆积，只能由皇后刘娥处置。刘娥一朝重掌朝政，丁谓就抖了起来。两府议事，寇准的议案频频被丁谓质疑，寇准拉拢李迪做帮手，丁谓也援引曹利用当同盟。开始，双方交手还算平分秋色，可渐渐的寇准发现自己提出的一些议案，不是在皇后刘娥那里通不过，就是翰林院学士钱惟演不予下诏施行。寇准找到翰林院另一位学士晏殊，希望晏殊草诏，可晏殊是个明白人，不想涉及双方争斗，托病躲开。一旦议案得不到施行，堂堂宰相的命令就成为废话，寇准的威信就急剧下降。朝中官员看到形势不对，纷纷改投丁谓门下。后党势力在朝中如日中天。

寇准很担心，找到入内都知周怀政，两人开始密谋。

原本，宋真宗调回寇准的目的不过是让寇准出面打击朝中后党势力，等到王钦若离开京城，宋真宗满以为目的已经达到，就没有进一步的行动。可此时寇准和周怀政却认为，王钦若虽然倒台，丁谓还在。就算是丁谓倒台，还会有别的人取而代之。朝中宰臣的立场固然重要，关键还是要遏制后宫皇后刘娥的势力。要想真正保住太子的地位，保住自己的身家性命、功名富贵，只有一条路可以走，就是杀死丁谓，废黜皇后刘娥。

两人商议已定，由周怀政入宫禀报宋真宗。周怀政先把最近一段时间丁谓、曹利用、钱惟演等人互相勾结、把持朝政的情况告诉宋真宗，然后提醒宋真宗，丁谓坐大，必然威胁到太子地位。太子并非皇后所出，一旦皇帝大行，就算皇后对太子有心呵护，丁谓也会挑拨皇后和太子的关系，以图谋取更大的利益。并且，现在丁谓联合曹利用和钱惟演，不但可以控制朝政，更可以掌控兵权，若由钱惟演假托天命，矫诏行事，后果更是不堪设想。周怀政提出，必须杀死丁谓，废黜皇后，才可以保全太子！

宋真宗呆住了。事情真的到了此等地步了吗？

卧床多日的宋真宗疑惑地看着周怀政。自己到底要不要相信这个一脸忠诚的宦官呢？

一天又是一天，周怀政等了足足一个月，宋真宗也没有明确的答复。没有答复，其实就是一种答复。在宋真宗看来，寇准的功名、周怀政的性命那都不重要，重要的是皇太子的顺利继承大统，继位之后能够掌控朝政。皇后刘娥虽然不是皇太子生母，可多年来对太子呵护有加，不可能都是假象。况且，皇后在朝中羽翼已成，一旦交锋，势必引起朝政动荡。或许，拖一拖，看一看，才是最好的态度。

周怀政很着急，再次找到寇准商量。寇准提出，要想扳倒皇后，首先得扳倒丁谓，只要剪除皇后在朝中的人马，皇后就只是深宫一妇人。可如何剪除丁谓呢？宋真宗优柔寡断，不肯亲自亲自下诏，于是只有借重翰林学士草拟好拥立太子监国、废黜副相丁谓的诏书，然后由周怀政请宋真宗加盖玉玺。

当时翰林院除了钱惟演和晏殊，还有一位学士，叫做杨亿。杨亿是真宗朝第一大才子，深受宋真宗宠爱，和寇准的关系也还过得去。寇准找到杨亿，告诉杨亿如今朝中的局势。支持丁谓，现在有利；支持太子和他寇准，将来有利。且自己的一切行动，都已经得到了宋真宗的默许。只要杨亿答应草拟诏书，在扳倒丁谓之后，就由杨亿出任第一副相。对于朝中局势，杨亿也很明白。放眼朝堂百官大都已经各选队伍，或者投靠丁谓，成为后党；或者投靠寇准，成为太子党、帝党，没有第三条路可走。眼前宋真宗多病，已经失去了部分话语权，可毕竟还是大宋皇帝，且投靠寇准，就可以得到梦寐以求多年未得的宰臣地位，杨亿觉得这个投资还是不错。

杨亿答应了。杨亿很小心，送走寇准之后，把下人全部赶出去，自己一个人偷偷在书房草拟诏书，连剪烛花这样的事情都不敢叫仆人处理。杨亿整整构思了一个晚上，直到天亮终于草拟好诏书。

杨亿找到寇准，寇准找到周怀政，让周怀政把诏书带到宫中，找宋真宗盖章。

寇准和周怀政自以为行动秘密，其实一切都在皇后刘娥的掌控之中。

宫外有丁谓的人马负责监视寇准，就连寇准夜访杨亿，刘娥也第一时间得到了消息。宫内由入内副都知罗崇勋和江德明二人监视周怀政，这两人跟随皇后刘娥十多年，对刘娥死心塌地，何况人们都希望百尺竿头更进一步，只要扳倒周怀政，那他们就可以成为入内都知。周怀政想找一个单独见面的机会禀奏宋真宗，可总是等不到。

熬了几天，终于等到一个合适的机会。那一天，宋真宗为了联络感情，特意到皇后宫中散步，和皇后刘娥聊天之后，信步走到菜园，想要亲手摘点新鲜蔬菜给刘娥送去。宋真宗交代，自己想好好享受下田园之乐，所有人都不必跟随。既然皇帝是在皇后宫中，自然是一万个放心，于是众人全都离开。确实，最危险的地方也就最安全。周怀政抓住时机，告诉宋真宗自己和寇准商议的结果，希望宋真宗早做决断，同意让太子监国。不然宰相寇准必败，自己必然被诛杀，而太子之位也必然不保。

宋真宗想了一个多月还是拿不定注意。看宋真宗如此优柔寡断，周怀政急了，从怀中掏出一把小刀，对准自己的胸口，说:“之前，是陛下吩咐臣等商议大计，现在我们已经做好准备，可陛下一个多月却没有决断，这到底是为什么呢？若陛下是怀疑臣等的忠心，以为臣等不过是贪图权位，那臣愿意当面自杀，来表明心志。”说完，周怀政竟然真的用小刀划向胸脯，顿时鲜血直流，周怀政也倒在地上。宋真宗大惊，急忙抱起周怀政。

可因为宋真宗大惊呼叫，皇后宫中的侍卫宫女也拥了过来。皇后刘娥也立刻知道了消息。看到地上有鲜血，看到躺在宋真宗怀中的昏迷的周怀政，看到宋真宗关切的神态，刘娥很是愤怒。在刘娥看来，自己才是为了宋真宗的江山不遗余力的那个人。刘娥并无儿女，太子赵祯是刘娥从小带大，刘娥从没有把赵祯当外人，又怎么可能背叛丈夫，背叛儿子呢？可恨四十年夫妻深情，还是禁受不住小人的调唆。

皇后刘娥下令，周怀政身怀胸器，意图不轨，必须将其锁拿审查。众侍卫不由分说，从宋真宗怀中夺过周怀政。宋真宗连连大呼，周怀政并非刺客，乃是无心之失，望皇后见谅。可刘娥拂袖而走，不听宋真宗的辩解。

## 皇帝的抉择

罗崇勋和江德明二人秘密刑讯周怀政，要周怀政交代整个计划的始末，周怀政咬牙不说。过了几天，宋真宗找到皇后刘娥，强调自己并无损伤，且周怀政跟随自己多年，无功也有劳。且周怀政现在乃是太子宫中的负责人，如此不问情由扣押周怀政，也会让年幼的太子惊惧不安。既然宋真宗给了刘娥台阶下，而周怀政又一直不开口，刘娥也只好下令将周怀政释放。但是，皇后刘娥下令，周怀政曾经违背宫规，惊吓圣驾，从此之后不得靠近皇帝寝宫，不得单独面圣。

周怀政无奈，既然第一套方案已经无法施行，不能走正常的途径，依据圣旨抓捕后党分子了，那只能用第二套方案了。周怀政找到寇准，又把自己的心腹道士朱能叫来。朱能因为天书事件被宋真宗册封为真人，在开封有单独的道场，聚集了上千门徒。这些人表面是道士，其实都是朱能从各地搜罗的江湖人物。周怀政、寇准希望把这支部队作为特别行动的秘密武器，在皇后刘娥下手之前抢先行动。

寇准以京城地区数月无雨为名，派人告诉礼部，向皇帝皇后申请举行大型的祭祀活动。宋真宗对于祭祀一贯热衷，加上最近一段时间身体恶化，就更想祈祷上苍，保佑苍生，也保佑自己，于是立刻点头答应。皇后刘娥看到活动方案是礼部呈上，并且类似活动几乎每年都要搞一两次，也就没有太在意，就答应了这次活动。不过，皇后刘娥提出，必须让副相丁谓担任这次活动的主持人。如此，丁谓就更多了一项政绩，在未来，也更有资历晋升为首相。

祭祀活动即刻开始筹备。寇准和朱能四处活动，朱能因为是宋真宗宠爱的道士，自然成为此次祭祀活动的主要执行者。朱能又把自己的一些亲信，全部都安插到祭祀活动中。只要皇帝皇后参加这个祭祀活动，皇宫禁卫只能远远站在祭坛之外守护，能够进入祭坛的只有道士。如此，朱能便可以出手逮捕皇后刘娥和丁谓、曹利用、钱惟演一干人等。整个的行动，寇准、周怀政、朱能等人策划了许久，几乎就可以说是万无一失。

寇准自以为大事必成，心中得意，于是在家中和几个门人饮酒唱歌。有门人质疑，最近一段时间，丁谓极为嚣张，朝廷正直人士为之侧目，不知寇相公为何如此开心。寇准酒醉之余，哪里把丁谓放在眼里，便大声嚷嚷："数日之后，必然天变，丁谓一党，又有何惧？"寇准自以为身在家中，尽可以放心，不料家中早就有人被丁谓买通。有人秘密把消息告诉丁谓，丁谓听后大惊，立刻意识到寇准必然有所行动，只是一时还不知道寇准具体会如何行动。但无论寇准有何计划，只要抢先下手把寇准控制起来，一切就不必担心。

丁谓连夜出门，坐着女人的软轿前往枢密使曹利用家中。曹利用听后，非常同意丁谓的计划。第二天天亮，两人一起入宫，禀奏皇后刘娥。皇后刘娥联系最近一段时间周怀政和寇准的种种行为，逐渐意识到祭祀活动很可能是一个局。原因很简单，祭祀活动的执行者是道士朱能，而朱能是由周怀政推荐给宋真宗的，又是由寇准出面将朱能制造的天书送入京城，三人根本就是一党。皇后刘娥又叫来礼部官员，询问最近一段时间寇准有没有行文礼部。礼部官员回复，寇相公确实过问过有关祭祀的事情。于是，整个计划就暴露在刘娥的面前。

刘娥可不是宋真宗。史书称此人有吕雉、武则天的才能，听闻变故之后，当即做出决定，让枢密使曹利用带人将朱能一党以伪造天书、假托天命之罪全部逮捕。而作为假天书的推荐者寇准，自然也是责无旁贷，理应抓捕。三人商议已经，刘娥前往勤政殿找宋真宗。

听到刘娥说出寇准、周怀政、朱能的秘密计划，宋真宗大惊。刘娥一脸悲戚地质问宋真宗，自己一生对官家如此用心，官家还是愿意相信小人，不信自己？四十年夫妻恩情，为何对自己如此凉薄。宋真宗无言以对。

刘娥要求宋真宗立刻下旨罢黜寇准的宰相之位，由丁谓出任。宋真宗同意将寇准罢相，但真宗认为，丁谓入中书省不过数年，资历浅薄，不可独相。李迪则声望素著，远在丁谓之上，若两人同相，更有利于朝局。皇后刘娥思来想去，还是接受了这个交易。毕竟只要宋真宗在世一日，还是大宋名义上的一把手。

宋真宗召集两府宰臣，告诉他们这个消息。寇准当日即被控制起来，等候发落。宋真宗交代："将寇准贬斥偏远州府安置。"丁谓在草拟诏命的时候改写成"将寇准贬斥远小州府安置"，李迪看到很是不满，皇帝说的乃是远一点的州府，而并非又远又小的州府。一字之差，寇准未来的待遇可就完全不同。丁谓则一口咬定，自己听到的就是远小州府，李迪大怒，说自己也绝对没有听错。两个宰相就在中书省厮打起来。两人吵嚷着找宋真宗理论，宋真宗听了两人论述之后自然大怒，大骂丁谓矫诏，自己还没有死，就敢如此胡作非为！朝廷百官都听到了宋真宗怒斥丁谓的事情，很多人拍手称快。

可也因为丁谓一闹，宋真宗怒火攻心，竟然旧病复发。刘娥找来御医调治，服了药之后，宋真宗沉沉睡去。

第二天上朝的时候，大家惊讶地发现，昨天还被斥骂，要求回家听后发落的丁谓竟然又到中书省上班了。一会儿，翰林学士钱惟演前来传旨，李迪为相无度，罢黜平章事职务，到地方为官。于是，没错的李迪走了，矫诏的丁谓反倒留在了中书省，成为宰相。

原来，宋真宗病发之后，就被皇后刘娥给控制了起来，所有来往的朝廷奏章都由皇后刘娥处理。罢黜丁谓的诏命被皇后刘娥追回，而改为下发罢黜李迪的诏命。

寇准看到大势已去，只能认命，离开京城。丁谓很狠，在寇准被贬途中，连下数道命令，将寇准一贬再变，一直贬到了雷州地区。多年之后，丁谓得罪了皇太后刘娥，也被罢黜，经过雷州的时候，寇准的门人都商量要拦截丁谓，痛扁丁谓报仇雪恨。可寇准却在那天邀请所有门人在家中喝酒。在众人举杯畅饮的时候，丁谓安全通过了雷州。虽然寇准被贬，但是却没有失去一国宰辅的恢宏气度。

再说周怀政，看到寇准罢相离开京城，周怀政非常惊恐。周怀政已经是惊弓之鸟，在内失去了宋真宗这个大靠山，在外又没有了朱能、寇准做帮手。不过，周怀政毕竟在皇宫多年，也有不少人马。周怀政想在皇宫发动兵变，和皇后刘娥拼个鱼死网破。只要刘娥一死，皇帝自然会站在自己这一边。

周怀政找到负责宫廷安全的官员杨崇勋、杨怀吉、杨怀义三人，共同密谋，决定在七月二十五日发动兵变，拥立太子赵祯为帝，让宋真宗当太上皇，将皇后和丁谓一党全部斩杀。三人都是周怀政多年好友，更得到周怀政许多的照顾，当着周怀政的面自然是一口答应。可当周怀政离开之后，三人开始打起了小算盘。若是在数月之前，宋真宗还清醒明白，朝中又有寇相公撑腰，那在宫中发动兵变或许还有取胜的可能。可现在宋真宗已经昏迷不醒，寇准又已经罢相，只剩下周怀政光杆司令。况且周怀政早就被皇后刘娥盯上，说不准周怀政找他们密谋的事情也早就有人告诉了皇后刘娥。三人思前想后，还是觉得投靠皇后更加保险。于是在七月二十四日，起事日子的前一天，三人找到丁谓，要求丁谓给他们富贵，他们则交代整个计划。

丁谓立刻入宫，禀报皇后。周怀政立刻被宫廷卫士给抓了起来。皇后刘娥吩咐，就由杨崇勋负责审讯周怀政。听说周怀政被抓，刚刚苏醒的宋真宗很是悲伤，命人将自己抬到审讯犯人的御药院。看到宋真宗到场，本来垂首待死的周怀政又有了几分希望。可宋真宗面对周怀政只是叹息。周怀政就明白了，宋真宗到场的目的不过是提醒周怀政，千万不要乱说，更不能提到密谋废后乃是皇帝的主意。既然自己已经没有活路了，周怀政也不等杨崇勋逼供，就坦率地交代自己的罪行，自己确实想拥立太子登基，自己确实想废掉皇后刘娥。但是，其他所有的事情都是自己主谋，不必追究他人。看周怀政如此说，宋真宗放下心来，走了。走的时候，宋真宗不禁流下泪来。

宋真宗如此隐忍，不过就是希望不要激怒皇后刘娥。本来，皇后对宋真宗就有了不少误会，之前王钦若事件，后来的天书召回寇准事件，都让刘娥觉得宋真宗在有意欺瞒。之后的寇准密谋与现在的周怀政逆谋，就更让两人的裂痕破裂到无法修复。可寇准可以选择离开京城，周怀政也可以轻松逃离这个是非人间，唯独宋真宗不能真正舍弃皇后刘娥。因为他也明白，若皇太子没有了皇后这个强有力的大靠山，那么，无论朝中是丁谓执政也好，是李迪执政也好，甚至是寇准执政也罢，皇太子都会成为一个傀儡、一个摆设。于是，与其让小皇帝做宰相的傀儡，不如做皇太后的傀儡。毕竟，皇太后刘娥乃是小皇帝的母亲，毕竟皇太后刘娥无子，只能选择把江山交给唯一的后人赵祯。

自从周怀政死后，宋真宗每天都沉浸在悲伤之中。没想到一生对自己忠心耿耿的周怀政，将性命托付给自己的周怀政，最后却因为自己的无能而死。之后的一年，宋真宗卧床不起，最后病故。宋真宗临终之时，传下遗诏，太子赵祯继承大统，皇后刘娥晋封皇太后，参与军国大事。宋真宗开了宋朝的一个先例，在遗诏里公开宣布由皇太后主持国政。既然不忍舍弃刘娥，那么干脆就给刘娥适当的名分。也正因为宋真宗如此信任妻子刘娥，当有人劝刘娥效法武则天称帝时，刘娥断然拒绝。又过了十 年，皇太后刘娥病逝，宋仁宗赵祯正式亲政。

亲政之后，宋仁宗开始为保护自己的寇准和周怀政恢复名誉。寇准被尊奉为太子太傅、莱国公，周怀政一介宦官也被赐予节度使的名爵，而因为告密而拥有宰相级别的杨崇勋则被罢官入狱。在刘娥看来，寇准和周怀政等人都是大逆不道的罪人，可在宋真宗和宋仁宗看来，这些人确是为了大宋江山而奉献生命的英雄。只可惜，宋真宗也好，宋仁宗也好，在刘娥这个女人面前，都只能唯唯诺诺，扮演弱者的角色。

# 第五章 禁忌

# 性情中人

柳永，北宋第一词人，婉约派集大成者，然在官场无甚成就可言。

身在官场，“做自己”只是一个奢望。有些事可以做而不可以说，有些话可以说而不可以做。柳永却罔顾其中规则，歌哭笑傲，任性而为，虽在文学史上留下大名，但其仕途却注定了一生坎坷。

## 官途绊脚石

柳永和中国千百年来的士人一样，有着为官做宰的梦想。可是柳永的诗人气质，却常常成为他仕途的绊脚石。

关于柳永被皇帝厌弃，坊间流传着两个故事。一个故事人们比较熟悉，说柳永因为写作《鹤冲天》，其中有诗句“忍把浮名，换了浅斟低唱。”结果皇帝看到之后很生气，认为柳永冤枉了自己，既然柳永喜欢填词，那何必又要什么浮名呢，干脆让他拿浮名去换浅斟低唱去吧。而柳永更是乖张，干脆举出“奉旨填词”的牌子招摇过市。这个故事大家比较熟悉，我就不啰嗦了。

说说第二个故事。

宋真宗年间，柳永多次参加科举考试，都没考中。当时的柳永还比较年轻，没中进士，也不是非常着急，反正有的是青春，于是柳永依然故我，整日流连青楼。等到宋仁宗年间，柳永的年纪越来越大，一晃都年过四十了，依然是白丁。虽然柳永在自己的词里面，说什么“才子词人，自是布衣卿相”，但等酒醒的时候，柳永还是渴望穿红衣紫，过一把官瘾。于是，柳永开始调动自己的各种关系，走后门。

十余年来，柳永还是结交了一些朝廷官员。比如说有个史大人，可以出入皇宫，在皇帝面前还算说得上话。史大人看到柳永很有才华，却几十年潦倒，心中很惋惜，答应帮忙，让柳永挑选一两首自己最满意也最合适的词给自己，找机会献给皇帝。柳永很高兴，于是写了一首歌功颂德的应制词《醉蓬莱》，满心以为宋仁宗看到一定会大用自己。没想到事与愿违，这首词不但没有帮到柳永，反而让柳永一生仕途坎坷。

原文如下：

渐亭皋叶下，陇首云飞，素秋新霁。

华阙中天，锁葱葱佳气。

嫩菊黄深，拒霜红浅，近宝阶香砌。

玉宇无尘，金茎有露，碧天如水。

正值升平，万几多暇，夜色澄鲜，漏声迢递。

南极星中，老人呈瑞。

此际宸游，凤辇何处，度管弦声脆。

太液波翻，披香帘卷，月明风细。

有一天宋仁宗心情比较好，想要看看诗词，史大人趁机把柳永的词献上去。宋仁宗一看开篇的“渐”字就很不高兴，看到后面的“此际宸游，凤辇何处”，觉得和其父宋真宗的挽联相似，心中更是伤怀。后来看到“太液波翻”，终于忍不住说：“何不言波澄？”波浪翻滚和水波澄澈，含义确实不同，且从上下文看，用“澄”字也确实更符合全文对皇宫祥和气氛的描绘。当然，主要原因是柳永在不自觉中犯了宋仁宗的忌讳，可是柳永事先并不知情，宋仁宗以此贬斥柳永说不过去。于是宋仁宗抓住“翻”字的错谬，大做文章，批评柳永的文才也不过如是，自然就有了不用柳永的理由了。

柳永听到皇帝如此批评他的词作，心中很是震惊，也多少有些不满。

宋仁宗并没有把柳永干犯禁忌说出来，柳永就还抱有一丝希望。既然皇帝已经对自己有了成见，再直接去找皇帝，就行不通了。皇帝处不行，如果宰相那里可行，也算是另一出处。于是，柳永就去拜望当时的宰相晏殊。

晏殊也是一个大词人，其《浣溪沙》名闻天下。可是同样是写词，晏殊却看不起柳永。有一天，晏殊实在却不过情面，接见了柳永。两个人谈天时，晏殊说:“贤俊作曲子么?”一听宰相大人如此说，柳永很高兴地回答:“衹如相公亦作曲子。”我和宰相大人一样，喜欢做曲子呢。没想到晏殊脸色一沉，完全变脸了，说:“殊虽作曲子，不曾道针线慵拈伴伊坐。”我虽然和你一样也写曲子，但是我从来不会写什么“针线慵拈伴伊坐”这样的淫词艳赋。也就是说，在宰相大人晏殊看来，自己写的是正经的严肃作品，而柳永这是“十八摸”一流见不得光、上不了台面的垃圾文字。二者根本不能相提并论。

柳永一看晏殊如此说，尴尬了，讪讪地退下来，再也没有去找晏殊了。

后来，柳永得高人指点，既然柳三变已经被皇帝宰相厌弃，不如就换个名字，改个户口重新参加科举。古代的身份管理不像现在，其实就算是现在不也有改户口移民高考的吗？柳永改名之后，果然高中。不过，名字虽然改掉了，柳永本人的轻浮毛病，却始终如一。于是，就算是柳永中了进士，入朝为官了，也始终是沉沦下僚，只是做个中下级官员罢了。

## 失之东隅，收之桑榆

柳永虽然在仕途上饱受挫折，但在民间的影响却堪称两宋词人第一。

范仲淹和柳永是同科进士，很喜欢柳永的词作，每次听闻柳永新篇，往往感慨:“谬其用心。”作为一个正统文人，作为一个在仕途上青云直上，之后出将入相的北宋风云人物，范仲淹没有像宋仁宗一样鄙薄柳永，没有像晏殊一样打压柳永。但是范仲淹依然感叹，柳永啊，你空有才华，但是却用错了地方啦。

在仕途平顺中的范仲淹，不能理解柳永为什么要在那些没用的诗词上浪费自己的才华。范仲淹也写词，也写过“酒入愁肠，化作相思泪”这样的缠绵婉约之词，但是，更多的是“长河落日孤城闭”这类慷慨大气的词作。作为一名官员，整天吟风弄月，甚至出入青楼狎妓，总是让人非议，为正统士大夫所不齿。范仲淹对柳永的批评已经是非常客气、饱含关怀了。

可是等到范仲淹被贬辞职之后，听到亲戚朋友之间的宴会上都在传唱柳永的词，范仲淹触动很大，说:“仁庙四十二年太平，吾身为史官二十年，不能赞述，而耆卿能尽形容之。”范仲淹在受到挫折之后，换了心态，重新看柳永的词，感受完全不同。柳永的词，比如《望海潮》，可以说充分展现了北宋真宗仁宗时期的繁华富庶、百姓的安康幸福。范仲淹感叹，自己白白做了二十年的史官，可是却不如柳永描绘太平盛世详尽切实。

范仲淹的赞赏依然是从政治角度进行评判，不过能够得到昔日的副宰相如此评价，柳永也当欣慰。

对柳永词作评价最有名的当然是那句“凡有井水处，即能歌柳词。”其实，柳永的词不但是在北宋传唱很广，并且还超越国界，到了周边国家。说上句话的人，就是一个出使西夏的宋朝使者。此人到了西夏，竟然发现当地的百姓也在吟唱柳永的词！

关于柳永的影响，还有一个小故事。在宋朝的荆州，有一个和尚叫做法明，是柳永的超级粉丝。这个和尚是个典型的酒肉和尚，吃酒好赌，不过每次大醉之后也不发酒疯乱来，就是一味地唱柳永的词。但是一个和尚竟然唱一些香艳的词，那还了得，一些乡民就老是欺负这个和尚。法明和尚也不在意。每当有人家叫法明去念经吃斋，法明从来不去，如果有人叫法明一起喝酒唱歌，法明欣然而往。一些人也故意在和尚酒后让其表演，法明于是大展歌喉，唱的比那些专业歌姬也毫不逊色。后来，和尚临终之时，叫来其他和尚，当众吟诵:“平生醉里颠蹶，醉里却有分别。今宵酒醒何处，杨柳岸晓风残月。”前两句颇有佛气，众和尚一脸恭敬；后两句就有些胡闹了，众和尚不禁你看我我看你，轰然大笑。

九泉之下的柳永如果知道自己的粉丝有如此遭遇，不知道会作何感想？或许也只能报之以苦笑吧。两宋第一词人、大才子柳永在世俗的眼光看来，不就像这个酒肉和尚一样，乖张而可笑吗？

# 角色错位

人在逆境，经常能够认清现实；人在顺境，却常常忘乎所以。古语云："知人者智，知己者明。"可这个世上最难认清的就是自己了。找准自己的角色，给自己一个明晰的定位，是人生成功的重要法则。

## 错位源自狂妄

作为一国至尊，宋仁宗富有四海，女人更是数不胜数。要想在他的众多佳丽中脱颖而出，得到其垂青，容貌美丽那是最基本的，此外，还必须有一技之长。于是有人学歌，有人学舞，有人学厨艺，有人学刺绣，也有女子别出心裁，学梳头。

宋仁宗身边有一个宫女，容貌也就是中人以上，并不出众，可是宋仁宗却每天都离不开她。在宋人笔记《邵氏闻见录》记载了一个细节："仁宗一日朝退至寝殿，不脱御袍，去幞头，曰：'头痒甚矣。'"古代洗头多是用皂角（现代肥皂的主要原料）压榨的汁液，黏糊糊的，虽然有一定清洁作用，却远不如现在寻常洗发水，更不要说什么护发、养发效果了。头发一旦不干净，就容易长虱子。"90后"们大概都不知道虱子是何物，在二三十年前，几乎天天都可以听到大街小巷中卖除虱子的药粉的叫卖声。一千年前的宋朝，估计连皇帝老子的头上，也会有那么一两只。于是，我们看到宋仁宗回到后宫，本来应该脱掉龙袍，让专属宫女摘掉幞头（宋朝官帽，帽翅超长)，才符合宫廷礼仪。可是那天的宋仁宗估计几天没洗头，头痒的让宋仁宗顾不了许多。于是，梳头女闪亮登场。

能够有资格给皇帝梳头的都不是普通宫女，据说李莲英就梳得一手好头，也因为这个才当上太监总管，威风八面。当时宋仁宗的这位宫女（严格地说应该是女官）听闻召唤，很快赶到。八成这位宫女很懂得按摩的技巧，梳头也确实有让人心神安宁的功效。一番按摩之下，宋仁宗身心舒畅，和宫女就有一搭没一搭的聊天。

这位梳头宫女在宋仁宗身边也有一年半载了，因为宋仁宗每天都要召唤，在宫中颇有脸面，就算是普通嫔妃也要刻意讨好她。此时，看到宋仁宗在自己的手下如此顺从，一下子就有些不知道自己是谁了。

宫女看到宋仁宗的怀里仿佛有一卷文书，就问："官家，是何文字？"宋朝严禁后宫干政，只是仁宗仁德，偶尔并不计较。宋仁宗从朝堂回来，怀中自然应该是一些大臣奏折，梳头女本就不该多嘴。可是，宋仁宗一贯宠爱这个女人，也就没有多想，说："乃台谏章疏也。"那卷文书，竟然是御史的奏折。这下已经明确是朝廷大事了。可是那位梳头女依然追问："言何事？"说到底是什么事情呢？宋仁宗被抚弄的很舒服，随口说："淫霖久，恐阴盛之罚。嫔御太多，宜少裁减。"是说最近一段日子汴梁连续下雨，御史们就说是老天对宫中阴气太盛的惩罚，批评宋仁宗嫔妃太多，应该减少一些才行。

梳头女听后，很为皇帝不平，想了想，说："两府两制，家内各有歌舞，官职稍如意，往往增置不已。官家根底臜有一二人，则言阴盛须减去，只教渠辈取快活。"朝廷当中不管是那些宰相、枢密使，还是那些负责起草诏令的翰林学士、中书舍人，谁人家中没有许多歌女舞女。只要是官职稍微升迁，就又会增加几个女人，大臣们都习以为常。可皇帝身边只要多了一两个妃嫔，御史们就吵嚷说什么阴气太盛，需要减去，难道只允许那些臣子们享乐快活吗？

宋仁宗不说话了。梳头女没有意识到宋仁宗已经有些不高兴了。虽然说梳头女的话，是在为宋仁宗鸣不平，但是，这些话出自一个大臣口中，还说得过去，可是一个后宫女子，竟然公开挑拨皇帝反对御史言官，尤其是对抗自古以来就认为正确的一些道理，实在有些悖谬。梳头女角色错位，忘记了自己是一个不得干政的宫女。梳头女还在絮絮叨叨，看到宋仁宗一直沉默，就追问:“所言必行乎?”难道就一定要按照御史们的话去做吗？宋仁宗答话了:“台谏之言，岂敢不行?”宋仁宗没有说“岂能不行”，而是说“岂敢不行”，可见宋仁宗对御史言官的敬畏。如果梳头女有点政治智慧，就明白宋仁宗已经鲜明的表明立场，就应该附和宋仁宗，至少也应该闭嘴不再啰嗦了。可是梳头女竟然娇嗔地说:“若果行，请以奴奴为首。”所谓“奴奴”，就是“奴家”，古时女子的自称。如果要赶走妃嫔宫人的话，官家你先把我赶走吧。

梳头女本来是倚仗宋仁宗的宠幸，在这里撒娇卖乖。在她看来，宋仁宗自然会为自己所动，而放弃决定，至少也应该安抚自己。可没想到宋仁宗立刻起身，叫来都知宦官，以及后宫之中掌管宫女名册的女官，命令他们关上宫门，且明确提出要求，就算是皇后也不能通行。宋仁宗看到名册，把后宫妃嫔宫女中的三十个人圈出，要求即刻押送出宫。而黑名单上第一位，就是负责梳头的那位。

### 狂妄让人无知

当时已经到了吃饭时间，曹皇后本来要陪同宋仁宗吃饭。可到了宫门前，竟然大门紧锁，不给开门。曹皇后的随从很是生气，怒斥守卫。可曹皇后却知道，一贯仁德的宋仁宗今天如此异常，必然有非常之变。曹皇后和众人耐心等待，一直到宋仁宗旨意下达。宋仁宗下令开门，曹皇后以及众多妃嫔才惴惴不安地前来请安。吃饭的时候宋仁宗一句话也没说，曹皇后也没有发问，此时谁要是多嘴，必然受到宋仁宗训斥，甚至立刻被遣送出宫。曹皇后为后多年，精明着呢。

等吃过了晚饭后，侍者送上茶水。时间过了一点，曹皇后看看宋仁宗怒气消散了一些，才试探着问:“掌梳头者，是官家所爱，奈何作第一名遣之?”遣送其他人还好理解，可是那个梳头女，却最为宋仁宗喜爱，每天离开了不行，可宋仁宗为什么还要第一个遣送呢?

宋仁宗说:“此人劝我拒谏，岂宜置左右。”这个人竟然劝说拒绝纳谏，干涉国政，这样的女子怎能够放在身边呢？是可忍孰不可忍！寻常时节，宋仁宗和梳头女关系亲密是一回事，可梳头女干涉朝政是另一回事。梳头女再得宠，不过是一个婢女，一个下人而已。而朝廷大臣的奏议，却关乎社稷。当然，宋仁宗把赶走梳头女的事情搞得内外皆知，沸沸扬扬，也有他的用意。一来可以警示后宫诸人，尤其是皇后，不要干涉朝政，另一方面也可以告诉朝臣，自己尊崇礼法，看重士大夫，官员们自然会更加死心塌地为赵宋江山卖命了。

看宋仁宗心意已定，曹皇后自然要表态支持。曹皇后召集妃嫔，要求所有的妃嫔宫女都要谨言慎行，绝对不能干涉朝廷事务，谁要是不听，梳头女就是榜样!

# 心存侥幸

程琳，宋真宗朝出任开封府尹，掌管财政之三司使，一生谨慎却在晚年落马。

孔子云:“及其老也，血气既衰，戒之在得。”得者，贪欲也。现实中经常有一些官员在即将退休时落马，一生谨慎，却晚节不保。而敢于出手，只因心存侥幸。

一般人说起开封府尹，很容易把这个职务对等于老包，其实包拯担任开封府尹只有一年半，且正史中没有任何断案记载。包拯的出名主要是在担任谏官的时候正直敢言，甚至把唾沫喷到皇帝脸上。而有那么一位开封府尹，任职期间断案多起，并且真正做到了秉公执法、断案无私、不避权贵，就算是对皇帝和皇太后，那也据理力争，并最后取得胜利。这位很牛气的开封府尹，就是程琳。

在正史中，主要记载了程琳办理的两件大案。

## 北宋版我爸是李刚

程琳到任不久，就接到了一件大案。有一个叫做王齐雄的，和一个老兵发生争执，王齐雄很生气，命令手下把老兵一顿好打，结果把人家活活打死了。老兵的妻子很难过，想着讨要些赔偿费，可是王齐雄不给。老兵的妻子只能四处告状，可是没有一个官员敢接这个案子。是案件很复杂，真凶抓不到？不是。案情非常简单，真凶也就在家里好好待着。那怎么回事呢？因为凶手“他爸是李刚”。

李刚不过是一个市的分区副局长，而这个大案凶手的爸爸王蒙正，曾经担任地市一级的都监，官职不是很大，可是后台极硬，乃是当朝国舅刘美的亲家。当时的刘美官至检校太尉、中书令，位高权重，朝野畏惧。

这王蒙正也是嚣张惯了的主，《宋史》中记载了王蒙正在荆南当官的时候，横行不法，知州李若谷秉公执法把王蒙正给抓了起来。结果事情捅到朝廷，王蒙正无罪释放，李若谷却被贬官。遇上这样一个手眼通天的被告，官员们躲都躲不及呢!

可是，程琳却接了这个案子。之后，程琳第一时间赶赴现场，带领仵作验伤，询问目击者，详细了解当时的情况。既然接下了这个案子，程琳就想办好这个案子。要想办好案子，那就得十二分的小心，绝对不能出任何的纰漏。

王蒙正知道程琳正在开展调查，也有些慌了手脚，毕竟程琳刚直的名声朝野共知。况且程琳担任开封府尹，也是皇太后刘娥一手提拔的。程琳是皇太后跟前说得上话的人呢。怎么办？王蒙正赶紧找刘美，拜托刘美去找妹妹刘娥。刘娥却不过情面，叫来了程琳。

太后说:“齐雄非杀人者，乃其奴尝捶之。”皇太后刘娥说，王齐雄没有杀人啊，是他的奴才下手太重了。刘娥知道程琳的性格，也知道直接命令程琳胡乱断案有违礼法，于是想给王齐雄找个替死鬼。只要程琳松口，承认杀人犯是王齐雄的奴才那就可以了。至于奴才家里，多给些银钱，也就了事了。

可是，程琳却装糊涂，说:“奴无自专理，且使令与已犯同。”奴才哪里会自作主张去打死人呢？何况按照宋律，指使杀人和亲手杀人罪责相同。

看到程琳坚持自己的意见，并且搬出大宋律法，刘娥也不好坚持。毕竟刘娥还是明白，维护律法，也就是维护她赵家的江山。刘娥没法子了，只能讪笑着让程琳离开，案件最后就依照法律执行。

连大宋王朝的国母最终还是屈服于法律公义，王蒙正这个北宋版的李刚也只能交出儿子，自认倒霉了。

## 女版陈世美

在包拯的故事里，《铡美案》很出名。书生陈世美娶妻秦香莲，夫妻恩爱，但是生活贫寒。陈世美进京赶考之后高中状元，为了自己的仕途，为了自己的富贵，隐瞒自己已婚的事实，另娶公主，成为驸马爷。原配秦香莲千里寻夫，反被陈世美追杀，最后包拯查明真相，杀掉了忘恩负义的陈世美。

在正史中当然不存在陈世美，更不存在《铡美案》。可是，程琳在担任开封府尹的时候，却办理了一个和铡美案极为相似的案件。

京城有一个皇亲吴家，女儿长得出水芙蓉一般，美艳动人。吴家把女儿嫁给了京城豪门，一开始倒也恩爱。之后，吴氏曾经跟随母亲几次入宫，被宋仁宗看到了。宋仁宗见到吴氏貌美，不免多看了几眼。吴家人就有些心动，想着如果自家的女儿能够嫁入宫中，成为皇帝的女人，那该有多好啊。一个是富有天下的当朝天子，一个是有几个小钱的普通人家，实在不在一个档次上。

于是，吴家人带走女儿，吵着要和女婿断绝关系，可是女婿不想撒手。历来只有男人休掉女人，没想到自己竟然要被女人给甩掉了，这脸可丢大了。于是女婿家里就拼着家财散尽，也要告状，把老婆争取回来。当然，许多官员照旧不敢接这个案子，案子牵涉到皇帝呢。最后，又是程琳接下了这个脏活累活重活。

案件本身依然很简单，可是现在的关键是，那个美女吴氏已经入宫，要想把案子继续审理下去，就必须到皇宫去拿人。怎么样才能让宋仁宗主动放人呢？程琳想了一夜，终于想到了一个理由。

程琳拜见宋仁宗，说起了自己手上的案件，然后说：“臣恐天下人有窃议陛下夺人妻女者。”我担心天下人会悄悄议论陛下，说陛下您抢夺别人的老婆啊。程琳完全是一副急宋仁宗之所急，想宋仁宗之所想的模样。我程琳可不是为了什么破案率，而是为了陛下的名声着想，是为了大宋的江山社稷着想。确实，这个吴氏并非是宋仁宗您抢来的，可是不知道实情的老百姓、士大夫会怎么议论呢？大家会说是吴家贪慕权势，主动献上女儿吗？不会，大家肯定说就是您宋仁宗好色，才抢夺百姓的老婆。

于是，宋仁宗立刻下令放人。

程琳把美女吴氏带到开封府衙门，下令打板子。程琳为何痛打美女？程琳就是要告诉世人，本案主犯就是美女吴氏。此人贪慕权势，主动找上宋仁宗，这次的抢夺人妻案，和尊贵的皇帝毫无关系。果然，老百姓纷纷称赞皇恩浩荡。于是，宋仁宗一边很痛心，一边也很欣慰，下令嘉奖程琳。

至于美女吴氏，回到夫家之后会遭受怎样的虐待，正史中没有记载，也不会记载。

## 代购玩不起

程琳在担任开封府尹几年后，在朝野的名声很好，皇太后、皇帝也觉得这人还不错，有点能力，也有忠心，于是提拔重用。程琳先后担任工部侍郎、御史中丞、三司使等重要官职。程琳可谓位高权重，大宋帝国的亿万财富在他手上流淌。当然，程琳还是比较清廉的，但就算是“三年清知府”也“十万雪花银”，明里暗里的收入还是多了去了。程琳的胃口大了，钱包鼓了，自然开始追求享乐了，就开始盘算买房了。

千百年来，国人最大的愿望也是最大的苦恼，都来自房子。不但是普通百姓如此，豪门权贵也不例外。当然，同样是购房，老百姓和官员们的心理是不同的。老百姓担心兜里的钱太少，房价涨得太快而买不起房；官员们担心兜里钱太多，万一买了豪宅曝光了祸事不小。于是，许多官员纷纷以自己亲戚朋友的名义买房，以躲避公众的眼光、司法机关的纠察。作为大宋领导班子成员之一的程琳，也有这样的担心。

当然，程琳还是注意分寸的，和那些初入官场得到些许甜头就咋咋呼呼的愣头青不同，在公众场合程琳一直很低调。既然自己不方便出面买房，那就不妨找人代购！

程琳看中了京城豪华住宅区一栋房子，那房子是当年的枢密副使张逊家的，程琳在早年曾经去过，里面的亭台楼榭，堪称京城一绝。现在张逊死了，张家也败落了。程琳如果不买来，里面的好山好水岂不无人欣赏？

张家现在只有一个小主人，叫做张偕，年仅七岁。程琳不想自己出面，免得被御史知道，增加许多是非，就让自己当年在开封府当府尹的时候的一个心腹官员出面商谈。张偕很小，事情都由他的奶妈做主。奶妈看到家里连饭都没法吃了，听到有人买房，自然高兴，拿出房契来就要交易。可程琳打听到张偕的妈妈本是皇家宗室女。张偕还小，不会有问题，一旦张家的其他亲戚闹起来，不承认这桩交易就麻烦了。于是程琳悄悄命令手下那个官员，让奶妈入宫，找皇太后刘娥出一张允许卖房子的证明。这样两家以后就再也没有纷争了。

奶妈无奈，只好硬着头皮入宫，没想到刘娥竟然真的给写了证明。程琳收到房契和证明，很开心。然后又秘密地让那个心腹官员去采买木材和丫环。住新房子装修摆设都破破烂烂怎么行？住新房子没有新女人伺候怎么行？

程琳满心期待，却祸从天降。他小心盘算，步步谨慎，没想到那个给他办事的官员，仗着有老领导撑腰，一方面贪污程琳给的装修费用，一方面又侵吞开封府公款，结果，让纪检官员给盯上了。双规之后一番盘查，那个手下什么都招了。真是拔出萝卜带出泥！程琳因此被贬，被发配到颍州担任知州。堂堂前任开封府尹，现任帝国财政总管的三司使程琳大人，竟然因为小官代购落马。虽然由于皇太后刘娥的信任，程琳不久后还是被复职，但是贪图享乐、代购被贬却成为刚直能干的程琳一生的污点。

不过，就算没有手下人意外闯祸，程琳的落马也是迟早的事情。《宋史》

记载:“琳为人敏厉深严，长于政事，辨议一出，不肯下人。然性啬于财，而厚自奉养。”程琳这人有才干，能办事，也敢做事，不是那种庸庸碌碌混日子的庸官，但是为官一旦贪财好欲，追求享受，不顾法纪，那么受惩罚不过是早晚的事。

# 小处不可随便

王旦，真宗朝名相，因支持真宗封禅，被后世批评。

老子云:“九层之台，起于累土；千里之地，溃于蚁穴。”成功要靠夜以继日的辛劳，失败却常常在一夕之间，而一夕之溃的根源多数在于对小事的随便。

历代大臣为求上位，给皇帝进献美女的很多，可皇帝主动赏赐美女给大臣的就少了。当然，也并非没有，比如宋真宗就曾经主动赏赐给宰相王旦两个美女，并且是不要不行。宋真宗为何如此关心王宰相的性福生活呢?

原因还在宋真宗身上。宋真宗晚年，天下太平已久，朝中大臣整天上表吹嘘宋真宗如何如何了不起，堪称千古一帝，于是宋真宗沾沾自喜，跑去封禅泰山，大修宫殿。为了给宋真宗博取圣君的美名，大臣们还一起编造了“天书现世”的荒诞故事。宋真宗很享受这份成就，可是，光皇帝一个人幸福还不行，还得让其他人，尤其是几个主要的宰臣也享受到幸福。于是，宋真宗经常召开宴会，宴请王旦、王钦若等宰臣，并且吃完了还可以兜着走，还可得到大量金银。有的宰臣原本是不赞成宋真宗封禅，但是拿人手软，吃人嘴短，既然已经收礼，当然要给宋真宗办事。作为宋真宗的首席宰相，王旦当然有特殊待遇，于是宋真宗在发给他封口费的同时，还发给他两个美女。宋真宗对臣子能够给予经济上的回报，并且给予身体上的安抚，实在是有“道”明君。

## 一夕之变

王旦多年为官，一向勤俭，家里没有多余的钱财。他曾经在老家有三顷田，等到老妻去世之后，卖了田安葬，之后就再也不买田了。当然，王旦并非没钱，宋朝宰相的工资是非常非常高的，关键还是王旦一辈子都在克制自己的欲望。

但是，人都是会变的。

正如当初，宋真宗想要封禅，最担心的就是王旦会出面反对，于是和副相王钦若商量。王钦若拍拍胸脯，向宋真宗保证一定会说服王旦。果然，当宋真宗提出封禅时，王旦不但没有反对，而且积极筹备，比宋真宗和王钦若还要热心。那王钦若和王旦讲了什么呢？王钦若在闲聊的时候告诉王旦，皇帝很想搞封禅，但是很怕王旦你反对呢。王旦脸上没有表情，但心里很是惶恐。一个大臣让皇帝感到害怕，那可是极度危险的事情。于是，王旦只能撅起屁股卖力做事，奔走在封禅活动的第一线，以此来洗刷自己，证明自己不是一个功高震主的权臣。

以前，宋真宗也告诉过王旦，既然宰相夫人已经去世，为何不再续弦，就算不续弦，为何不纳妾。身边有女人照顾，也可以更好地投入工作嘛。可王旦一直没有答应。劝说无效后，宋真宗不管那么多了，直接找到王旦在皇宫上班的两个侄子。宋真宗给这两个王家人三千两白银，命令他们十天之内必须给王宰相买两个小妾，否则以抗旨论处。侄子们为难了，回到家里和王旦商量，王旦实在没法子，只能听任他们买了两个小妾。

按照众人对王旦一贯的认识，王宰相几十年不近女色，现在都年近六十了，更应该不会有什么问题了。可实际情况恰恰相反。

王旦开始时有些抗拒。王旦告诉家人，告诉那两个小妾，自己是为了顺从皇帝的旨意，才会纳妾，才会走进小妾的房间。家人也相信了。可是大家都没有想到，有了第一次，就有了第二次，有了第三次。不近女色的王宰相竟然频繁在小妾房中过夜，搞得儿子们都皱起了眉头。这样下去，老头子的身体都要垮掉了啊。

两个小妾，不但改变了王旦不近女色的光辉形象，而且改变了王旦节俭谨慎的生活作风。

当初吴越的钱俶在宋太宗年间上表归降，他为了苟延残喘保持在吴越的统治，送了很多礼物给当朝的宰相大将。当时的宰相沈伦家里就收了许多金银器皿。这些礼品都是皇帝和诸侯王才能使用，极为奢华，宰相沈伦视之为传家宝。可是没几年，因为政治斗争沈伦被罢黜病逝，家道也一落千丈，沈家只能拿出家中的珍藏卖钱度日。当时王旦已经做了宰相，王家人贪图沈家的宝贝，主动联系沈伦的儿子们，想要大批购入那些金银器皿。都商议的差不多了，家人才向王旦禀告，没想到王旦一口回绝。王旦说，自己一贯节俭，家里要那样的东西有什么用呢？

可是，当有了两个小妾之后，两个小妾看到王家虽然号称宰相门第，可是家里实在没有什么拿得出手的家具物品，整天都和王旦哭闹。王旦想想也有道理，就找到那两个家人，问当初沈家的那些好东西现在还能不能买到？两个家人相视一笑，告诉王旦，当初暗地里已经花钱买了下来，东西实在很好，价钱实在不贵，何况王旦前后二十来年宰相，没有点拿得出手的器皿怎么行呢？于是，两个家人从仓库里拿出那些名贵器皿。王旦全部摆放到自己的卧房，一点也没觉得有什么不适应。

## 蚁穴之溃

其实，王旦和宋真宗的转变，早在二十多年前，李沆就有过预警。

宋真宗刚继位时，李沆担任宰相，推荐王旦做自己的副手。一般人做宰相，多是大事化小，小事化无，粉饰太平，以保权位，何况宋真宗初年天下已定，国泰民安。可王旦发现，宰相李沆每天向宋真宗汇报的不是哪里发生水灾旱灾，就是哪里爆发乱党民变。在王旦看来，这些都是小事，一国宰辅应当把握大局，把握主流，这些琐事由宰相们独立处理就好，何必让皇帝平添烦恼？李沆不以为然，告诉王旦：“我们皇帝还年轻，应当让他知道百姓的艰难，否则，皇帝开始是专注歌舞享乐，渐渐就难免大兴土木，甚至祭祀神灵，热衷战争。那样的话，国库就会空虚，百姓就会受苦了。”李沆还告诉王旦，自己年纪已经大了，等不到那一天了，希望王旦多多留心，以免铸成大患。

王旦听后很不以为然，可事实正如李沆所料。正因宋真宗继位时太平无事，国家稳定，才使得宋真宗产生懈怠之心，当辽军大举入侵之时，竟然想着迁都避难，若非有寇准一力强谏，北宋则岌岌可危。而澶渊之盟后，宋真宗没有吸取教训，反倒变本加厉，大搞天书造势，封禅泰山，大修宫殿，以至国力亏空，百姓怨声载道。

而王旦呢，表面上一直很有风骨，甚至多次强谏宋真宗，但骨子里却是软的，于是当王钦若劝说王旦之时，王旦随即顺从宋真宗。苏辙曾经认为是享乐的生活，是女色改变了王旦，其实苏辙不知道，王旦一生都在压抑、掩饰，当美女入怀、美酒在手时才会全面崩溃。

# 刚愎自用

包拯，仁宗朝名臣，因不畏权贵、清正廉洁，被后人尊称“包青天”。

兼听则明，偏听则暗。小民尚且常有固执己见的时候，更何况高高在上，经常只听到鲜花和掌声的官员们。就连一贯清廉耿介的包拯，也难免有刚愎自用、独断专行的时候。

包拯在民间的口碑很好，名气很大，主要归功于公案小说《三侠五义》。小说中的包拯头上有个月亮，是星宿转世，能够日审阳夜审阴，铲除奸佞，不畏权贵，故百姓称之为“包青天”。可惜，历史不是小说，正史中的包青天刚正不阿确实不假，要说断案本领，着实不咋的。

老百姓经常说包青天的官职是开封府尹、龙图阁大学士，其实，包拯担任开封府尹的时间很短，不过一年多，宋朝也没有龙图阁大学士一职，老包曾经担任的是龙图阁直学士，在学士中属于第二等。包拯担任开封府尹期间，没有王朝马汉张龙赵虎相助，更没有南侠展昭谋士公孙策。这一年多，包拯政绩平平，正史当中不过一笔带过。野史之中倒是流传下来几则故事，不过却多是包拯的一些糗事。

## 无私未必有情

包拯执掌京城，执法严峻，一方面对权贵自然刚正不阿，可另一方面对百姓也毫不留情，只要触犯法律，一律公平对待。这点，和寻常官员偏袒权贵不同，和一些士大夫偏向小民也不同。应该说，包拯的这个态度更加理性。只是，理性的包拯也有被感情挟持的时候。一旦感情用事，以公平刚正自律的包拯也不免犯浑。

有一次，京城某街道发生火灾。宋代开封极为繁华，我们可以从《清明上河图》感受一二。和唐代有严格的城市规划不同，宋都汴京的商业区和住宅区混杂在一起，并且，随着商业的繁盛，出现了许多店铺商贩占道现象，交通经常拥堵。就算是天子出巡，经常也不得不多次停驻，等待百姓散开。此时发生大火，一旦拥堵，后果不堪设想。包拯第一时间赶往现场。看到府尹大人都行动起来，各有关部门自然不敢懈怠。宋代灭火有专门的灭火队伍——军巡捕，据《东京梦华录》记载，京城中每隔四五百米，就会设立一个巡铺房，安排五个铺兵。这些士兵主要的任务就是夜间巡查，看看各家各户有没有按时熄灯，消除火灾隐患。一旦发现火灾，可以及时通报有关部门，组织施救。火灾现场，就有不少消防人员赶到，准备就近取水灭火。

包拯到达现场，看到烈火熊熊，大火已经延及十多家房舍。他很是焦虑。这时候有个人跑来禀奏，请示府尹大人："是到甜水巷取水呢，还是到苦水巷取水呢?"包拯一听大怒，在这样紧张的时刻，竟然还问这样糊涂的问题。救火还分甜水苦水吗！包拯断定这个人是有意戏弄，下令将这个人当场砍头。整个火场的官员百姓，没有一个不感到害怕，人人对包拯"畏服"不已。

这则故事出自《独醒杂志》，作者为南宋学者曾敏行。杨万里曾经给此书作序，称赞此书"其载之无谀笔也"，对作者严谨的治学态度，很是肯定。不过，在记述这件事情的时候，曾敏行却包含了个人情感。在曾敏行看来，这个请示者是个"无赖子"，一伙无聊青年聚在一起，想故意戏弄包拯，于是有这么一问。但是，也有另一种可能。可能请示者就属于那种做事情瞻前顾后、毫无主见，面临大火手足无措的平凡人。既然府尹大人亲临现场，任何事情那都要先请示才行。可包拯不问情由，断定此人目无官长，贻误灾情。况且，就算此人是有意戏弄，也罪不至死。人家不过是说了一句玩笑话，却被包拯砍掉了脑袋。为官如此任性，罔顾律法，以个人感情作为断案依据，包拯罔称青天。可曾敏行之流竟然还为包拯辩护，实在让人无语。

## 纵情难免失智

在北宋名家沈括的《梦溪笔谈》中记载了包拯的另一件糗事。

包拯为官，号称明察秋毫，可实际情况真的是这样吗？有一个大款犯法了，按律应当受杖刑。大款有钱，可包拯廉洁刚正不爱钱，于是大款找到了具体负责打板子的小吏。这个小吏收了红包，就指点说："你今天会见到府尹大人，府尹大人盘问之后必定会把案件交给我。这时候你只要大喊冤枉，其他的事情你都交给我。"之后，包拯果然带这个大款上堂，一番盘问之后果然交代那位小吏用刑。大款像小吏交代的，大喊冤枉，于是小吏大声呵斥："你只要老老实实接受杖刑就可以离开，何必多说？"小吏的意思是告诉包拯，既然府尹大人已经断案，自然不会有错。一般官员自然喜欢这样的奉承话，可包拯与众不同，听后不喜反怒，认为小吏只是小吏，根本没有资格评价案件，此举有弄权的嫌疑。于是包拯下令停止用刑，把小吏拖下去打了十多板子，反倒将大款无罪释放。

包拯的本意是要打压手下官员的气焰，让他们不能够从中偷奸，妨碍司法公正。包拯自认为精明，谁料想一切都在小吏的预料之中，用个苦肉计，就让大款逃脱了法律制裁。

其实，正史上包拯也很出名，出名的原因并非因为断案，而是因为包拯经常直谏。包拯为政能力平平，可是性格刚正不阿，不畏权贵，敢说真话。包拯担任负责纠察百官的御史中丞时最风光，为反对张贵妃的伯父张尧佐出任宣徽使，他竟然把唾沫都吐到了宋仁宗脸上。在《容斋随笔》之中，沈括盛赞宋仁宗年间有"四真"，即富弼、欧阳修、胡翼之、包拯四人，时人称之为真宰相、真翰林学士、真先生、真中丞也。

# 绯闻是把剔骨刀

欧阳修，北宋文宗，卓越的政治家、文学家、史学家。

官场是非多，一旦沾染上作风问题，就更是纠缠不清。欧阳修本是大宋文宗，德高望重，因为年轻时不拘小节，遂惹出无数风波。虽有皇帝出面正名，却依然难平后人非议。

## 色字头上一把刀

欧阳修是宋代大文豪，四十来岁入中书省成为副宰相，之后援引后学，成为宋代文宗，名望极高。可就是这样一个德高望重的政治家、文学家，在道德操守上却一再受到时人的批评。

早年，还是在洛阳担任推官的时候，欧阳修就经常狎妓，彻夜不归官署，甚至耽误上班。好友梅尧臣、谢绛、尹洙多番劝说无效，就告诉一把手洛阳留守钱惟演，希望老领导出面说说。生活作风问题在中国一向是个大问题，一旦被领导知道，是会很严重的。可欧阳修不是一般人，任凭老领导如何暗示，就是装糊涂，依然酒照喝，妓照嫖，公务照旧拆烂污。

有一次，钱惟演召集门下，在后园聚会，到了约定的时间，大家都来了，唯独不见欧阳修的身影。有人说了，这欧阳修胆子也太大了，连钱相公（钱惟演享受宰相级别待遇）都到场了，可他小小一个推官（市里负责司法诉讼的官员，略等于法官）竟然要宰相大人干等。有人说，会不会是欧阳大人公务繁忙，一时抽不开身？大家都笑了，欧阳修哪里会因为公务耽误喝酒聚会，谁不知道欧阳修最近包养了一个年轻貌美的妓女，肯定是两人缠绵得忘记一切了吧。钱惟演有些气恼，不过，觉得欧阳修是个人才，以后必然有大成就，为了将来，必须忍忍。

钱惟演看看等了半个多小时了，不再等了，吩咐开宴。等到宴会都快结束的时候，欧阳修才带着那个妓女赶到会场。到了会场，欧阳修也不向钱惟演道歉，还和那个妓女两两相望，难舍难分。这下子不但是众位官员生气了，连钱惟演也觉得欧阳修实在过火。

钱惟演不好骂欧阳修，就责备那个妓女："未至，何也？"究竟是为什么，你这个女人搞得欧阳大人神魂颠倒，不能及时赴会呢？这妓女也有几分傲骨，在洛阳一把手的逼视下竟然一点不发憷，坦率地说："中暑，往凉堂上睡着觉，失金钗，犹未见。"中午天气太热，我们在凉堂（或是四面通风的亭子）上睡觉。后来金钗不知怎么不见了，找了很久，到现在还没有找到呢？这个妓女，竟然一点不觉得自己害的欧阳修晚来有什么不是。

钱惟演看看妓女，看看欧阳修，两个人脸上都微笑着，钱惟演的心情也稍微缓和了一点。钱惟演说："若得欧推官一词，当为汝偿。"既然是为了找寻美女的金钗而耽误赴会，也算是怜香惜玉，算是个理由吧。只要欧阳修能够当中作词一首，钱惟演表示愿意拿出钱来送给美女一个金钗。众人一听笑了。

欧阳修叫人拿来笔墨纸砚，略一沉思，刷刷刷写下一首词《临江仙》：

柳外轻雷池上雨，雨声滴碎荷声。

小楼西角断虹明。

阑干倚处，待得月华生。

燕子飞来窥画栋，玉钩垂下帘旌。

凉波不动簟纹平。

水精双枕，旁有堕钗横。

当代一些学人大都认为这首词乃是一首闺怨词。词中的女子，生活华贵，可内心孤寂。凉席上，玉枕旁，陪伴她的只有她自己的金钗。帘外雷声阵阵，雨声潺潺，可是却听不到归来的马蹄声，看不到丈夫的身影。于是，女子只能在无望的期待中度过一个闷热的夏夜。

可是，《钱氏私志》的作者钱愐却不这么认为。钱愐乃是宋仁宗的外孙，主要生活在宋徽宗、宋高宗时期，对于欧阳修这样的宋朝名人的事迹远比一般人了解。并且，钱惟演就是钱愐叔祖，更了解到第一手的资料。

钱愐认为，这首《临江仙》就是欧阳修写给那位妓女的一首艳词。如果结合之前妓女所说，他们中午在凉堂午睡，然后金钗失落，那么情景就让人遐想了。是欧阳修二人一番亲热之后，美女的头发散乱，于是金钗不知不觉失落？

词写完了，众人起哄般叫好，钱惟演也只能让人拿出钱来赏赐妓女。在宴会结束之后，钱惟演单独留下欧阳修，明明白白地告诉欧阳修，也要稍微注意下自己的身份，毕竟是朝廷命官，当众狎妓，还写下艳词，成何体统？一旦事情传到皇帝耳中，这辈子欧阳修都别想翻身。

## 绯闻是道官场毒药

钱惟演本是一番好意，没想到欧阳修怀恨在心。后来，欧阳修拜相，主持《五代史》的写作。钱愐认为，《五代史》中对吴越的描写大都失实，到处都是毁谤批评的话。欧阳修就是要借此打击钱惟演（钱惟演乃是吴越王钱俶的儿子）。钱家人因此感叹，以后啊再也不能劝别人别做坏事。那些贤德的人会觉得你有恩与他，可是那些刚愎自用的小人，却会恨你恨到骨头里。

钱愐不忿，也在自己的作品《钱氏私志》记载了欧阳修和外甥女通奸的丑事。

后来，欧阳修当上了参知政事，官帽变大了，可是写艳词的老毛病还没有改。在朝廷派系斗争中，有人提出，欧阳修这个人道德品质恶劣，早年的丑事就不说了，竟然还和自己的外甥女通奸，实在恶心之极。虽然事情最后被皇帝压了下来，正史当中的记载也认为欧阳修本人的辩白属实，可是欧阳修本人的一首词《望江南》透露了些许消息。词如下：

江南柳，叶小未成阴。

人为丝轻那忍折，莺嫌枝嫩不胜吟，留著待春深。

十四五，闲抱琵琶寻。

阶上簸钱阶下走，恁时相见早留心，何况到如今。

欧阳修曾经在给皇帝的表章当中提到初见外甥女时外甥女的年纪。在妹妹丈夫去世之后，妹妹没有依靠，于是带着丈夫留下的七岁的女儿（并非欧阳氏所生）来到欧阳修家中。外甥女长大之后，欧阳修就把外甥女张氏嫁给了自己的一个远房侄子。可这个外甥女婿可能有些性无能，张氏打熬不住，就和家仆通奸，被丈夫发现之后送到了开封府。不知道为什么，张氏忽然揭发自己和舅舅欧阳修有奸情，一时之间闹得满城风雨。欧阳修急忙上表辩白，神宗看后表示相信欧阳修，希望欧阳修不要在意旁人的议论。可是，中书舍人钱勰却引用欧阳修早年的词为证据，表示："七岁正是学簸钱时也，恁时相见早留心，何况到如今？"说欧阳修初见外甥女时就已经别有用心，更不要说张氏现在已经成年，长成美女了。钱勰的观点一说出，群情激奋，欧阳修哑口无言了，谁要他当初写下这么一首让人猜想的艳词呢？

当然，钱家和欧阳修多有不和，从钱惟演到钱勰，到后来的钱愐，都有可能抹黑欧阳修。但是欧阳修言行不端，算不上什么道德君子也当是事实。现在流传下来的欧阳修的几百首词，大都是男欢女爱的艳词，不要说当众狎妓，就算是和外甥女真的通奸也未尝没有可能。

欧阳修跳进黄河也洗不清了，宋神宗无奈，只能把欧阳修赶出朝廷，到滁州担任知州。从此之后欧阳修自号醉翁，自我放逐，心情之糟糕可见一斑。

## 隐忍≠懦弱

宋孝宗，赵昚，南宋第二位皇帝，在位期间专心理政，太平安乐。他被普遍认为南宋最杰出的皇帝。

忍耐是官场博弈的哲学，凡为官者多有忍术，但这并不意味着把忍耐当成无原则的退让，那样就等同了懦弱。曾经满怀豪情，渴望中兴大宋的宋孝宗，一次又一次的退让，最终永远失去了进取中原的时机。

宋高宗赵构本不是个尖酸刻薄的人。赵构成为太上皇之后，每次吃饭，都要准备两副碗筷。饭菜端上来十多个，赵构把自己想吃的几个菜，用一副干净筷子挑选出来放到一个盘子里，用勺子从一大碗饭中挑出一小碗，然后用另一副碗筷吃菜吃饭。每次宋高宗都会把挑出来的饭菜全部吃光，绝不浪费。手下的太监宫女们议论纷纷，说，太上皇实在小气。吴太后知道赵构不是真正小气的人，但是也想不明白，聊天的时候就问起这件事。赵构一笑，说:“吾不欲以残食与宫人食也。”太上皇吃完了，那些精美繁多的佳肴下落如何呢？多是下面那些有头脸的宫女太监拿去吃了。赵构知道这个规矩，又不想宫女太监吃自己的残羹冷炙，于是特意用干净碗筷挑出来。事情很小，却可以看出赵构心地不坏，甚至可以说是一个关爱下属的好领导。

那么，宋孝宗赵昚就更是一个孝顺儿子了。赵构退位之后，宋孝宗对太上皇非常尊敬，早晚请安不说，就算是太上皇的饮食起居，都亲自过问。太上皇的小事，那也是宋孝宗的大事。宋孝宗赵昚不是赵构的亲生儿子，可就算是亲儿子，也未必有赵昚孝顺。

## 谦恭忍让只是策略

宋孝宗知道老爹喜欢吃汴梁风味的小吃，每天都让人到宫外去购买。什么李婆婆的杂菜羹、贺老四的酪面脏猪胰胡饼、戈家的甜食，等等，只要太上皇高兴，宋孝宗都会千方百计地搜罗来。有一天，宋孝宗去请安，知道太上皇很喜欢和宰相史浩聊天，就特地把史浩也宣召进宫，大家一起吃吃饭，聊聊天。宋高宗兴致很高，史浩是太上皇亲自提拔的宰相，又曾经推荐宋孝宗担任太子，可以说是两代帝王都信任的重臣。大家都是自己人嘛。太上皇招呼史浩多吃，说:“此皆京师旧物。”这些可都是京师汴梁有名的小吃呢。史浩是浙江人，自然没吃过。太上皇很热情，史浩吃得也更加卖力。吃饱了，太上皇还特别吩咐让史浩打包带走一些，让老婆孩子也尝尝。宋高宗不停的劝酒，史宰相自然也频频举杯为两位皇帝祝寿，一会儿，三个人都喝得有样子了。一个小太监跑过来，在史浩耳边说，宰相大人悠着点。宋孝宗听到了，说，没事没事，尽量喝，今天老先生（太上皇）高兴，我们喝醉了也无妨。宋孝宗酒量不行，可今天也豁出去了，结果三个人都喝得大醉。

赵构退休后，空闲时间多了很多。为了给老爹找点寄托，宋孝宗千方百计搜罗一些古董珍玩讨好太上皇。听说有个金国的大商人有一件用犀牛角做装饰的腰带，很稀罕。整个带子有十三个宝格，每个地方都镶嵌了珍贵的宝石，尤其是上面镌刻了一个拄着拐杖的老寿星，活灵活现。宋孝宗看后很满意，送给老爷子肯定喜庆，价格也没问，就给定了下来。结果派去的太监商谈价格，人家要加十万缗（一缗为钱一千文，即后世一两银子）。太监看到皇帝都不在乎价格，他也就更不在乎了。于是，买卖就定了下来，就等宫中拨款给钱了。可是，太监还提出，出三十亿钱可以，但金国商人应该按照行规给自己回扣。金国商人却不干了。太监很生气，就故意在宋孝宗面前说，凡是拄着拐杖的寿星，都讲究拐杖要超过人的头，并且拐杖越弯曲盘旋越好。可是现在这个宝带上寿星的拐杖很短，仅仅到寿星的腰边，太不吉利了。宋孝宗要来一看，果然如此，想想万一消息传到太上皇耳朵里多不好，自己花大价钱送一个老爹不喜欢的东西，不是吃力不讨好吗。于是，买卖作罢。看到皇帝都不买寿星宝带了，自然没有任何大款敢买了。

宋孝宗为何如此在乎太上皇赵构的感受呢？

正如前文所说，宋孝宗并非赵构的亲生儿子。宋高宗因为年轻的时候躲避金兵追杀，到处逃亡，忧心如焚，结果丧失了生育能力。而宋徽宗乃至宋太宗一脉的所有王孙被金国一网打尽，赵构只能从江南那些宋太祖赵匡胤的后代中挑选了一位继承皇位，是为宋孝宗赵昚。

于是，养子宋孝宗继承了南宋皇位。养子不好当，儿皇帝就更不好当。父子之间一旦有什么不快，太上皇赵构就会大发脾气，认为宋孝宗故意不孝顺自己。

有一天宋孝宗去请安，太上皇赵构问起最近大臣们有什么讨论的热点问题。宋孝宗就说，大臣们最近都在说郑藻的事情。赵构一听来劲了，说："说甚事，莫是说他娶嫂？"宋孝宗以为赵构也八卦，陪着笑说："正说此事。"没想到赵构一翻脸，怒容满面，说："不看执柯者面！"就算郑藻真的娶了嫂嫂，生活作风有问题，也不看看是谁保媒的！宋孝宗奇怪了，谁的面子这么大呢？赵构一仰脖喝下一杯水，说："朕也。"把宋孝宗吓出一身冷汗。

大臣议论八卦，赵构掺和一下也算不得什么大事。可有时候赵构明明已退休，连官员任免的事情也要插手，这就有点越俎代庖不厚道了。

有一次，太上皇赵构到杭州灵隐寺冷泉亭游玩，有一个和尚伺候的很恭敬，端茶递水都很符合宫廷礼节。赵构一时兴起，随口说，朕看你的样子，不像一个普通的和尚啊。那个和尚马上跪在地上磕头哭泣，说，臣本是一个郡太守，只因为得罪了人，被诬陷弹劾才贬为百姓。实在活不下去，才来跟随娘家舅舅出家当和尚混口饭吃。赵构听后心中不忍，说，好，等朕帮你说说吧。回到皇宫，赵构就找人和宋孝宗说了说。几天之后太上皇又到灵隐寺玩，结果还看到那个和尚。赵构很奇怪，就问你怎么还在啊？那个人说，没听到什么消息啊。赵构就很生气。

回到宫里赵构一整天都在想这件事情。这本是一件小事，赵构对那个和尚也不是很熟，但是事情虽小，却可以看出宋孝宗这个养子有点不把自己放在眼里了。这还了得。

第二天宫里举行宴会，宋孝宗恭请太上皇和皇太后一起到花园，可就算歌舞再怎么好看，点心再怎么好吃，赵构这个太上皇就是不笑。大家都发现气氛有些不对，宋孝宗就请示，不知道是不是有什么地方自己做得不对。赵构不说话，继续生闷气。皇太后看不过意，说，皇儿好心好意招待我们老夫妻，你怎么瞎生气呢？赵构就说，朕老了，说话也没人听啦。宋孝宗一听吓了一跳，急忙下跪，请太后继续询问赵构到底为什么这么说。赵构这才说，朕前天已经和你说过那个和尚的事情，可你却没有帮朕办，让朕没脸见人了。宋孝宗连忙说，儿子昨天得到消息，立刻就交代了宰相。可是宰相说那个官员贪污受贿证据确凿，能够逃脱一死已经是幸运，不能够再任用了。看看太上皇还是沉着脸，宋孝宗忙转口风说，不过，这都是小事，明天儿子一定办好，今天还是高兴点，喝一杯吧。看到宋孝宗当着众人的面答应了，态度也还算谦恭，太上皇赵构才有了笑意。

第二天，宋孝宗叫来宰相，宰相还是不改口。宋孝宗无奈，只能搬出太上皇，告诉宰相自己的难处。宋孝宗说，昨天太上皇大怒，连朕都几乎无地自容，纵然那个人是大逆不道，你也要放他一马，让他官复原职！宰相看看皇帝意见这么坚决，只能照办了。几天之后，赵构特意再去灵隐寺，看看那个和尚还在，不过已经穿了官服，看到他连忙磕头谢恩，说自己已经得到了圣旨，不日就可以上任。现在是专程等候，感谢太上皇。赵构很满意的回去了。

## 退让要有底线

赵构为什么对一个陌生和尚的任免这么上心，甚至闹到和宋孝宗翻脸的地步呢？一方面来讲，是要考验宋孝宗的孝心；另一方面，也是更重要的一方面，赵构虽然退位，但是对权力依然恋恋不舍，这个和尚的任免其实就是赵构借机敲打敲打宋孝宗和宰相们，别把太上皇当摆设。

赵构不但对朝廷官员的任免经常指手画脚，对宋孝宗亲政之后的一些国策也经常干涉。赵构为帝的时候，对金国基本上走的是求和的投降路线。宋孝宗继位之后积极任用主战派大臣，意图北伐，恢复中原。宋孝宗经常在伺候太上皇赵构的时候说起光复中原的意义，赵构基本上都是沉默。到后来看到宋孝宗实在不知进退，赵构就明确告诉宋孝宗："大哥俟老者百岁后，尔却议之。"你小子等我老人家死了之后再想什么北伐吧！搞得宋孝宗心惊肉跳，从此之后在赵构面前再也不敢提恢复中原的事情。

南宋究竟该不该北伐？又有没有能力北伐？这些都是个复杂的问题，一句话很难说清楚。不过，退休之后的赵构为什么严厉反对北伐，原因却不难猜。赵构既然制定了和谈的国策，一旦更改，不就证明了宋高宗时代的错误吗？一旦北伐获得了大胜，那宋高宗更是会被后人骂成投降皇帝、懦弱皇帝，而留在历史的耻辱柱上。加上依附宋高宗赵构、太上皇赵构的政治势力都是一些支持和谈的官员，一旦宋孝宗北伐国策得以推行，赵构的那些亲信官员势必一个个被罢黜，看宋孝宗恢复岳飞的冤案，就可以知道了。赵构虽然退休，但依然是皇帝之上的太上皇，可不能容忍宋孝宗无视自己。

宋孝宗这个儿皇帝的日子不好过，赵构这个太上皇也实在难伺候。不过，还好养母吴太后比较贤德，经常在两人之间斡旋调和。有一天是赵构的诞辰，宋孝宗前往祝寿，陪赵构喝酒喝得有点高了，宋孝宗随口就说要送二十万缗给老爹祝寿。其实，宋孝宗不过是酒后随口一说，说完也就忘了。可是做儿子的忘了，做老爹的却念念不忘。过了一段时间，赵构就问吴太后，宋孝宗到底有没有把祝寿的礼钱兑现呢？吴太后说:“在此久矣，偶醉时奏，不知是银是钱，未敢遽进。”宋孝宗真的给了吴太后钱吗？没有。可是在吴太后口中，宋孝宗非常孝顺，早就准备好了这笔钱，可是因为不知道太上皇赵构是喜欢用铜钱，还是喜欢折算成银子，才没有立刻献上来。于是，拖延好久倒成了孝心一片了。赵构就说，随便，铜钱就好吧。于是吴太后就拿出自己的私房钱二十万缗。宋孝宗后来听说吴太后这样帮自己，感动得不得了，偷偷送给吴太后四十万缗。要知道南宋一年交给金国的岁币也不过三十来万两，宋孝宗出手可谓大方。不过送钱给吴太后，可以让自己的苦日子好受一点，儿皇帝宋孝宗还是很愿意的。

# 官自大者必自危

宋真宗，赵恒，宋太宗子，宋朝第三代君主，签订澶渊之盟，以金钱换和平，又大搞封禅、祭祀，致使国力疲弊。

越是身处高位，越要小心谨慎。一旦放纵自己，就很可能掉入自大狂妄的泥沼而不能自拔。

封禅泰山，是历代王朝的大事。几千年来，正式上泰山封禅的帝王不过六位：秦始皇、汉武帝、汉光武帝、唐高宗、唐玄宗、宋真宗。可以这样说，封禅泰山是无数帝王的梦想，可是这个梦想的门槛很高。封禅泰山一般要满足三个条件。其一，建立大一统王朝。其二，在位期间政绩卓著，国富民强。其三，必须天降祥瑞。上面列举的六位帝王基本上都符合这三个条件。当然，有的人条件硬一些，比如秦始皇、汉武帝、光武帝、唐玄宗。有的人条件就未免软一些，比如唐高宗、宋真宗。

## 谦卑中的伟大

不过很奇怪，在历史上有一位帝王，按照道理是非常有资格封禅泰山的，却没有出现在上面的名单中。此人就是唐太宗。

其实，唐太宗是很想去泰山封禅的。唐太宗在位期间，曾经有三次大规模的讨论是否应该封禅泰山。

第一次在贞观五年，大臣们认为唐太宗执政以来，天下统一，四境的少数民族纷纷归顺，应该上泰山封禅。唐太宗也认为自己执政以来，文治武功，行仁爱之道，有崇信之心，应该展礼名山，以谢天地。不过，朝中出现的一些反对声音，让唐太宗认识到等到国家更稳定一些，百姓更富足一些，再进行封禅，才更合天意，于是放弃。

第二次是在贞观十五年。经过了十年的发展，太宗的业绩举国赞颂，即便是偏远的胡人也尊唐太宗为“天可汗”，大唐王朝的神威超过以往任何王朝。此时大臣中有人提议封禅，太宗和朝臣一致认可。可是在太宗封禅的队伍一行到达洛阳的时候发生了一件事情，让太宗立刻中止了封禅：一颗彗星划过天际。

第三次是在贞观二十一年，此时已经到了太宗晚年，太宗身体日渐不适，也更加渴望能够实现自己一生的夙愿，去泰山进行封禅。这一次封禅，是由朝中元老长孙无忌带头，联合众多朝廷官员上书。很明显，这次行动得到了太宗默许。果然，朝廷下达旨令，将在贞观二十二年的正月进行封禅大典。可是，这一次封禅最终还是流产。在这一年，大唐王朝发动了对高丽的战争，国力消耗巨大，河北又出现前所未有的灾情。于是，太宗在二十一年的八月，下诏停止对封禅讨论。

应该说，唐太宗三次想封禅泰山，却又三次停止封禅，正是出于唐太宗对于国家社稷的尊崇。在唐太宗的心中，个人的荣耀远远没有大唐王朝的永久太平来的重要，于是，太宗一而再，再而三地放弃了封禅。

唐太宗的放弃，正见唐太宗的伟人。

## 自大背后的自卑

宋真宗功业远不如唐太宗，却苦心经营，亲手导演了一场轰轰烈烈的封禅大片。可惜，导演是九流导演，片子更是破绽百出的烂片。

调唆宋真宗封禅泰山的官员叫做王钦若。此人颇有才学，在地方为政，政绩颇为突出，于是被调到了朝廷。可随着权力的加大，他做人的标准反而下滑，为了晋升，整天绞尽脑汁费尽心机。

要想升官，就必须获得宋真宗的信任，那么如何获得宋真宗的信任呢？狡猾的王钦若放眼朝堂，寻找契机。王钦若发现，朝廷之中，上至皇帝，下至不入流的侍从，都对一个人毕恭毕敬，此人就是寇准。

在前几年，契丹入侵，是寇准力排众议力谏宋真宗亲征，然后在大战获胜的情况下和辽国签订澶渊之盟，宋朝送给辽国岁币，辽国对宋朝称弟，从此之后，两国一直没有发生大规模战争。

澶渊之盟以金钱换和平，在当时使寇准受到了全国上下的一致赞许。朝中上下都认为，是寇准保全了大宋江山。宋真宗也对寇准倍加恩宠。

可是，随着时间的过去，昔日的忠臣变成眼前的权臣，昔日的恩宠变成了现在的厌恶。王钦若发现，宋真宗渐渐忘记了当年战争的恐惧，越来越无法忍受凡事都喜欢说三道四的寇准。既然皇帝心底深处已经不满寇准，王钦若就趁机出手，抹黑寇准。王钦若认为，寇准订立的澶渊之盟乃是丧权辱国的城下之盟，寇准乃是出卖大宋的卖国贼。听到王钦若的禀奏，宋真宗果然大怒，不久，就将陷自己于昏君地步的寇准罢相。

此时，王钦若抛出了自己精心设计的方案，告诉宋真宗，要想在天下人面前，恢复帝王的尊严，只有一个方法切实可行，那就是封禅泰山，以威震四海，夸示夷狄。

宋真宗有些担心，寇准此时虽然已经离开中央，可是另一位重臣王旦还在。王钦若表示都包在自己身上。王钦若去找王旦，表示是宋真宗自己希望封禅，王旦也想不答应，可是看看自己的前任、强硬派寇准都被贬出京，此时自己又怎么敢公然反对？

于是，皇帝和大臣达成协议，共同导演了封禅泰山的大戏。

## 自欺欺人的危局

封禅大典的讨论表面上源自兖州父老的联名上书，其实，早在数年前就已经开始运作。

《宋史·真宗本纪》记载:“大中祥符元年春正月乙丑，有黄帛曳左承天门南鸱尾上，守门卒涂荣告，有司以闻。上召群臣拜迎于朝元殿启封，号称天书。丁卯，紫云见，如龙凤覆宫殿。戊辰，大赦，改元。”

正月的一天，在承天门南边的屋角上，竟然挂着一匹黄色的丝帛。守门的小兵看到了很奇怪，承天门是皇家禁地，等闲人根本无法靠近，现在竟然多了一匹丝帛，丝帛上还有歪歪扭扭的许多蝌蚪文。小兵赶紧上报，上官立刻明白了事情的重要性，再向上级回报。

宋真宗听说后马上召集百官，到朝元殿正式打开黄帛，郑重宣告天下。于是，整个皇宫，整个京城，整个天下都开始流传：天书降世了!

为了纪念这难得的时刻，宋真宗改换年号，从这一年开始，叫做大中祥符元年。

很明显，天书降世就是拉开了宋真宗封禅泰山烂片的序幕。

高潮很快到来了。

天书降世之后，祥瑞连现。有一天，天上出现紫色的云彩，犹如龙凤一般，出现在皇宫的天空。各地也纷纷呈报祥瑞出现。兖州的父老吕良等1278人上书朝廷，请求真宗封禅。宋真宗自然开心，这是天下百姓对自己统治的肯定啊。可是宋真宗依然强掩欢欣，下旨:“此大事，不可轻议。”后来，兖州知州邵晔率领属官和一些进士，上表请求封禅，最后是宰相王旦上表请求封禅，然后是全天下的官员、少数民族首领、僧道代表、高龄老人代表，一共有24070人，一起到东上阁，下跪请愿，希望真宗允许封禅泰山。

封禅大典是项浩大的工程，总导演就是宋真宗自己，执行导演则是宰相王旦，然后是各部门领导。有人负责征召少数民族的选拔，有人负责和尚道士的选票，有人负责找老年人代表，然后约齐，一起在东上阁，来个盛世联欢。

可是，面对天下臣民如此强烈的渴望，宋真宗依然下令，不批准封禅。

圣旨一下，许多百姓着急了，自己放下工作，辛辛苦苦来东上阁排练，没想到打了水漂。可是宰相王旦不着急，对于他来说，早就看惯了这种欲擒故纵欲说还休的把戏。

于是王旦再三再四地发动官员上表，最后，宋真宗让步了，决定在大中祥符元年的十月份，到泰山进行封禅。

在封禅泰山之后，宋真宗还到汾阴祭祀，还大搞天书运动，在各地修建道观。后来，又倾尽国力耗费巨资修建景灵宫来祭祀轩辕黄帝。景灵宫有一千三百多间宫殿，占地广阔，器物奢华，其华丽程度甚至超过清朝的圆明园。宋真宗常年忙于祭祀，无心国事，以至于国力消耗，内忧外患日渐加剧。后世学者多批评真宗为昏庸之主，也未尝没有道理。宋真宗去世不久，一场天火，将景灵宫烧为平地，一如宋真宗半生追求的所谓盛世虚名。

# 欲望围城

王永年，宋朝宗室。

钱钟书先生《围城》中有句描述婚姻的名句，婚姻仿佛一座城堡，外面的人想进去，里面的人想出来。不过，人们对婚姻为何会如此纠结呢？归根到底，还是不断扩张的欲望使然。

## 甘心入围城

王永年曾经觉得自己很风光。

王永年祖先也曾经当官，可传到王永年手上，已经只剩下个虚名，日子清苦难熬。听人说郡王府还有一位县主待字闺中，王永年辗转托人保媒，居然成为县主的夫婿。做了县马爷了，昔日的穷朋友都来吹捧，都称呼王永年为驸马爷，王永年心花怒放。是啊，有轩昂华丽的大宅，有名贵丝绸编织的服饰，出有车，食有肉，夫复何求。王永年很是开心了几年。

几年后，王永年觉得整天就是吃了睡，睡了吃，就算是绫罗绸缎、山珍海味也实在无聊，向县主提出要做官。县主也觉得自己男人整天窝在家里不像话，就求父亲赵叔皮王爷出面，谋得到了一个汝州监税的官职。王永年高高兴兴上路了。

王永年在汝州监税的几年，日子过得很滋润。在京城驸马府，有钱花却没地位。虽然说王永年是驸马，可郡主才是一家之主，什么时候召见都要看县主心情，就连县主的随身丫头，都可以对王永年横眉瞪眼。王永年觉得心灵很受伤。现在离开京城，来到了汝州，一切都不一样了。在汝州，就算是一把手知州大人，对王永年也毕恭毕敬，若是县主入宫和皇太后说几句悄悄话，那可不得了，一句话可上天堂，一句话可入地狱。

在汝州，王永年和汝州通判窦卞关系莫逆。王永年借监税之名巧取豪夺，侵吞了不少钱财，有人举报到窦卞那里，窦大人把这些负面消息一律封锁。窦卞有点小才，断案的本事还是不错，可做官和做人不同，越是清廉越是正经越是寸步难行。要想升官，还必须上面有人。窦卞看中王永年的背景，王永年看中窦卞的权力，两人一拍即合，合作无间。

不久，王永年赚够了钱，回到京城。在基层转了一圈，有了工作经验了，自然要提拔重用。王永年将搜刮的钱财分别打点出去，谋得了皇家图书馆金耀门分馆长职务。金耀门中存放了大量的皇家秘藏书画，件件都是价值连城的宝贝。分馆长的薪水不高，可灰色收入不少。

有许多喜欢字画的朝廷公卿经常出入金耀门图书馆，什么书可以借，什么书不可以借，借看多久，一切都是王永年说了算。王永年官品不高，可县马爷的身份摆在那里，谁也不敢不恭敬。在诸多出入金耀门图书馆的高官中，王永年和杨绘的关系最好。杨绘担任翰林学士，宋代的翰林学士乃是正三品的高官，因为经常随侍皇帝，出入皇宫，掌握机密，权力极大。许多宰相都是从翰林学士转任的。王永年多次巴结杨绘，希望杨绘帮忙，换个吏大的官职。杨绘这个人可不是一点酒肉饭菜就有可以轻易打发的，任凭王永年如何殷勤讨好，就是不开头、不点头。

王永年无奈了。

这时候老朋友窦卞也来到了京城，升任开封府推官，继续在司法系统当官。听说老朋友来了，王永年招呼窦卞到家中吃饭，窦卞提出想拜见下县主，王永年酒有点喝高了，一口就答应了。派人去请县主出来，可很久县主都不出来。王永年命人再催，可谁也不敢去。王永年大怒，说就算是县主，也不能如此藐视自己的丈夫，夫为妻纲没有听过吗？还是窦卞看王永年喝醉了，连忙说县主身份尊贵，事务繁忙，肯定是没空接见自己。看王永年摔杯子，砸碗碟，闹得不像样子，窦卞怕惹祸上身，悄悄溜走了。

酒醒之后，县主的乳母把王永年叫去，让王永年在庭院当中下跪，一直训斥了两三个小时。按照大宋的规定，县主是君，驸马是臣。只有县主传召驸马，驸马根本没有资格使唤县主。三纲五常那一套，对县主无效。就算是告到开封府，告到宗正司，也没有人敢支持王永年。

王永年很憋屈，这大宋的驸马真不是人当的。

## 代价何其多

几天之后，窦卞邀请王永年喝酒，为自己的冒失向王永年道歉。窦卞选在京城最高档的酒楼，邀请最负盛名的官妓陪酒。驸马府中有许多年轻貌美的女子，可王永年从来不敢多看一眼。在汝州为官数年，在生活作风上王永年也还算正派。作为驸马是严禁出入各种色情场所的，此时软玉温香，美女在抱，王永年大感痛快，人不风流枉为人嘛！

之后，王永年经常出入各种色情场所，杨绘也被王永年和窦卞一起拉下水。这种场所消费水平都很高，那些稍有名气的官妓出场费都是十数两银子，每晚消费高达上百两。渐渐的，王永年的储蓄就花光了。古人说的好，由俭入奢易，由奢入俭难。王永年过惯了纸醉金迷的生活，怎么能够再过之前那种平淡的日子。王永年把目光就瞄准了自己掌管的那些书画，乘人不备，王永年偷偷拿出一些卖给一些朝廷官员。有的官员不敢要，皇宫收藏品那都是有官府印鉴、编号的，可也有一些胆大包天的买了下来。确实，图书馆收藏书画上千上万件，皇帝一年也难得调看几件藏品。何况，就算是碰巧皇帝调看藏品，也可以说被老鼠书虫咬坏了嘛。

王永年挑了一些上好的书画送给杨绘，杨绘很兴奋，收下了，答应有机会一定帮忙。不过，杨绘随口说的一句话，让王永年很灰心。杨绘说，永年兄，大宋官制有规定，皇族贵戚一律不能担任州府实职，更不可能入朝为官，最多不过是各州监税，掌管书画，充任外交使者，那都是一些貌似清贵，却没有实权的职务。

王永年有钱了，有地位了，有关系了，一切都有了，忽然发现县马的身份反倒成了他升官发财的最大障碍。

王永年很恼火。回到驸马府，王永年第一次不经过通报大大咧咧地去找县主。王永年想了一个理由，与县主成婚四五年，县主一直不孕。按照七出之律，三年不孕，可以休妻。可当王永年把这个要求告诉县主的时候，县主脸色铁青，县主乳母则大声斥责王永年荒悖无礼，大宋律条向来只有县主休夫，不可能由县马休妻。反倒是县主说，如果王永年担心后嗣问题，可以纳妾，自己绝不过问。

王永年没招了。在以往，县主若允许纳妾，王永年必定欢天喜地。可今天听到，王永年却更加气愤。凭什么要把他强行留在县主府？既然好说不行，王永年决定破罐子破摔，给县主一个烂摊子，看他们怎么收拾。

王永年通过杨绘接了一个差事，到江南地区押运一批钱粮到京城。到了京城之后，王永年故意克扣一千三百来两银子（约人民币四十万）。不久，负责大宋财政的三司使衙门派出官员到驸马府索要欠款。王永年宣称自己没钱，县马府的钱那都在县主手上。要找欠款，找县主要去。

县主气得半死，手下侍女多次汇报丈夫经常在外面花天酒地，自己都忍耐不说，现在竟然让人闹到府上来了，实在是不像话。县主派人传话，谁欠的钱谁还去，自己绝对不出一文钱。

王永年也豁出去了。晚上，王永年邀请翰林学士杨绘、开封府推官窦卞到府上吃饭。开筵之前，王永年找到县主，此次杨绘、窦卞等前来，是帮助自己解决欠款问题，希望县主赏脸出来接见下。县主看王永年还算客气，自己也想快点解决欠款的问题，不然三司衙门的官差整天上门，传到皇宫，让其他皇族姐妹笑话。

三人喝了许久，王永年脸红脖子粗，嚷嚷县主怎么还不出来。随从催促了好几次，县主姗姗来迟。隔着帘子县主对杨绘、窦卞施礼，两人连忙下拜。王永年可以不顾及，他两人可不敢。杨绘连连使眼色，让王永年对县主说话尊敬一点。他哪里知道，王永年今天是打定主意要和县主翻脸，让县主在外人面前下不来台。

王永年说，县主，杨大人乃是翰林学士，经常出入宫廷，正牌的公主也见过许多。何况杨大人和窦大人乃是我的至交好友，县主不如和我们一起喝一杯如何？杨绘、窦卞不知就里，连说："得县主赐酒，乃是我等莫大荣幸。"县主看王永年说到这个份上，也不好驳了杨绘的面子，于是走出帘子，来到酒席前。

杨绘先自己倒满，然后倒满另一杯，双手奉给县主。县主伸手接过欲饮，王永年却从一旁一抬胳膊，撞到县主，县主手一抖，酒杯掉落，美酒洒了县主一身。侍女连忙向前擦拭，却被王永年喝退。王永年说："县主，就算您是千金之躯，可杨大人那也是三品高官，杨大人敬酒，您怎能故意倒掉？对我这个夫君不尊重也就罢了，怎么能够对杨大人如此失礼呢？"县主羞愧难当，杨绘不想多事，可被王永年一说，心中也有些不平，也就不说话，盯着县主，看县主如何行事。

县主无奈，看桌上有放着盛满美酒的觥（古代盛酒酒器），就准备拿长勺倒酒入杯。可王永年却抢夺多过长勺，扔到地上，说："县主，长勺已污秽难用，不如掬酒而饮吧。"窦卞一听，连忙劝说不必如此，可看看王永年一脸笃定，看杨绘也没有退让的意思，也就不好多说。县主恨恨地盯着王永年，用双手捧起一捧美酒，略喝了半口，转身就走人了。县主走入垂帘，隐约传来哭泣之声。

剩下王永年三人，三人都不说话，气氛沉闷。最后还是窦卞叹了口气，说："县马何必如此？"王永年不说话。

## 得之易时失之易

县主第二天天亮就找父亲赵叔皮，一番哭诉之后，赵王爷大怒，从来没有哪个县马敢对县主如此，莫说是县主，就是寻常人家的妻子，也绝不能受夫君这样的羞辱。那杨绘和窦卞二人也绝非什么正人君子。赵王爷早就知道女婿拖欠公款的事情，既然王永年如此不要脸，那自己也就不必手软了。当天，赵王爷就找到宗正司，状告王永年虐待县主，且拖欠朝廷公款不还，请宗正司公正执法，不必留情。王永年看到县主出门，料定必然是到岳父家告状去了，等随从回来报信说，王爷把驸马告上了宗正司，王永年勃然大怒。

以前王永年要靠着赵王爷才能有官做，现在他王永年有了自己的关系网，赵王爷早就可以靠边站了。何况赵叔皮不过是一个郡王，大宋皇族律法森严，赵王爷能够帮到王永年的实在有限。现在赵王爷既然翻脸无情，那也就别怪他王永年心狠手辣了。

可如何才能绝地反击，反败为胜呢？赵叔皮那是大宋王爷，寻常罪名对他根本没用，要想扳倒赵叔皮只有谋逆一条罪名了。王永年思前想后，忽然想起此前不久，和窦卞喝酒聊天的时候，窦卞随口说自己手下的差役在上元夜看到赵叔皮王爷到一个小巷子中，不知道干什么。当时，王永年还笑着说，八成老王爷也出外偷腥去了，引来窦卞一番大笑。此时想来，可以就这件事情发挥一二。堂堂王爷为何夜间前往小巷，必定是有不可告人的目的。那小巷中有什么呢？应当就是逆谋的同党，赵叔皮自以为天命在己，于是勾连叛党，意图叛乱。皇帝对于皇族兄弟，其他任何事情都可以容忍，唯独不能容忍诸位王爷心存异志。只要皇帝下旨调查，那赵叔皮不死也要脱层皮。王永年举报有功，侵吞公款的小案子自然一笔勾销，搞不好皇帝还要让王永年加官晋爵呢。

赵叔皮已经到宗正司报案，一到明天天亮，宗正司就会派人把王永年抓捕入狱，那时候可就一切都晚了。一般的衙门根本不敢受理王爷谋逆的案子，王永年决定当即前往皇宫，找皇帝告御状。王永年快马加鞭，终于在皇宫大门关上之前来到皇宫。掌管皇宫安全工作的宫苑使出来迎接王永年，听到王永年说赵叔皮谋逆，吓了一跳，立刻禀告宋仁宗。宋仁宗听后确实紧张了一番，无论有无，那都应该彻查，有则治罪，没有也是帮赵叔皮洗脱污名。

宋仁宗下诏开封府判官吴几审查赵叔皮谋逆案。

王永年连忙找到窦卞，窦卞是开封府推官，乃是吴几的同事。窦卞很是为难，说自己和吴几虽然是同事，可人家是上司，自己是下属，平常并没有什么来往，贸然求见恐怕人家不会答应。况且王永年把案子搞得太大，此时窦卞只想早点开溜，哪里还敢趟王永年这摊浑水。王永年无奈，偷偷拿了几幅上好的字画去找吴几，吴几笑嘻嘻收下了。可转过天来，王永年听说吴几偷偷到王府去拜见赵叔皮了，赵叔皮也送了不少礼物。这吴几竟然两边索要贿赂，实在不是个东西。

王永年又去找老朋友杨绘，出了这件事情，杨绘多少也有些责任。杨绘见了王永年，一再责备王永年不应该如此冲动，竟然跑到皇帝那里告状，这样下来，谁都没有好日子过了。杨绘答应帮忙，向吴几打个招呼。可没想到几天过去，杨绘派人传话，让王永年另请高明。原来，这吴几竟然是当朝宰相吴充的远方亲戚，吴几正联合几个御史弹劾他杨绘交通宗室，聚饮娼门之罪呢。

王永年傻了。

几天之后，吴几调查取证完毕，正式开庭审案。那赵叔皮乃是大宋王爷，且为人低调，甚受宋仁宗敬重，况且人家本来就没有谋逆，夜间也并非独自出门，乃是和弟弟赵叔兼王爷一起出门，听闻小巷中一户人家有秘藏美酒，于是一起去品酒而已。吴几判定，赵叔皮所言属实；王永年因拖欠公款，县主、王爷不予偿还就心生歹念，诬告赵叔皮王爷谋逆，实属以下犯上，大逆不道；且王永年盗卖皇家书画多件，勾结朝廷高官，意图妨碍司法公正，罪大恶极，依律当处以死罪。

不久，翰林学士杨绘、开封府推官窦卞，因交通宗室，收受贿赂，也都被罢官外放。

在狱中等待被处死的日子里，王永年接到了宗正司下发的休书，赵叔皮王爷和县主都已经签字画押。王永年看着自己用性命换来的休书，一会儿哭一会儿笑，疯了。几天之后，王永年死在了狱中。

# 道德是把刀

包拯世称“包公”、“包青天”，其不畏权贵、执法严明，令人赞颂不已。可是，人无完人，即便是包拯，也有一些事情伤其节操，让人诟病。其中最大的污点，是“蹊田夺牛”之讥与关于担任“三司使”的是是非非。

## 道德大刀所向无敌

三司使是北宋初期国家最高财政长官，人称“计相”，是仅次于参知政事（副宰相）的重要官职。设立之初是为了分宰相之权，而之后却可以干涉各部事务、地方事务，连监察部门也受其审查，几乎垄断了宋朝的经济命脉。当然，权力如此庞大的一个职务，必定会有很多人争抢，自然也很容易遭人非议。

在包拯担任谏议大夫、御史中丞的时候，曾经把三位三司使赶下台。

一个是张尧佐。张尧佐是仁宗朝张贵妃的伯父，仁宗皇帝禁不住张贵妃的枕头风，任命张尧佐为三司使。包拯在朝中力谏，认为张尧佐这样的人，连州县一级的官职都不配做，更何况是三司使这样重要的官职。包拯说话的时候越走越靠前，唾沫星子都喷到皇帝脸上了，搞的皇帝很不高兴。

第二位是张方平。有一个商人因经营不善，欠下官府很多欠款，张方平就命令他卖掉店铺偿还欠款，另一方面却又用极低的价格收购此人的店铺，利用职权，假公济私。包拯知道了，就上书皇帝，使皇帝罢免了张方平。

第三位是宋祁。包拯用什么理由参到了宋祁？原来此人是标准的文人无行，生活奢靡，沉湎女色，每顿饭不少于三十六个菜，家里已经有了三十二个侍女了，还整天拈花惹草。包拯把宋祁的这些事情曝光，皇帝也罢免了宋祁。

包拯弹劾三位官员，看起来确实是不畏权贵、执法严明，可细细品味，并不是那回事。其中有合乎法律的，也有一些是强词夺理的。

先看张尧佐。历史上的张尧佐，一方面是张贵妃的亲戚，另一方面也是朝廷的一位少见的能臣。在张尧佐担任推官的时候，县里有一位道士和商人饮酒，结果商人暴毙，道士逃走却中途被巡逻官兵擒拿。当地官员草草审案，牵连入狱的一共有上百人，成为轰动一时的巨案。上级让张尧佐重审案件，他很快发现疑点，查明冤情，让很多人得到解救。在之后担任犀浦县令的时候，当地地少人多，很多乡民因为田地疆界纠纷吵闹不息，甚至发生大规模的械斗。张尧佐在进行详细调查后，重新界定全县田亩的疆界，设立乡规，教化百姓，从此诉讼大为减少。相比古代大多数空有德行，却没有治民之才的官员，张尧佐关心民生，体察民情，非常难得。那为什么还会被参？主要原因就是因为他是张贵妃的伯父。身为外戚，一方面让人艳羡，另一方面却会遭到所谓清流的抨击。一些官员历来厌恶外戚，深恐导致外戚乱政。即便张尧佐确实有些才华，也绝不能担任左右朝廷的重要职务。

再看张方平，苏轼曾经评价张安平，有三国孔融之德行，有诸葛孔明之才华，对张方平的为人和军事政治才能是非常欣赏的。在包拯提到的事情中，张方平确实难辞其咎，身为三司使长官，不能以身作则，却以权谋私。不过单凭这件事情，就罢张方平的官，是不是太冤枉了？

而宋祁就更是如此。从法律看，宋祁没有触犯刑律，说到底不过就是道德作风问题。在唐宋，确实有士大夫不得狎妓的规定，可宋祁是在自己家里养了很多侍妾，而且喜欢良家妇女也并非是抢夺，而是依法纳聘，娶为小妾，再多与律法何干？

那包拯凭什么把这三位高官拉下马来？

包拯本人在朝中有极高的威望，他的一言一行足以影响朝局。

一是因为其身正无私，进言从不回避，皇帝也对他敬畏三分。那次被喷唾沫之后，仁宗皇帝就斥责张贵妃：你啊你，就知道跟我要三司使的官职，你就不知道包拯在朝中担任御史吗？由此可见包拯在朝中的影响力。

二是包拯两袖清风，廉洁自律。在青年时期包拯就因为孝顺母亲而名闻天下，而在走上仕途之后，又铁面无私，从不收受贿赂。包拯曾任端州知州，端州曾有一个旧习，就是官员们往往征收几倍的端砚，作为自己送给朝中权贵的礼物。而包拯到任，废除旧习，不多收一块端砚，离任之时百姓悄悄藏了一块放在包拯船上，包拯看到之后，随即扔到河中。现在的端州，还有处名胜，叫做“墨砚沙”，就是为了纪念这位两袖清风的包公。

三是包拯毫无私心，时刻以社稷为重。包拯曾经多次向仁宗提到为了朝廷要早些设立太子。仁宗反问他，你想让谁立为太子呢？一般提出立太子的人，都和不同的利益集团有关联，包拯当然听出了皇帝的意思。于是包拯说，我担任御史中丞，提出设立太子是我的职责，我完全是为了国家社稷着想。何况我快七十岁了，又没有儿子，并不是那种谋求好处的人啊。仁宗皇帝一听大喜，对包拯更加信任。

再者，宋朝以儒立国，儒家讲究个人品行，身正然后齐家，齐家然后平天下。一个汲汲求名之徒，一个掉在钱眼里的小人，一个贪图美色的登徒浪子，这样三种人又怎么能管理好一个国家的财政呢？从道德观念来评判一个人，是中国历来的传统。因此中国历代有无数忠臣孝子、节妇烈妇，唯独很少能臣。随便翻翻二十四史，所谓的好官，大都是一些仁德君子，治理地方最大的贡献就是清静无为。不去扰民，百姓就感恩戴德了。偶尔能够修建学官，就算是了不起了。至于修路建渠，或者为民众广开财源，办些实事，几千年来寥寥可数。

在中国，道德问题虽不是法律问题，可道德往往高于法律。以道德来判定一个人的成败，正是千百年的传统。可悲可叹的传统啊！

## 以彼之道还施彼身

那么，回到正题，包拯为人为官既然如此严谨，受到百姓和朝廷的一致好评，那还会有什么污点呢？

就是因为担任三司使。

在连续参倒了张尧佐、张方平、宋祁之后，包拯以枢密院直学士的身份代理三司使一职。不知道宋仁宗出于何意，发布这样一个任命。总之，任命一出，朝中哗然，其中反对声音最大的是宋朝文坛的领袖人物——欧阳修。

欧阳修三十岁出头就曾经参与“庆历新政”而成为朝中新锐，虽然之后被贬，却因其为政为文的出色表现而获得士大夫和天下文人的共同尊敬，“醉翁之意不在酒”更是千古流传的名句。此时的欧阳修担任翰林学士，跟随皇帝左右，负责起草诏令，风头正健，前途远大。本来，六十多岁的老包拯当然不应该畏惧四十来岁的欧阳修，有道是“壁立千仞，无欲则刚”，俗话又说“平生不做亏心事，半夜不怕鬼敲门”。可老包拯却因为欧阳修的几句议论，而闭门不出，不敢去担任三司使一职。为什么？

欧阳修如此评价包拯：“拯所谓牵牛蹊田而夺之牛，罚已重矣，又贪其富，不亦甚乎？”前半句说，牵牛的人牵着牛踩了人家的田，却被人家把牛也抢走了。牛踩了田，确实有罪过，可是你把牛都抢走，这个罪过实际更大啊。

看得出欧阳修对几位三司使被罢免，是心有不满，以为量刑过重。后半句说，不但如此，你包拯还贪恋这个三司使的富贵，这不是太过分了吗？

欧阳修的一番言论，确实有杀伤力。为什么呢？因为欧阳修的立论基础和包拯一样，是建立在中国儒家的道德仁义之上。一是，儒家讲究修身，但更注重恕道。即便是几位官员在修身品行上有过错，可是罢官却有违恕道。己欲立而立人，己欲达而达人，包拯却毫不宽容，对他人的错误一棍子打死。更重要的是，在罢免了前几位三司使之后，自己却接任此职，于是便有了私心。任谁看包拯此举，都会认为包拯是为了自己担任三司使而抨击前任官员的。于是一向公正严明的包拯，跳进黄河也洗不清自己了。

可是，一向以刚毅著称的包拯是不会屈服舆论的，不久就正式出任三司使。所谓“积毁销骨，众口铄金”的道德舆论，有时候是一把杀人刀子，杀人不见血。可有时候却只是一只纸老虎，被小拇指一捅就破。在任命之初，大家还有些议论，可过了几天的新鲜劲，人们就关注新的热闹去了。加上包拯自己到任之后废除掉三司使的一些弊政，为官继续秉持公平公正的风格，人们的议论也就渐渐小了。

不过，这件事情对包拯还是留下了很大的阴影，甚至对从政也失去了信心。他担任三司使没几天，皇帝就重新任命他为枢密副使，估计仁宗皇帝也是考虑到老包拯的难处吧。可是包拯一再推辞，拒绝出仕。几天之后仁宗再次改任包拯为礼部侍郎，可包拯以身体老迈为由依旧不接受。不久之后，这位一生号称公正的包拯就去世了。

这位一生刚毅，从无私念的包拯，在晚年却因“蹊田夺牛”之讥而晚节不保，实在是一件憾事。

# 第六章 潜规则

- 俗世为官，规则从政
- 礼法本是遮羞布
- 文化只是一个台面
- 选拔标准的门道
- 想说爱你不容易
- 造假的专业化
- 俗事寻来雅处
- 政治婚姻之悲

# 俗世为官，规则从政

张孝祥，号于湖居士，南宋状元，著名词人。曾任京口知州，修建多景楼。

有一些话，属于可以说没法子做。有一些事，属于可以做却不可以说。包拯刚直，海瑞清廉，可为政能力却平平。吴起善战，商鞅大才，可时人却斥为刻薄无情。既然在俗世为官，有时不得不从权。可是度的把握，是门学问。

## 有所得，有所不得

张于湖老爷在京口担任知州多年，为政有方，尤其关注文化，曾经特别拨款重建京口文化名胜多景楼，一时传为佳话。可惜，由于种种原因，比如张老爷的批条下发了，可是下面的款项迟迟不到账；或者各级官员层层克扣，到了包工头手中已经所剩无几，到了民工手上，就更惨不忍睹了。总之，由于种种现实原因，多景楼的完工，比预期要晚了那么一点点。在张于湖的卸任公文下发，而新任知州已经到任的时候，多景楼才修建完成。

多景楼的主管部门犯难了。多景楼落成，需要一块匾额，找谁来题词呢？如果还是在“张于湖时代”，那就根本不是问题，当然是京口一把手知州张大人了。可现在张大人已经卸任，新的知州大人叫王佐，如果人家王大人也要出这个风头怎么办呢？新旧交接的非常时期，搞不好就要得罪领导。

下面的人就层层请示，报告打到了王佐那里。王佐听了，批字：请张知州题词。下面的人接到通告，猜不透什么意思。到底王佐大人是高兴呢，还是生气呢？是希望张于湖题词呢，还是不希望张于湖题词呢？大家聚集在一起，仔细分析，反复推敲知州大人的批条，死掉了无数脑细胞。

最后大家还是猜不透，反正新知州大人有明确指示，我们做下属的照做就是。到了黄道吉日，多景楼人山人海，在万众瞩目之中，原任京口知州张于湖大人欣然登场，“于湖为大书楼扁”（出自《癸辛杂识》，以下同），拿起笔来刷刷刷写下三个斗大的字：“多景楼。”写罢，新任京口知州王佐大人带头鼓掌，然后全体官员鼓掌，全体百姓鼓掌，场面很是热烈。

仪式结束后，新知州王佐命人给张于湖大人送去纹银二百两做润笔。张于湖自然拒绝，自己不过是写几个字，怎么能够收两百两银子呢？办事员表示，王知州已经吩咐了，张大人字字千金，二百两已经是委屈。听到这么说，张于湖很开心，但是收钱实在太俗气。可是不收下面的人也不好交差，“于湖却之，但需红罗百匹”。张于湖大人就提出，不如换上好的红绸一百匹吧。办事员请示王知州，知州大人点点头。很快，一百匹丝绸送到了张于湖大人府上。张大人邀请王佐大人以及全京口的大小官员上百人齐聚一堂，搞了个大型Party。Party上明星云集，歌声娇媚，舞姿动人。“酒酣，于湖赋词，命妓合唱甚欢。”张于湖频频举杯，赋诗纪念，官员美女大合唱。然后，张于湖命人搬出一百匹红绸，说明原因，“遂以红罗百匹犒之”，当众赏赐给在场的演艺人员。

张于湖大人为政如何，我不知道；清廉与否，我也不知道。可是张于湖大人很会当官，这点，我确信。张于湖大人的字究竟值不值两百两（约合6万人民币）？我看不值。从哪里可以看出来？一者，宋朝书法名家没有他这一号；二者，当今有的县长市长在任时，写个条幅五万、十万，卸任了就废纸一张。我也学孔融，“以今证古，可知也”。张于湖是个明白人，人家说你字字千金，你若当真就脑残了。张于湖的高明就在于接到润笔之后，召开宴会，高调消费，把全部所得全部送出去。既拥有了清廉的政声，又博得风雅的美名；既没有拂新知州的面子，又让大小官员尽饱口福。我料想散会之后，所有官员都会传诵，张于湖大人清廉为政，体恤下属，文采风流，堪称一时俊彦啊。

## 有所持，有所弃

而新任知州王佐呢，更是一个人精。此人是宋高宗朝状元，文名满天下，和曾几、杨万里、辛弃疾等人都有诗文唱和。在王佐担任庐陵知州的时候，途中遇上了曾几，曾几赠诗如下：

送王宣子赴庐陵守

秋风送远庐陵守，车骑光华鬓未斑。

早岁名高天下士，同时身到海中山。

淹回二水分流处，邂逅千岩竞秀间。

行矣衰翁如未死，锦衣白昼候君还。

面对王佐（字宣子），曾几的心情很复杂。曾几的年纪比王佐大四十岁，当时已经年近八十，以礼部侍郎的身份半退，在南昌过着亦官亦隐的生活。王佐23岁考中状元，本来是少年得志，可是因为不满秦桧当权，和秦桧叫板，结果长期受到压制。等到秦桧去世，王佐才得以升迁。可以说，王佐是一个有骨气有原则的官员。这一点，让曾几非常欣赏。当年，曾几也不买秦桧的账，结果也被罢免。可以说，两人虽然年岁相差很大，可是在思想上没有代沟。于是，曾几感叹“车骑光华鬓未斑”，你王佐小娃娃头发还没白啊，其实也在感叹王佐虽然才高，却一直在各州府之间平调，仕途坎坷。而“淹回二水分流处，邂逅千岩竞秀间”，虽然说两人本像那二水一样，彼此不同，可是却非常幸运地在这里相遇（不但是现实中的相遇，更是精神上的相知）。于是七十老翁曾几，对王佐这个后生晚辈说，假如过几年我这个老头子还没死掉的话，我愿意穿着华丽的衣服在大白天的，等待你小子回来。曾几反用衣锦夜行的典故，可见对王佐的厚爱。

之前，长沙有茶农叛乱，啸聚山林几千人跟着造反，一时间朝野震动，朝廷几次派人征讨都无功而返。后来有人提议让王佐去啃这块硬骨头。王佐二话不说，带兵前往。可是，山路崎岖，易守难攻，而宋朝的州兵不过是三五百人，怎么办？王佐没有硬攻，更没有滥杀乡民冒功，而是派人四处查探，打探到了乱民的根据地，摸清了他们的行动习惯。这些茶农本来就不是什么流民悍匪，只有在朝廷大举兴兵的时候，才聚集起来。于是，王佐从州兵当中挑选出十个最厉害的高手，组成特攻队，让这些人在大中午顶着毒日头摸上山。果然，山上的茶农大都在家中午休。十个人直接进入山寨，看到乱党首领还抱着孙子坐在院子里玩呢。于是几个人冲上去，兵不血刃平定了这次叛乱。

也就是说，王佐此人，是个很受朝廷正直官员欣赏的好官，是个古代少有的文武兼备、精明果断的能臣。但是，好官要生存，也一样需要手腕，也一样需要适应环境。

回到前面的故事。前任知州要走了，新旧之间一般都要进行一个简单的交接仪式。交接什么呢？主要是财物账册。前任知州请客送礼、工程建设万一有什么亏空，不能够前任的屁股让后任擦。可人家王佐完全不问，不但不问，还煞费苦心地给已经卸任的张于湖大人送上白花花的银子两百两。

当然，王佐办事是很注意分寸的，比如这次的润笔费，“公库送银二百两为润笔”，是从公家掏出两百两银子付给张于湖大人。王佐有骨气，敢于对抗权臣，可是却没必要为了别人掏自己的腰包。中国的许多名臣，比如辛弃疾，一方面慷慨报国，但另一方面却过着奢华的生活。这并不矛盾。像海瑞一样一人对抗天下人，清廉过头反而成为另类。王佐一生有清名，曾经几次平定地方叛乱，办事果断，雷厉风行。可是，大家都是社会人，既然题词需要润笔，那自然要有润笔，规矩不能废。

在俗世中为官，在规则中从政，坚持一些，也放弃一些，或许才更现实。

# 礼法本是遮羞布

韦贤妃，宋徽宗妃子，宋高宗生母，靖康之变时被掳北国，后被救回。

许多事情表面看来光鲜无比，内里却猫腻多多。高在其位者，对不堪往事极尽摭掩涂抹之能事，于是就有了柔福帝姬千里逃归，却被定性为山寨品之事。不揭开层层遮羞布，人们看到的只能是粉饰的光彩。

宋钦宗靖康二年（1127年）三月底，北宋都城汴梁被金人攻破，北宋二帝宋徽宗、宋钦宗，以及后妃、皇子、公主、朝廷公卿几千人被金人掳掠北上。昔日的天潢贵胄、金枝玉叶一夕之间沦落成尘，开始了漫长而痛苦的地狱式生涯。宋徽宗在北行途中诗云："彻夜西风撼破扉，萧条孤馆一灯微。家山回首三千里，目断山南无雁飞。"大雁尚且归期，可宋徽宗等人却就此一去不回，受尽屈辱，终老蛮荒苦寒之地。

在这些苦命人中，最终得以脱离苦海、跳出火坑的只有极少的几人，其中一个便是宋高宗的生母韦太后。

韦太后为什么能够还朝？她还朝时，留在北方受苦的徽宗妃嫔、宋钦宗有何反应？还朝途中有哪些波折？还朝之后韦太后的生活如何？让我们穿越历史的风烟，去感受一个女人大悲大喜、坎坷曲折的传奇人生。

## 往事多不堪

韦太后在金国的生活，一直是一个谜。在《宋史·韦贤妃传》中只简单的一句："从上皇北迁。"正史中的言辞很含糊，不过，就算是宋高宗千方百计为自己的母亲遮掩，我们从金人王成棣的《青宫译语》中也可以看出一二端倪。

王成棣，一名王昌运，其父为金国医官王宗沔。金天会五年（1127年）三月二十八日，王成棣受命作为翻译人员，从汴京出发，跟随金国珍珠大王押送韦太后等人，历时数月，从开封出发，经由燕京（北京）最后抵达上京（今黑龙江哈尔滨）。因为韦太后等人一度监押在上京的青城斋宫，王成棣又是金国翻译官，所以王成棣把一路上的见闻记录定名为《青宫译语》。《青宫译语》所记内容，都是作者亲闻历见之事，因而可信度极高。

当时，金国将领珍珠大王及其弟宝山大王等人率领五千金兵，押解宋高宗（当时为康王）生母韦妃，宋钦宗的妻子朱后、朱慎妃，高宗的妻子邢妃以及多位妃嫔、公主、王子前往上京。出行的时候，为躲避宋军追击，金人命令所有人骑马快行，"诸妇未惯坐骑，纷纷坠马，欲速不前"。这些公主妃嫔，哪里会乘马，走不了几步，就掉下马来。而钦宗之妻朱后、康王赵构之妻邢妃更是因为坠马而流产。流产之后的二妃虽然得以乘车，但是依然不能停留。道路颠簸，让众人受尽苦楚。

出发没几天，这些昔日的妃嫔就受到金兵的调戏、侮辱，"途次，朱妃便旋，国禄逼之，又乘间欲登朱后车，王弟鞭之"。在中途休息的时候，宋钦宗朱慎妃解手，千户国禄趁机上前调戏。之后国禄更乘人不备竟然爬上朱后的马车，想要侵犯钦宗朱皇后，结果被宝山大王鞭打。不过宝山大王这些金国高级将领绝非什么怜香惜玉的君子，只是认为像千户国禄这样的低级军官，不配享用宋国皇帝的女人！后来，另一位金国的高级将领盖天大王，"见国禄与嬛嬛帝姬同马"，即看到千户国禄和宋国公主赵嬛嬛同骑一匹马，很生气，杀掉了国禄，把尸体抛弃在河边，然后自己霸占了赵嬛嬛。第二天，盖天大王又意图奸污宋高宗的妻子邢妃，刑妃以死相逼，才勉强逃过一劫。

一路上，金国的将领经常威逼这些妃嫔公主陪酒陪唱。在众多妃嫔中，宋钦宗的妻子朱皇后才情出众，曾经当众作歌：“昔居天上兮，珠宫玉阙；今居草莽兮，青衫泪湿。屈身辱志兮恨难雪，归泉下兮愁绝。”这些妃嫔公主年纪大的不过四十余，年纪小的，不过十二，昔日享尽富贵，穿的是绫罗，吃的是珍馐，居住在繁华富丽的殿宇，过着万人仰慕的生活，可一旦沦落成囚，受尽了敌人的欺凌侮辱。

史料记载，当时宋朝皇族被掳掠北上的妃嫔公主有三千四百来人，可是到达燕京的时候，仅仅有一千九百来人。而宋钦宗朱皇后在到达燕京的时候，被盖天大王强行留下，“朱后陷于契丹，遣送燕京，番官押行，强令陪饮，以死抗，不为所辱，卒于燕，年仅二十”。后来，金太宗还特意追封朱后为“靖康郡贞节夫人”，称赞她“怀清履洁，得一以贞。众醉独醒，不屈其节”。从此看来，在妃嫔中除了朱后以死抗争，保持自身的清白，诸多妃嫔几乎无一幸免。其实，就连朱后，也有史家认为是不堪屈辱的生活，才投水而死。史载，“妇女分入大家，不顾名节，犹生理，分给谋克以下，十人九娼，名节既丧，身命亦亡”。在那个生死未卜、动辄被杀的时刻，那些年轻貌美、出身高贵的妃嫔公主，只有放弃名节成为金国官员的小妾、奴婢才可能活命。而那些年老色衰的妃嫔或者身份稍微卑贱的王女、宫女，只能够被发配到金国妓院当中，十个九个死于非命。

而在《青宫译语》中明确写到了韦太后在金国的结局：“赐宋妃赵韦氏、郓王妃朱凤英、康王妃邢秉懿、帝姬赵嬛嬛……浣衣院居住者。”宋高宗的母亲韦氏已经年近五十（对韦太后年龄学者多争议，本处以《宋史》为准，而朱妃和刑妃则在途中因为坠马而流产，身体虚弱，于是和其他百多位女子被安排到了浣衣院。浣衣院从字面看，不过是洗衣服的地方，可其实却是金国的官方妓院。《呻吟语》记载说：“妃嫔王妃帝姬宗室妇女均露上体，披羊裘。”以往那些尊贵的皇帝妃嫔公主郡主，等等，在浣衣院中都要光着上身，身上仅一件羊皮衣遮住下体。而来往的也大都是金国一些下级军官，粗野不堪。浣衣院妇女稍有不从，就被毒打甚至被杀害，韦氏等人生活的悲惨可想而知。一直到宋高宗建炎四年（1130年），宋徽宗、宋钦宗被押送到五国城（今黑龙江依兰县），韦氏才从结束了悲惨的奴隶生活，回到宋徽宗身边。日子虽然贫苦，可至少活得有几分尊严。

绍兴十年，金军大举南征，可是遭遇宋军顽强反击，岳飞更是多次击败金军主力，占领了洛阳，前锋到达朱仙镇，距离北宋旧都汴梁不过45里。可就在此时，宋高宗连下诏书，命令岳飞、张俊等将领全线后撤，后来又将主战将领明升暗降，甚至杀死了主战派骨干岳飞。在绍兴十一年（1141年），“绍兴和议”终于签署。

“绍兴和议”是在宋军取得决定性胜利之后，以割地、纳贡、称臣作为代价的屈辱条约。当然，在受到重创之后，金国也认识到南宋王朝的强大，开始真正接受宋方提出的和谈。既然战场上失去的，可以在谈判桌上轻易得到，那又何必浪费钱粮和军士的性命呢？

在和谈签订之后的第二年，即绍兴十二年，金国终于确认放还韦太后，并将宋徽宗、徽宗郑皇后、高宗刑妃的灵柩一并送还。在异国他乡受尽屈辱的韦太后，在经历了十五年地狱式的生活之后，终于跳出炼狱，回到人间。

## 真假帝姬

韦太后回归，是南宋普天同庆、君臣皆欢的大喜事，赵构遍赏群臣，韦太后也对诸位大臣多番褒奖，以示恩宠。可当韦太后看到皇族中一位帝姬（宋徽宗刻意复古，把公主改名号为帝姬）的时候，皱起了眉头。回宫之后韦太后询问儿子，那个女人到底是谁。赵构说，是妹妹柔福帝姬啊。韦太后听后断言，这个柔福帝姬是假冒的，真正的柔福帝姬早在北方就已经死去，要求赵构将这个冒牌公主拿下并处以极刑。

赵构糊涂了，这到底是怎么一回事呢？柔福帝姬从北方回到南宋，一晃已经十多年，朝廷上下都知道她就是徽宗的女儿、自己的妹妹，为什么母后硬是说人家是假冒的呢？赵构看看韦太后，母后的眼睛里闪烁着罕见的凶狠，赵构不敢多问……

事情还要从宋高宗建炎四年（1130年）说起，一位自称是柔福帝姬的女子出现在赵构的面前。

赵构很高兴，自己的父兄徽宗、钦宗皇帝，以及所有兄弟姐妹全部都被金人强行掳到北方，自己一个人独在江南，很是寂寞。如果回来的是一位会威胁的到自己地位的王子，赵构或许还会有几分顾虑，可是对方不过是一位公主。当然，赵构还是有几分怀疑。柔福帝姬是自己妹妹不假，可是徽宗皇帝有三十四位公主，柔福又是排行中间的第二十位公主，高宗对这个异母妹妹几乎没什么特别印象。加上柔福被掳北上时不过十七岁，一晃四年过去，人长大了很多，也变化了很多，实在有些拿不准。

这柔福帝姬是从哪儿冒出来的呢？

建炎四年，南宋的军队在边关剿匪，在土匪的内眷当中发现了一位奇女子。其他的女眷都蜷缩在一角，深怕被官军凌辱，而这位女子却迎上来说自己是皇帝之妹，把士兵们吓了一跳。自然很多人不相信，不过也有老成持重的，万一是真，大家不就是交了“好运”吗？反正就算是假的，也怪罪不到自己。于是大家把这个情况层层上报，一直汇报给宋高宗赵构。

赵构开始没有接见这位女子，万一不是，以后可就尴尬了。高宗派了宦官冯益为首的几个汴梁皇宫的老宫人前去辨认。那位女子二十来岁年纪，虽然衣衫朴素，可浑身上下很干净，美丽容颜中虽然有几分沧桑，举止气度却有一份难以掩饰的高贵，很像是出自名门的闺秀。这几位宫人谁也没有服侍过柔福，只能问一些宫廷旧事。这女子回答得很是得体，符合事实。这女子连高宗的小名都说得出来，除了宫中的人，外人不可能知道。只是有一个疑点，柔福本是小脚，可是这女子确是一双大脚。

冯益等人把调查结果如实汇报给高宗，请高宗自己做最后的决断。

高宗亲自接见这位女子。当问及为何会有一双大脚，这女子潸然泪下，说：“金人驱赶我们就如同牛羊一样，我抓住空隙逃走，从北方回到江南，中间万里关山，怎么能够让一双小脚还保持原来的模样?”高宗听了也流下泪来，遥想自己的父兄在敌国受苦，而自己的这位小妹万里奔亡实在凄惨，于是下令，承认这位女子就是柔福帝姬，并封其为福国长公主。

不久之后，高宗将妹妹柔福下嫁给永州防御使高世荣，并赐予嫁妆一万八千缗。在两宋，一个宰相级别的官职，大概年俸是三百缗，一般公主出嫁，也不过就是五百缗左右的嫁妆，而柔福竟然有一万八千缗，可见赵构对这唯一生还的小妹何等看重。高宗对柔福恩宠有加，总共赏赐超过四十九万缗，连其夫高世荣也享尽荣华。

这样的幸福生活，一直持续了十二年。

韦太后回国之后，听到柔福帝姬一事，不禁诧异，柔福已病死于金国，怎么又一个柔福呢？宋高宗便说了柔福由金逃回的情状。韦太后说:“哥被番人笑说，错买了颜子，柔福死已久。”金人都在笑话你呢！说你错买了假货，真正的柔福早已经死了。看到赵构还几分迟疑，韦太后“持上袂泣”，拉着儿子赵构的衣袖流泪不已。

既然母后认定柔福帝姬是假，那么宋高宗只能也认定柔福帝姬是冒牌货。于是，宋高宗立刻下令，拘捕柔福，自己亲自审理案件。一番严刑拷打后,“真相”终于大白于天下。这个柔福果然是个冒牌公主！

然后，朝廷公布了所谓真相。假冒柔福本是汴京流浪的女子，名叫静善，生得颇为美貌。汴京攻破后，她被乱兵掠往北方。在路上遇到一个名叫张喜儿的宫女。张喜儿曾在王贵妃 (柔福帝姬生母) 宫中侍奉，知道许多宫闱秘事，一一都说给了静善听，还说静善的相貌气质酷似柔福帝姬。静善对这个巧合十分动心，于是留心记忆，刻意模仿公主形态。之后，静善在战乱中经历曲折，曾经三次被人拐卖，最后被土匪掳走，被迫嫁给了一名小土匪。宋官军剿匪之时，抓住了静善，打算以匪眷的名义将她杀死。静善为了活命，称自己就是柔福帝姬。见到静善的言辞和气度，官兵被吓住了，于是将她送到临安。静善成功蒙骗过宋高宗后，得到了十多年的富贵。不料人算不如天算，韦太后回到京师，说破了此事，静善再也无法掩饰，只好老实招认。

宋高宗下令将假公主斩首于东市。最倒霉的是高士荣，先是奉旨娶了柔福帝姬，又因为柔福帝姬是假被削夺了驸马都尉的爵位，还因此被人们嘲笑说："向来都尉，恰如弥勒降生时；此去人间，又到如来吃粥处。"

一时之间朝野纷纷扬扬，都在痛斥妖女奸猾，竟然欺骗了天下人，同时感念韦太后回归，揭露巨奸面目，为皇家挽回尊严。

到此，一场泼天骗局仿佛已经结束。不过在学界却有很多人并不相信这个说法。

当时就有学者认为被杀的柔福帝姬其实就是真正的公主。《四朝闻见录》："或谓太后与柔福俱处北方，恐其讦己之故，文之以伪，上奉母命，则固不得与之辩也。"《随国随笔》："柔福实为公主，韦太后恶其言在虏隐事，故亟命诛之。"

也就是说，柔福帝姬之所以被杀，是因为韦太后和柔福都处在北方，都曾经受尽凌辱，被很多人糟蹋。而韦太后担心柔福会把自己当年的一些丑事曝光，就逼迫高宗赵构杀死柔福。高宗和韦太后是母子，关系自然亲密，而柔福不过是自己的一个同父异母的妹妹，二选一的话自然是选韦太后了。

之前，派去审核柔福的宦官首领冯益曾指证柔福帝姬为真，为此也受牵连，送昭州编管。

那韦太后到底担心柔福说出什么丑事而急于杀死柔福呢？

在前文我们提到由金国翻译官王成棣撰写的押送日记《青宫译语》，提到在押送韦氏、朱后等妃嫔的人员中，有一位千户国禄因为奸污公主并和公主同骑一匹马而被杀，那个公主叫做赵嬛嬛，正是柔福帝姬。而在来到上京，金国皇帝分配名单中，"赐宋妃赵韦氏、郓王妃朱凤英、康王妃邢秉懿、帝姬赵嬛嬛……浣衣院居住者。"两人又共同被分到金国官方妓院生活。

后来曾经占有赵嬛嬛的金国盖天大王将赵嬛嬛赏赐给一个叫徐还的男子，从此结束了人尽可夫的生活。而很可能就是在此时，赵嬛嬛偷偷逃回了江南。

而韦太后呢，在金国是怎么熬过那些苦难的日子?《南渡录》曾经记载盖天大王说:“自今以后，赵构须唤我阿爹。”也就是说，韦太后不但没保持自身的节操，并且很可能迎合盖天大王，得到了宠幸。当时就传言，说韦太后在北方和金国大王生下两个儿子。当然，当韦太后回国之后，这些消息都会被封锁，被隐藏，被消灭，在正史上消失无踪。

而在南宋王朝唯一见证了韦太后丑事的就是这个柔福，韦太后自然不会放过她。

## 两后之秘

回到大宋，见到了亲生儿子赵构，成为一国最尊贵的女人，韦太后开始了十七年的快活时光。

在韦太后还朝之后的十多年，除了惩治假冒柔福帝姬之外，最为重要的事情就是册封高宗赵构的吴德妃为皇后了。

《宋史》中记载,“时皇后未立，太后屡为帝言”，韦太后非常关心皇后的人，多次和高宗提起册封皇后的事情。原来，宋高宗的原配妻子刑妃，也在靖康二年的时候被掳掠北上，最后死在金国。之前韦太后还朝，除了带回宋徽宗的灵柩，还有徽宗郑皇后以及赵构原配刑妃的灵柩。

既然赵构原配王妃已经去世，那谁是皇后的最合适人选呢？在高宗赵构看来，当然是德妃吴氏。

吴氏确实是一位少见的巾帼英雄。史载“宪圣初不以色进”，吴氏的容貌并不出众，可是却勇武超群，在赵构千里逃亡躲避金军追杀的时候，几次三番救驾。赵构曾经乘船在江浙各地辗转逃亡，一次，金军一队骑兵几十人发现了赵构，准备冲上小船。当时赵构身边没有几个护卫，情况危急。吴氏不慌不忙张弓搭箭，一箭过去，冲在最前的金兵应弦而倒，其他金兵一看船中有箭术高手，惊慌失措，匆忙退去。后来高宗想要亲征，吴氏苦谏。看到高宗坚持，吴氏说:“若臣妾裹尺五皂纱，必须一往。”当诸多妃嫔一心以美色温柔笼络固宠时，吴氏却亲身赴险，愿和高宗同生共死。

高宗对吴氏很感激，几年之后加封吴氏为德妃。之后多次想要封吴氏为皇后，可是因为皇后的任命必须经过宫廷大长辈尤其是生母韦太后的认可，而韦太后身在敌国，因此不敢举行仪式。高宗赵构曾经向吴氏表态:“极知汝相同劳苦，反与后进齿，朕甚愧。俟姐姐（韦太后）归，尔其矣。”吴氏年纪比高宗大很多，跟随高宗吃了许多苦，可是其他嫔妃年纪轻轻，也和吴氏同列，赵构于心有愧。于是向吴氏许诺，等到韦太后回归，一定向太后请示，立吴氏为皇后。

吴氏很懂事，面对多年来本就应该属于自己的荣誉，显得很淡定。吴氏说:“大姐姐远在北方，臣妾缺于定省。每遇天日晴美，侍上宴集，才一思之，肚里泪下。臣妾曾梦不到此。”对于因为韦太后不得回归，自己受连累不得封后，吴氏不但没表现出一丁点的不满，反而说韦太后身在北方，自己做儿媳的没有每天请安问候，于心有愧。每当风和日丽的日子，和皇帝在一起宴饮，想起北方受苦的母后，都会悲伤流泪。

听到吴氏如此表态，赵构大喜。吴氏以退为进，让赵构更加欣赏吴氏的贤明宽容，也让赵构坚定了确立吴氏为后的决心。

终于，韦太后回到了大宋，看看迎接的一些琐事已经结束，立后的事情排上了议程。

《宋史》记载:“帝请降手书，太后曰:‘我但知家事，外庭非所当预。’”高宗请求韦太后亲自下诏书，可是太后说自己只能够管理家事，对朝廷的事情不干预。粗看之前“太后屡为帝言”，仿佛韦太后是非常欣赏吴氏，多次主动向赵构要求，立吴氏为后。可细细品味韦太后家事国事的一番话，却又仿佛在推诿，找借口不办立后的事情。这是怎么一回事呢？

《四朝闻见录》中也记载了立后事宜，在相似的文字之外，还有这一段记载：“暨太后既旋銮驭，以向尝与宪圣均为徽宗左右，徽宗以宪圣赐高宗，太后恐其记微时事，故无援立意。”原来，吴氏和韦太后竟然同是宋徽宗的女人，只不过后来宋徽宗把吴氏赏赐给了儿子赵构，而所谓“微事”，八成是韦太后在当初为了争宠、上位做了一些见不得光的事情，甚至可能是伤害到吴氏的事情。于是，韦太后以己度人，自然不想让吴氏当皇后，成为宫廷中强力的对手。

可是，儿子赵构心中早已经认定吴氏，于是当母亲说：“这事在尔。”你自己看着办吧。赵构转身竟然就交代宰相，朕奉皇太后命令，册立德妃吴氏为皇后。事后，韦太后难免有些不痛快，不过儿子既然坚持，韦太后也只能作罢。

吴氏成为皇后之后，对韦太后也刻意讨好。夫妻两个经常请安问候，渐渐地，韦太后也气消了。毕竟日子还是要过的，和媳妇撕破脸对自己一点好处没有。《宋史》记载：“帝先意承志，惟恐不及，或一食稍减，辄不胜忧惧。”韦太后有时饭量稍微减少，赵构都很担心，吩咐宫人，太后年岁已高，不要把一些烦心事去打扰老人家，让老人家能够安安乐乐，享受晚年。太后宫中无论大事小事，只要太后有需要，可以直接禀报皇帝赵构，赵构立刻办理。赵构对母亲可谓孝矣。

韦太后从少年跟随宋徽宗，靖康年间北宋灭亡被掳北上，在金国受尽凌辱十四年，回到江南享尽荣华十七年，一生可谓历尽沧桑，大起大落，大悲大喜。对于韦太后的年龄，后世学者也多有疑问。在《宋史》中记载绍兴十九年韦太后举办七十大寿，规模宏大。可是之前礼部官员请示奏表中却称太后为六十大寿，搞得宋高宗非常恼火，斥责办事官员糊涂，自己母后的年龄当然自己最清楚。于是，有学者认为，高宗刻意将韦太后的年龄拔高十岁，正是为了辟谣。如果韦太后在绍兴十九年是七十岁，那么在靖康二年被掳掠北上，就已经年近五十，自然不会在金国嫁人生子。

其实，就算是韦太后在金国嫁人生子，也不是什么千夫所指的事情。一个弱女子，一个犹如秋叶般随风飘零的女子，在生命也难以保全的乱世，空谈名节实在可笑。当然，赵构也很为难。两宋之时，礼教大兴，对于妇女的贞洁看得很重。作为一国之母的太后，怎么能够被人凌辱，并为金人生子呢？

历史的是是非非，真相假象，有时候很难定论，有时候又不必定论。

# 文化只是一个台面

许多事情，说了，并不代表同意；做了，并不代表认可。许多时候就连亲眼所见也可能只是一个表象。为政者关注的往往并非一件事情本身，而是这件事情背后的意义。就如宋太宗宣扬文化，不过是看重了文化这个台面。

## 台面是一种姿态

宋太宗是武将出身，文化水平一般，不过却很喜欢看书，我们熟知的“开卷有益”，就源自宋太宗。太宗朝在中国古代文化的编辑整理上做出了许多成就，尤其是三部类书（《太平广记》《太平御览》《文苑英华》）的编订，文事之盛，可谓空前。那宋太宗为什么要花这么大的力气去编修古书呢？

宋太宗曾经说:“朕性喜读书，颇得其趣，开卷有益，岂徒然也。”我天性就喜欢读书，也很能感受到读书的乐趣，只要打开书总会有些好处，看书是绝不会白费力气的。宋太宗的这句名言，让千百年来的读书人感动不已。作为一个政治家，一个帝王，当然不会像一个文人一样喜欢看书，一样单纯地享受文字的乐趣。帝王们的一言一行，更多地代表了他们为政的倾向。其实，宋太宗的内心是否真的喜欢看书，谁又能知道呢？

宋太宗对于文化事业的大力提倡，首先是继承了宋太祖重文抑武的国策，而且将其更加发扬光大。

当初宋太祖陈桥兵变，由后周禁军大将摇身一变，成为大宋开国皇帝。

而宋太宗又何尝不是因为掌控禁军多年，又一直担任开封府尹的重要职务，才能够成功在宋太祖晚年时期得到皇位？虽然在宋太宗继位之后，再没有一个将军能够真正威胁到宋太宗的地位，可是，宋太宗的心理压力很大。他一生都在渴望摆脱兄长的阴影，做出超越兄长的成就，于是，比起兄长来，他更加卖力提倡文事。

## 台面是一条通道

在宋人笔记《挥麈后录》记载:“太平兴国时，诸降王俱死。其旧臣或有怨言，太宗尽收用之，寘之馆阁，使修书，如册府元龟、文苑英华、太平广记之类，广其卷帙，厚其廪禄赡给，以役其心，多卒老于文字之间。”

这段文字是宋太宗狠抓文化工作最好的注脚。宋太宗继位之后，南唐国主、吴越国主或者被毒杀，或者被迫自尽，各路诸侯不得善终，归降的臣子们心中难免有怨言。一些受到新皇宠信得居高位的还罢了，一些沉沦下僚的，就未免会回想昔日的荣光和旧主的恩义了。对于这样一些不安分的大臣，宋太宗当然不会手软，可是一来，太平日久，不好兴大狱，二来多数人不过是发发牢骚，并没有切实的谋反行动。于是，宋太宗就在考虑，怎样可以让那些人有事情做，不至于没事就聚在一起发牢骚呢？想来想去，最好的方法，就是编书了。

于是，宋太宗把那些有怨言的臣子们，全部都召集起来，让他们一起去编书，而编书的范围越广越好，编书的时间越久越好，最好是让他们一辈子都埋在故纸堆中。宋太宗给他们提高待遇，给他们丰厚的工资，给他们崇高的荣誉，当然，实权是没有的。于是，无数才子大儒皓首穷经，老于文字之间。

很奇怪的是，许多文人明明知道宋太宗对自己不过就是羁縻政策，却依然迷恋热爱编书事业，到后来甚至以此为荣。这是为什么呢？

中国自古以来，就讲究“三立”，立德，立功，立言。诸位才子的德行当然是好的，可是立功的机会却再也没有了，于是就只好埋头立言，希望借此来扬名后世，争取一份虚无的光荣。

后代君王比如朱棣，编订《永乐大典》，康熙帝编订《古今图书集成》，乾隆皇帝编订《四库全书》，编书事业无一不是作为皇帝约束那些文人的紧箍咒。时年，朱棣夺建文帝皇位，康熙乾隆大兴文字狱，正是需要稳定人心、控制舆论的时候。

宋太宗一生编订的图书中，最为用心的是《太祖实录》。太宗亲自主持，亲自审定，表面上看是对先帝事业的关心照顾，其实是刻意删除对自己继位不正的相关史料。毕竟在太宗朝，还有宋太祖的儿子，还有着宋太宗的弟弟，还有无数宋太祖的心腹干将们。干了亏心事，总要尽量地抹干净血迹。

# 选拔标准的门道

宋神宗，赵顼，英宗子，为振兴大宋，命王安石推行变法，但由于操之过急，不得其法，以失败收场。

选秀横行的年代，规则和潜规则都被人们了个透。所有的规则潜规则最终的目的都要为制定规则者服务。君不见许多游戏规则后都会有这么一条：解释权归某某某（主办方）。大宋驸马的选拔标准也是莫能例外。

宋代有不少皇太后垂帘听政的情况，却没有出现严重的外戚干政，原因很多。其中一个比较重要的原因，是历代皇帝在为王子公主选择对象时，都有一套独特的选秀标准。这套标准，和其他王朝以及世俗的标准大不相同。

本文举宋神宗为仁宗二女选驸马一事，谈谈这个古怪的选秀标准。

宋仁宗一生子女不多，除去四个公主成年外，大都早死。宋仁宗去世后，养子宋英宗继位。宋英宗和养母曹皇后的关系搞得很糟糕，一方面不想听曹皇后这个假母后指手画脚，一方面却没有掌控朝局的政治手腕，结果四年不到，就一命呜呼，郁闷而死。其子宋神宗就比较乖巧了。老爸和奶奶顶牛，这小孙孙却经常跑去讨好。本来曹皇后也考虑过另立皇帝，但看这个皇孙表现还不错，也就懒得变动了。

## 标准是门槛

宋神宗继位之后，极力讨好曹皇后，曹皇后自然也很照顾小孙孙。宋神宗很快就开始了变法。工作之余，太皇太后交代宋神宗，给仁宗的两个公主找个婆家。这两个公主都不是太皇太后亲生，但名义上还是太皇太后的女儿。何况宋神宗本就是接管了人家老爹的江山，自然也要装出一副努力回报的样子。于是，宋神宗找来自己最信任的宰相王安石，交代：“昭陵二女，皆朕之姑也。卿可选勋戚之后，有福者尚之。”

宋神宗给王安石交底，给公主选驸马事关重大，这次尤为重要，因为这两个公主，虽然年纪比他还小，但从辈分讲，却是他的姑妈，乃是大长公主。那么，选驸马的标准是什么呢？

其一，勋戚之后。

宋神宗告诉王安石，做驸马的出身一定要好，不能是什么歪瓜裂枣都可以参加选秀。那么，什么样的出身才算是功勋贵戚之后呢？一者，是父祖曾经担任宰相一流的功臣后代，一者是皇族外戚的后代。但是，既然是“之后”，就不能选择当朝的那些功臣，尤其是当朝那些权势熏天的权臣家庭。宋神宗可不想让一些大臣因为娶了公主，权力更大，尾大不掉。像宋朝选皇后，也是从已经没落的功臣家庭中选拔。比如宋仁宗的第一任郭皇后，乃是平卢军节度使郭崇的孙女，当年也算是一方诸侯。可是选皇后时郭崇已经死去，郭皇后的生父郭允恭，不过是皇帝身边的小小侍卫军官。宋仁宗的第二任皇后曹皇后（即之前提到的太皇太后）门庭显赫，是大宋第一名将曹彬的孙女，可是选秀时曹彬也已经去世，曹皇后的父亲连个正经官职都没有。这样一来，皇后家既有高贵的血统，又不会导致外戚干政，一举两得。

宋神宗对驸马的出身考虑，也是如此。

其二，有福之人。

什么才叫做有福呢？在现在的许多人看来，有钱就是有福。在古人看来，儿女众多，能够长寿，算是有福。就大宋驸马来说，钱那是不用考虑的，这些驸马大都会担任一个名义上的节度使（宋朝中期的节度使已经有名无实了），领取一份优厚的工资，过着衣食无忧的潇洒生活。

怎样才能知道一个小伙子是不是会子女众多、长命百岁呢？古代的那些名臣，大都精通相术，看看一个人的长相、谈吐，甚至是文章，就可以知道这个人的胸襟，而从其心怀中也可以推算出这个人的命运。王安石相面在当时号称一绝。

以上两项属于参选驸马的最基本要求，不符合这两项的话，连海选都不能进入。

领了圣旨之后，王安石记在心上。可是放眼朝堂，帅哥不少，可是既能够符合要求，又不会威胁到王安石新政的人家不多。反正事情也急不来，王安石就交代自己的儿子们、心腹们在外面慢慢找寻。

一段时间之后，王安石的儿子王敏甫告诉老爸，自己有个同学可能符合要求。这个同学是吴越钱王的后代，父亲现在担任少监（朝廷九卿属官），出身不错，职位不高，叫做钱光玉。此人“风骨不群，文采富赡”，看长相虽然不是貌比潘安，但绝对是清新脱俗，不是寻常男子，且文章出众，博学多才，或许可以参考。

王安石一听，上心了，就安排儿子找了个理由，把许多同学都聚集在一起吃个便饭。宴会上王安石就偷偷观察这个钱光玉。大家很快就注意到了王安石老是盯着钱光玉看，可是不明白什么意思。是钱光玉吃相太难看？是钱光玉礼节上出了什么错？也没人敢问，毕竟王安石可是一人之下、万人之上的宰相。

王安石看了很满意，尤其是当他目光注视着钱光玉的时候，发现钱光玉很是淡定，没有一点惊慌的样子。只有这样的人才能介绍给皇帝。虽然说许多人家也是豪门，可是器量狭小，心里装不下什么事情，遇上一点高兴的事情、一点伤心的事情，都当成天大的事情，或者咋咋呼呼，或者哭天抢地，这样可不行。要是他王安石介绍的人，在面对皇帝考察，面对后宫嫔妃挑剔的时候忽然怯场，或者失礼，那不但是候选人要处罚，连他这个推荐人也没脸。

王安石还不放心，又让儿子偷偷把钱光玉的文章拿来几篇自己反复品读，看看钱光玉这个人的内在品德操守如何。娶公主做驸马可不是一般人能够做的事情，一举一动一要谨守礼仪，名义上是丈夫，很多时候就是臣子，是下人，地位很是尴尬。看了文章之后，王安石觉得不错，这个钱光玉温柔敦厚，是个值得托付的人。为了以防万一，王安石把钱光玉的文章也带在身上，在觐见宋神宗的时候，一并呈上，请宋神宗自己最后定夺。

宋神宗听了王安石的述说，看了钱光玉的文章，点点头，说："待共太皇商量。"当时宫廷的大长辈乃是太皇太后曹氏，最后敲定还要曹太皇。不过，能够进入太皇太后眼界的，已经是千挑万选了。

## 背景是门道

经过一番挑选，最后有三个人进入最后的决赛。除了宰相王安石推荐的钱光玉外，还有出自曹太皇家门的曹诗，还有一个人如今就没人知道是谁了。两位公主，三个候选人，傻子也知道，第三个没有名字流传下来的人是做陪衬的。

从海选进入决赛，要求就难很多了。选驸马虽然不是选美男，但是太寒碜不行，长相出众是基本要求。做皇家驸马，不但要有长相，更要有好品德、好修养。古代男子可以有三妻四妾，可是娶了公主，就一辈子只能有一个女人了，甚至除非是公主同意，想和公主办事也不行。就和古代考察女子德行一样，是否能够顺从公主，是选拔驸马的重要标准。王安石、宋神宗看重钱光玉，正是从其谈吐、文章中看出此人性格温顺，落落大方。

不过，最关键的还是要有合适的推荐人。钱光玉虽然出自名门，可是钱家早就是一个没落家族，吴越国灭国都已经近百年。若没有王安石儿子的最初推荐，没有王安石的苦心考察，没有宋神宗的最后敲定，钱光玉不可能站在最后决赛的舞台上。

另一个最后当选的曹诗也是如此，虽然说太皇太后曹氏未必亲自参加了选拔，但曹家肯定不会放过这次迎娶公主，继续壮大曹门的机会。而众多官员看在太皇太后的面子上，也必然会一路绿灯，直到最后决赛。

最后的决赛虽然有些走过场，但是过场走得不好，也可能功败垂成。钱光玉和曹诗的表现都不错。

某月某日，三个人一同进入后宫。曹诗有官爵，穿了官服，钱光玉还是白丁，就穿了百姓的服饰。到了时间，有个小太监宣召他们进入一个小殿。进入之后就发现殿内有一个大帘子，帘子后面坐了不少妃嫔，太皇太后、皇太后、贵妃、妃什么的坐了许多，连两个公主都坐在后面亲自观察。

三个人在帘子外面站了好一会儿，里面的人议论纷纷。有人说隔着帘子有些看不清楚，宋神宗特意从帘子后面走了出来，在帘子外面看看，又在帘子里面看看，说："帘外与帘内一般。"太皇太后笑了，众位妃嫔也笑了。

然后宋神宗走入帘内，请众位长辈选择。过了好长一段时间，有人出来宣布，钱光玉尚（公主招驸马称为"尚"）庆寿公主，曹诗尚承寿公主。至于那个没名字流传下来的，打发回家去了。

确定人选之后，有太监把两位带到房间里更衣，换上驸马的服色。换装结束之后，又有人带着两位到殿上谢恩。这时候，太皇太后吩咐把帘子撤掉，都是一家人了。太皇太后笑呵呵地招呼两个新女婿走到身边，对曹诗说，你是我的侄儿，我曾经见过。又拍拍钱光玉的背说："钱郎，好女婿!"对钱光玉很满意。宋神宗在一边搭腔，说："是个享福节度使。"在宋代，驸马多封为节度使，虽无实际职权，但俸禄优厚，衣食无忧。

之后，宋神宗陪同太皇太后、皇太后、皇后等三代后宫女主人一起离开。宫廷的一些礼官就伺候钱光玉和曹诗两个驸马喝酒、吃饭。晚饭后，宫人又伺候驸马出宫，皇帝交代赏赐两匹御马，让驸马骑着高头大马，由宫廷二十名礼官护送着回到家中。

第二天，驸马前去朝拜皇帝，宋神宗正式册封新驸马为刺史，赏赐各种服饰金玉。到第二年正月之后，公主下嫁。按照常理，公主到达驸马家中，公公婆婆要跪下迎接、参拜。庆寿公主很懂事，禀奏皇帝，希望神宗批准，希望用寻常人家的礼仪对待公婆丈夫。一开始宋神宗不同意，不想让自己的皇姑受委屈，可庆寿公主一再要求，也就答应了。钱光玉很高兴，钱家人也很高兴。

轰轰烈烈的公主选驸马活动，到此结束。

# 想说爱你不容易

皇帝是人，但首先是皇帝。君王也可以谈情说爱，但当爱情和道德舆论、国家利益发生冲突的时候，如何选择？糊涂君王和负心男子，两个帽子都不好戴。

有人说宋仁宗是个千古仁君，诸如包拯、范仲淹、欧阳修、三苏等两宋名臣几乎都聚集在他主政的四十一年中。也有人说宋仁宗是个好色皇帝，坊间流传着宋仁宗许多贪恋女色，甚至抢夺人妻的故事。不过，细细考校，就可以发现，宋仁宗并非好色，而是多情、长情。对待那些让自己心动的女子，宋仁宗会努力让其幸福。只是，作为一个皇帝，也同样有许多的无奈。在权力和感情的交锋中，很多时候，仁德治国的宋仁宗不得不放弃私情而顾全大局。就算是对待初恋情人，宋仁宗也只能告诉对方，想说爱你不容易……

## 无奈君王

少年宋仁宗曾经天真的认为，自己人生最大的阻碍就是自己的母后刘娥。

那一年，宋仁宗十五岁，朝廷内外一片忙碌，筹备宋仁宗大婚事宜。当时有三大热门人选，一个是已经去世的骁骑卫上将军张美的曾孙女张氏，一个是平卢军节度使郭崇的孙女郭氏，一个是蜀地官员王蒙正的女儿王氏。三位候选人当中，宋仁宗最满意的是第三位，王蒙正的女儿王氏。王氏的出身远不如其他两位高贵，父亲只是一个低等的官员，但是王氏却有一项其他两位根本无法相比的长处。史料记载:“蜀人王氏女，姿色冠世，入京备选。”宋仁宗虽然皇帝都当了一年了，可毕竟还只是一个十五岁的少年。在他眼中，做自己的女人，不需要考虑什么门第身份，只要长得漂亮，自己喜欢就好了。何况王氏不是一般的美女，是“姿色冠世”，倾国倾城的绝世美女啊。宋仁宗怎么能够不动心。

可是，主持这次皇后选拔的皇太后刘娥却不这么看。宋真宗去世之后，因为宋仁宗年幼，皇太后刘娥垂帘听政。可是，朝廷有不少大臣反对太后垂帘，就像是枢密院的长官曹利用，就三番五次地挑战皇太后的权威，欺负她们孤儿寡妇。刘娥迫切需要找到一个能够在政治上支持自己的得力大臣作为自己的亲家，在三家候选人当中，郭氏是最佳人选。张氏虽然是骁骑卫上将军张美的曾孙女，出身最高贵，可是张美去世多年，张氏父亲祖父一辈官职平平，在朝中已经没有什么影响力了。至于王氏的父亲王蒙正，更是微末小吏，又是地方官员，哪里比得上郭氏一家。郭氏的祖父郭崇是太祖朝重臣，郭崇的两个儿子郭守璘和郭允恭都在朝廷为官，郭守璘的妻子还是宋太宗明德皇后的姐姐。可以说，得到郭家的支持，无论是主持国政的刘娥，还是小皇帝宋仁宗，未来的路途都会平顺很多。

但是，这番话是不能对人言的，就算是母子之间也不可以，刘娥不能让年幼的宋仁宗感到皇权的软弱无力。于是，刘娥告诉宋仁宗，王氏女“妖艳太甚，恐不利于少主”。年轻男人就知道迷恋美女，可是一旦沉迷，必然祸国殃民。做一国母后，还是端庄一点好。宋仁宗很憋屈，可是母后刘娥从来严厉，就算是父皇宋真宗当年，对刘娥也畏惧三分。宋仁宗只能接受。

郭氏被立为皇后，可是宋仁宗并没有忘记王氏，经常偷跑去和王氏幽会。按照宫廷惯例，参加选秀的宫女，就算是不能被册封为皇后，也可以成为后宫嫔妃。可是刘娥做得很绝，她不允许任何人触犯自己的权威。就像对待当初冒犯自己的枢密使曹利用，皇太后刘娥就找了个理由说曹利用涉嫌谋反给发配赐死了。在儿子宋仁宗面前，刘娥同样说一不二。既然宋仁宗还要去迷恋王氏，刘娥一不做二不休，让王氏出宫嫁人了。嫁给谁呢？谁家也不敢和皇帝抢女人啊。思前想后，刘太后把王氏嫁给了自己的外甥刘从德。

既然王氏已经嫁人，离开了宫廷，那宋仁宗总该死心了吧。很遗憾，宋仁宗没有。王氏不在身边，宋仁宗整天闷闷不乐。而郭皇后仗着有皇后撑腰，有家中的背景，在宫廷横行霸道。宋仁宗寂寞无聊，找哪个宫女喝酒解闷，郭皇后常常冲进来大闹。宋仁宗很生气，皇太后他不敢得罪，可皇后是他的女人，也敢蹬鼻子上脸？于是，大宋宫廷整天乱哄哄的，皇太后刘娥也被搞得颇烦。

也不知道是幸运还是不幸，是偶然还是必然，王氏嫁给刘从德没多久，丈夫刘从德二十四岁，年纪轻轻的忽然就死了。是刘从德自然病死，还是宋仁宗派人陷害？不得而知。不过，在刘从德去世之后，宋仁宗打着加封太后亲眷的旗帜，大封刘氏一门，而王氏也被封为遂国夫人。既然被加封，就要入宫谢恩，于是，宋仁宗又有了和王氏见面的机会。刘太后看到儿子执意如此，心中也有些无奈。晚年的刘娥对待越来越长大的宋仁宗，心理往往比较微妙。宋仁宗并非刘太后亲生，虽然当时宋仁宗并不知情，可是在刘太后死后宋仁宗必然知晓。为了死后自己的名声，为了死后娘家的安危，有时候皇太后刘娥只能做出一些让步。朝政险恶，刘娥不得不顾忌很多。既然刘从德已经去世，刘太后也就默许遂国夫人王氏偶尔进入宫廷。毕竟，做母亲的不想被儿子怨恨。

一晃十年过去了，皇太后刘娥去世，宋仁宗主政。母后刘娥这个庞大的阴影终于从宋仁宗的生活中消失，宋仁宗本以为从此之后至少是在后宫中可以随心所欲和自己心爱的女人待在一起了。可是很遗憾，还是不行。

刘太后去世之后，郭皇后取代刘娥扮演起道德标杆的角色。只是很可惜，郭皇后毕竟不是刘太后，一番较量之下，郭皇后凤冠摔落，最终香消玉殒。

就在皇太后刘娥去世的同年，因为一件小事，郭皇后和宋仁宗喜欢的两个妃子尚美人和杨美人吵了起来，三个人扭打成一团。宋仁宗上去劝架，不想给郭皇后指甲抓伤。宋仁宗大怒，抓住时机，大做文章，废黜了郭皇后。表面上看来，是郭皇后伤了龙颜，犯了大不敬之罪，根子上还是十年来郭皇后仗着皇太后的势力打压宋仁宗，搞得宋仁宗的感情生活一团糟的缘故。

郭皇后倒台了，可是宫中依然还有大长辈，宋仁宗的养母杨太后。

尚美人和杨美人为什么敢那么嚣张，和郭皇后当中厮打？一方面是仗着宋仁宗的宠幸。大家都知道宋仁宗讨厌郭皇后，可郭皇后自己还整天挑事，不知道收敛。相比宫中其他女子，杨美人善解音律，琴艺高超，宋仁宗很是喜欢。另一方面是杨美人是杨太后的亲戚，又是当初刘太后为宋仁宗选择的嫔妃，在宫中职位不高，关系却颇牢靠。两人和郭皇后闹翻，郭皇后被废黜，两个美人也不能在宫廷待着。最后没有什么根基的尚美人被勒令离开宫廷，出家修行；而杨美人则允许在宫廷中带发修行，后来又被召回，最后被封为德妃。

## 礼法难撼

三年之后，宋仁宗二十七岁时，养母杨太后也去世了，后宫当中再也没有约束宋仁宗的人了。可几天之后，宋仁宗就发现，想要随心所欲的生活根本就不可能。就算是皇帝，一旦行为出错，满朝文武大臣，千百年来的道德舆论，都会跳出来阻止。

宋仁宗和遂国夫人王氏的关系一直很隐秘。王氏已经嫁人，宋仁宗虽然有心，但毕竟畏惧人言，只能让王氏没名没分。可就算是如此，朝廷大臣也不放过宋仁宗。宋仁宗自以为做得天衣无缝，无人知晓，可是天下哪有不透风的墙。看遂国夫人一个寡妇经常出入宫廷，御史们有意见了。以前皇太后刘娥在，遂国夫人作为外甥媳妇去请安拜见还说得过去，现在刘太后都不在了，遂国夫人王氏为什么还经常出入宫廷呢？还有，宋仁宗对待刘从德的儿子刘永年特别好，刘永年四岁的时候，宋仁宗就加封为内殿崇班，可以随意出入宫廷，到十二岁的时候才让刘永年离开京城到外地为官。宋仁宗对待刘永年的宠爱，远过于一般的亲戚子弟。是爱屋及乌，还是别有隐情？

大臣们不敢贸然从事，但是又不能够看着外戚乱国的现象滋长，就把矛头转向王氏的父亲王蒙正。

王蒙正本人也确实屁股不够干净。王蒙正仗着自己是皇太后刘娥的亲家，活脱就是宋代版李刚，儿子王齐雄打死人命毫无惧色，官司打到开封府尹处也嚣张无比。只是皇太后刘娥还比较明白事理，不肯为亲情而罔顾法纪。王蒙正本人在地方为官，经常霸占他人田产，插手地方盐务，劣迹斑斑。可是因为是刘太后的亲家，许多官员不敢下手。后来，北宋名将种世衡（水浒中老种经略相公的父亲）调查到王蒙正的不法行为，王蒙正给种世衡送礼，种世衡不搭理，结果王蒙正就派人陷害种世衡，反倒让种世衡被判流放。王蒙正的种种行径，激怒了朝廷众多大臣。在皇太后刘娥去世之后，大家一起联名弹劾王蒙正，王蒙正终于被罢黜。大臣们乘胜追击，要求宋仁宗废黜王蒙正女儿遂国夫人的封号，取消出入宫廷的特权。宋仁宗无奈，只能答应。

可是，在宋仁宗看来，王蒙正有错，可王氏有什么过错呢？王氏美丽多情，却因为母亲刘太后的专横，被迫嫁给了表兄刘从德。王氏本是自己的女人，自己作为一国之君，连一个女人也无法留住，实在是一生的屈辱。宋仁宗对王氏始终有着浓重的歉疚感。于是，等到风声过去，宋仁宗又准许王氏出入宫廷。

宋仁宗宝元年间，宋仁宗已经年近三十。当时，宋仁宗的第二位皇后曹皇后已经册封四五年。宋仁宗和曹皇后感情不错，宋仁宗不喜欢曹皇后，但是比较尊敬曹皇后，毕竟曹皇后家世显赫，是太祖太宗最看重的名将曹彬的孙女，又是宋仁宗养母杨太后选拔的皇后。曹皇后也比较知趣，没事的时候经常在宫廷中种种稻子，打法时间，对宋仁宗找别的妃嫔睁一只眼闭一只眼。

在宝元到康定元年的两三年，宋仁宗和王氏的来往比较频繁，渐渐的，曹皇后也有些按捺不住了。皇帝找别的嫔妃还说得过去，可是找大臣的妻子，还是一个寡妇，实在有损朝廷的颜面，更是冒犯她皇后这后宫之主的尊严。曹皇后很聪明，没有自己出面，悄悄派人把消息放给朝中几位御史。御史一听立刻炸了锅。于是张方平带头上书，宣称为大宋江山考虑，为皇帝的千古名节考虑，希望皇帝禁止王氏出入宫廷。宋仁宗看到御史的奏折也很生气，自己和王氏来往，本是宫廷秘事，是谁别有居心传到朝堂呢？这些大臣也不知趣，以前专门挑王蒙正的刺，现在直接骂上自己了。宋仁宗不但扣下张方平的奏折不下发，反倒立刻下旨再次加封王氏为遂国夫人，看看你们这些御史怎么办！

没想到宋仁宗的任性也激怒了朝廷大臣们。皇帝就可以无法无天，任意妄为吗？当时富弼担任中书舍人，负责转发皇帝的圣旨。看到宋仁宗加封王氏的诏书，富弼没有下发，原样封好，送回给宋仁宗。富弼是宋仁宗非常重视的一位大臣，后来多次出任宰相，和文彦博、韩琦都是宋仁宗时期的名相。富弼“封驳”仁宗加封遂国夫人的旨意得到朝臣尤其是几个宰相人人的一致支持。看到连自己的心腹富弼都公开反对自己，宋仁宗很恼火，但是能怎么办呢？自己和王氏的交往没法子放在桌面上讨论，若较真起来，宋仁宗的脸面没地方放。最后，宋仁宗只能放弃加封。

几年之后，王氏在家中病逝。宋仁宗非常悲伤，可是，碍于礼法，不能亲自前往吊唁。富弼后来几番贬落，和阻碍宋仁宗与王氏见面也不无关系。一些影视剧中，皇帝多无法无天，任意妄为，其实很不现实。就算是皇帝，就算是皇帝对待自己心爱的女人，也常常需要顾忌许多，想说爱你不容易啊。

# 造假的专业化

庆寿公主，仁宗幼女，在神宗时下嫁吴越钱家。

历史的是是非非很难说清，为尊者讳、为贤者隐，现实中有着太多的理由将真相隐瞒。不过，造假虽然常见，手法却有高下。有的人天衣无缝，有的人错漏百出。要想不为人道，首先要在专业化上多下工夫。

《钱氏私志》中记载了庆寿公主产子的事情，很详细，不过有些地方却语焉不详。

庆寿公主本是宋仁宗的亲生女儿，出生没几年，宋仁宗就死了。之后，宋仁宗的养子宋英宗继位。三四年之后，宋英宗死了，由宋英宗的儿子宋神宗继位。看看这位小姑姑都已经成年，十四五岁了，宋神宗就开始张罗小姑姑的婚事。经过了严格的筛选之后，最后由王安石做介绍人，庆寿公主嫁给了吴越钱王的后人钱光玉。出嫁的时候，曹太皇、高太后、向皇后三代国母亲自护送庆寿公主到达钱家，仪仗队排了好几里路。钱光玉很高兴。

## 家家有本难念的经

可惜，高兴没几年，钱光玉就开始痛苦了。原因很简单，庆寿公主下嫁也四五年了，可是肚子一直没有动静。要是寻常人家，那也就把女人休掉，重新再娶，或者是另外纳妾，反正也算不了什么难事。可是钱光玉不行，作为大宋驸马爷，在外面很是风光，可是在家中却只不过是老婆的臣子、下人，什么时候公主想你了，那就召见你，什么时候公主不想见你了，那请立刻滚蛋，不要在人家面前出现。想休妻？不要命了！想纳妾？下辈子！

不过，钱家的七大姑八大姨还是给了庆寿公主足够的压力。虽然大家在表面上对庆寿公主依然尊敬，可是背后却免不了窃窃私语。庆寿公主也很无奈，于是就和自己的奶娘董夫人商量。这个董夫人出入宫廷，和曹太皇、高太后都很熟悉，就代替公主到宫中请太皇太后出面说说这件事情。太皇太后想了想，觉得也不好强出头，自己虽然是太皇太后，可以搞行政命令，但是身为女人，为夫家传宗接代，那也是无法回避的义务。太皇太后就说:“主主以未得子为念，为甚不去玉仙圣母处求嗣?”玉仙圣母是道教大神，汉唐以来香火旺盛，宋朝立国之后，许多王公贵族都会到玉仙圣母观祈福，求子的自然也不少。董夫人说:“都尉不信，事须是官家、娘娘处分。”董夫人告诉太皇太后，公主并非没有和驸马爷钱光玉说过求子的事情，可是钱光玉根本不相信什么求神拜佛就能生儿子的鬼话。董夫人本人也觉得，还是皇权更简单，更有效。只要是皇帝（官家）、太皇太后（娘娘）发话，就算是钱家有怨言，就算是庆寿公主一辈子不会生孩子，那钱家也不敢如何？太皇太后思来想去，还是觉得强行压制不大好，就吩咐董夫人先回家，过几天让钱光玉抽空来宫里一趟，驸马爷很久没来了，也挺想见见这女婿。

几天之后钱光玉来到皇宫。估计太皇太后和宋神宗早就打过招呼了，当钱光玉到来的时候，宋神宗笑着说:“董婆来娘娘处，说都尉来。”几天前，董婆婆可是到娘娘面前告了你一状哦。宋神宗脸上虽然带笑，但口气可不大好。是啊，毕竟庆寿公主乃是朝廷大长公主，你钱家不过是朝廷臣子。钱光玉果然吓得再次跪了下来，向皇帝谢罪。这时候向皇后说话了:“别没事，只是娘娘要教主主去玉仙求嗣，董奏云都尉不信。”既然老公做了黑脸，那么白脸就由老婆来做了。向皇后告诉钱光玉，皇帝也没有责怪你的意思，毕竟没有生孩子两个人都有责任。只是娘娘希望公主能够去玉仙圣母那里求子，董婆婆说驸马你不相信。向皇后的话中没有太多的个人感情。作为宋神宗的皇后，在偌大皇宫之中，看起来是中殿女主人，但上面还有两位大长辈。得罪人也好，做好人也好，这类活都轮不到她来做。简单传话就是最好的处理方式了。

钱光玉明白了，这是公主要娘家人向自己施压来了，既然如此，还有什么好说呢？钱光玉说:“既得圣旨，安敢不信。”钱光玉话中有话，其实心里还是不信。只是皇帝既然发话，只能假作相信了。

## 冠冕堂皇假亦真

虽然钱光玉答应的不够痛快，但总算是已经答应了。不久之后，庆寿公主挑了一个好日子，带上丈夫钱光玉一起到玉仙圣母观求子。大长公主来了，自然是包场了，其他所有闲杂人等一律不得进入玉仙圣母观。奇怪的是，公主进入大殿之后，掌管道观的老道士要求，所有人一律退出大殿，只能够留下庆寿公主一人，不然，冲撞了圣母，自然是求不来孩子的。当然，老道士还是要留下，由老道士请神祈祷嘛。

于是，一行人包括驸马爷钱光玉都退出大殿，远远的守候。

几个时辰之后，老道士才引着公主出来。临别之时，书中有这样一句，“道士见贵主车服之盛，歆艳富贵，云:‘愿得贫道与大主作儿子’”。简单来看没有什么问题，老道士年纪老了，也很会讲话，看到公主的车马服饰盛大富贵，羡慕不已，于是就表白下辈子要给大长公主做儿子。虽然老道士年纪很大了——具体多大不清楚，既然是老道士，五十岁以上吧，公主的年纪应该在二十来岁，但是，两人身份尊卑有别，《红楼梦》中贾芸不追赶着贾宝玉叫爹嘛，老道士赶着认公主做娘也很正常。

可是，奇怪的事情连续发生了。回到家中之后，不几天，公主就宣布自己已经怀孕了，到了第二年的四月十五日，就要生产了。

那一天早上，钱光玉想要上朝，庆寿公主说:“我昨夜梦见玉仙观知观来，与我作孩儿。”居然说自己梦到老道士真的来给自己当儿子了。钱光玉从来不信神佛，急忙派人去打探消息，看看老道士的情况如何。一打听，果然听说那个老道士自从去年大长公主去过之后身体便很不好，到现在一个多余月不能下床了。老道士在房间里，听到外面有人说话，就问：“甚处人来？”外面的小道士回禀说：“钱大主临蓐，赍香烛祈祷。”钱家大长公主就要生产了，派人来祈祷呢。老道士笑笑说：“来催我也。”当天，老道士就死了。

就在那一天五六点钟，庆寿公主产下一子。

这个故事出自钱世昭的《钱氏私志》。他的本意当然是记载钱家人的风光往事。对于庆寿公主怀孕生产的事情，自然是说，是圣母感动，派遣老道士前来，转世投胎给庆寿公主做儿子。并且，书中说庆寿公主一生只有这个儿子，这个儿子性格“平生淡薄”，就像是个出家人。

只是，这个传奇故事当中有几个不可解的地方。第一个，为什么庆寿公主求子之后立刻就怀孕了，而这次之后就再也没有怀孕。不要说什么圣母感应、转世投胎，那都是骗人的鬼话。如果说，这个老道士有什么产子的秘方，那还多少有些道理，可是文中偏偏是说转世投胎。其二，求子之时，为什么要所有人都回避？其他人也就罢了，凭什么不能让丈夫钱光玉在场呢？一定有猫腻。其三，在公主临走时，老道士说要给公主做儿子，这句话应该是所有人都听到，应当不假。可是生产那天，公主告诉丈夫自己晚上做的那个投胎的梦，就很是可疑了。其四，在公主说完之后，钱光玉根本不信，于是立刻派人去打听。既然之前道士已经告诉所有人自己想要给公主做儿子，求子也灵验了，为什么到生产的这一天钱光玉依然不信呢？

之前，我就说了，我有个很邪恶的想法，其实，我的想法也不算邪恶。在宋明许多的白话小说中都已经写过，所谓的寺庙求子，大都不过是谎言，与其说神灵赐给儿女，不如说是那些和尚道士借种。富贵人家得到了儿女，和尚道士得到了钱财，双方公平买卖。当然，中国的继承讲究血统，外人的儿子是没有继承权的，于是要假托神灵。既然是神灵所赐，自然没有道德问题，而这个庆寿公主和老道士之间，也必然是达成了协议，即庆寿公主借种，但是老道士必须死掉。否则，依照钱光玉不信神佛的性格，必然会对这个儿子的来历起疑。于是，之前的三个疑问就很好理解了。庆寿公主在求子之前，已经计算过日子，可以说选择的是黄道吉日，也可以理解成最佳的受孕日。老道士做惯了“播种”工作,“专业水平”不容怀疑，一次成孕也就在情理之中。既然是借种，所有人回避，尤其是丈夫回避也就是必需的了。为了让不信神佛的丈夫相信，为了表示自己大宋公主的清白，老道士很配合，早早地做好铺垫，告诉大家，我将给公主做儿子。于是，当钱光玉派人打听的时候，小道士告诉是钱家人来祈祷，老道士就知道是人家来催命了。老道士不死，怎么能够圆谎呢？而庆寿公主的儿子性喜平淡，也可以说是得了老道士的遗传嘛。

# 俗事寻来雅处

岳飞曾说：文官不爱钱，武将不怕死，天下太平可致。只是，钱谁不爱？讲求高雅的生活，就很难离开那庸俗的“阿堵物”。只是，有人雅事也办得很俗，有人却将俗事办出雅韵来。雅俗之间，贵在有心。

## 俗事雅办

古人码字有润笔，由来已久，并且曾经由官方发布一号文件予以确立。“内外制，凡草制除官，自给谏、待制以上，皆有润笔物。太宗时立润笔钱数，降诏刻石于舍人院。”宋太宗比较看重文化，也很重视文人的物质待遇。当时的皇帝有自己的私人写作班子，包括内制外制两种，像我们常说的翰林学士、给谏、翰林侍制等都是其中一分子。给皇帝码字，自然是帝国的顶级文人，待遇不能低了。于是皇帝亲自下令，只要是起草圣旨，那就有润笔。

那么，这个润笔费谁出呢？宋太宗的圣旨中没有明说。也就是说，皇帝老子给了秘书们一项优惠政策，可是空有文件，不给拨款。于是，实际的执行就变成，起草任命宰相的诏书，就找宰相要钱，起草任命知州的诏书，就找那位知州要钱。

当初，有位叫做杨亿的翰林学士文字功底非常扎实，大家都很喜欢他的文字，甚至愿意故意晚几天得到正式任命，只为了得到杨亿秘书起草的圣旨。可以说，杨亿是秘书圈子中的第一号红人，他的润笔自然价码就很高了，生活也很富足。有一次，杨亿写任命寇准为宰相的诏书，其中有如此四句:“能断大事，不拘小节。有干将之器，不露锋芒；怀照物之明，而能包容。”寇准看了之后非常开心，得到官方如此高的评价，实在太有面子了。于是寇准在规定要给的润笔之外，单独又封了一百两银子作为红包答谢杨亿。

可是，像杨亿这样的顶级文人只是少数，像寇准这样有钱且又舍得的权贵也是少数，多数文人在面对润笔的时候还是比较尴尬的。文人自古不谈钱嘛，谈钱太世俗，太没品位了。可是，名流需要装点风雅，需要钱；寒儒需要养家糊口，也需要钱。于是，面对润笔，面对银子，文人们多半推半就、欲说还休。难怪老百姓说文人太迂腐，死要面子活受罪。

当然，任何朝代的纯文学创作都是要喝西北风的。就像杜甫，名气够大吧，可一样举家食粥，有时候还得上门乞讨甚至喝西北风。要想赚钱，除了像杨亿之流写官样文章赚点官员的钱财之外，就只能写一些墓志铭发点死人财了。

## 雅俗不由人

可是，同样是写墓志铭，不同的人，待遇是不同的。

如果你是名人，比如说作协主席、文联主席之流，像宋代的欧阳修，自然可以大谈特谈文人的清高，表示对官方润笔政策非常满意，全力支持。欧阳修名满天下，来拜托他写软文的人很多。并且欧阳修写软文的名声在外，出了名的会掩盖真相，阿谀奉承。当初宋仁宗朝的“财政部长”程琳曾经呈上《武后临朝图》，表态支持皇太后刘娥学习武则天，改朝换代。这件事情是程琳一生的污点，很多人因此把程琳当成佞臣。可是，欧阳修收了程琳的儿子五千两（150万人民币!）银子，结果在墓志铭中一句没提程琳的这件丑事。因此，程琳的丑事就被欧阳修给遮掩去了，直到后人编修《宋史》，翻查时人的笔记，才挖掘出了这段往事。

原来，欧阳修收了钱，也做过许多歪曲事实、隐瞒真相的丑事。

名流欧阳修有钱了，渐渐地对普通的润笔已经看不上眼了。要想买到一篇欧阳修的软文，还必须摸清欧阳修的脾气，懂得欧阳修的喜好。像宋朝宰相王旦去世了，他儿子王仲仪希望欧阳修来给父亲大人写墓志铭，好让父亲的丰功伟业流传后世。当时王仲仪给欧阳修送来了金子打造的餐具十套，价值上千两白银（约合人民币30万）。可是欧阳修看了，竟然拒绝，为什么呢？欧阳修说："正欠捧者耳。"我家里金银餐具根本不缺，缺的是捧着餐具的美女啊。王仲仪听了立刻让人到京城用千两白银买了两位绝色美女，加上十套金制餐具一起送给欧阳修。欧阳修看了，很开心，笑了，接受了。可没过几天，欧阳修却命人把两位美女退回去了，这是为什么呢？因为欧阳修的老婆是个超级悍妇，欧阳修本人是怕老婆的楷模，于是只好忍痛割爱，放弃美女了。

名流作家欧阳修可以挑肥拣瘦，而普通文人就比较惨了。

有一位县市级别的文人孙仲益在当地小有名气，为别人写墓志铭多少也赚了一些，比起那些一心写作纯文学的家伙，日子过得舒心很多。可是，文人再富有，文人再牛气，在官员面前，那还是弱势群体。有一位曾经担任主簿（县办公室主任）的小官，父亲死了，希望孙仲益来给自己父亲美言几句，派人找到孙仲益，告诉他："文成，缣帛良粟各当以千濡毫也。"只要文章写好了，那么我送给你一千匹丝绸、一千石粮食做润笔。孙仲益听了很开心，这可是自己卖文以来规格最高的一次买卖了。孙仲益费尽心思，用尽了好词写了一篇辞章灿烂的优秀墓志铭，自己亲自给主簿送去。结果主簿收了文章，却拒绝付润笔。孙仲益无奈，多次找人去谈判，索要当初商定的费用。主簿派人传话，文人怎能如此俗气！孙仲益气的没法子，只能求县令老爷出面。县令老爷为了维护县里工作的稳定，提出要主簿意思意思，一毛不拔总是不对的。结果一千两上好丝绸和一千石粮食变成了一些普通纸笔、茶叶。孙仲益不服，再次上告，结果却无人受理，反倒让许多官老爷嘲笑文人掉到钱眼中丑态百出。

# 政治婚姻之悲

福康公主，宋仁宗长女，深得帝宠，但却难得一美满婚姻。

世人都说“皇帝的女儿不愁嫁”，其实不然，宋仁宗就为长女福康公主的婚姻问题愁肠百结，愁白了头。天下父母皆深爱着自己的子女，可当婚姻成为筹码之时，这份爱也就付诸东流。交易中讲求利害，可婚姻怎能称量？无怪多年之后宋仁宗悲叹:“此生再不为人主婚。”

## 尴尬的出路

宋仁宗结婚很早，十五岁时就已经大婚，可婚后一直无子。估计是皇太后刘娥管教太严，指配的郭皇后又过于霸道，让宋仁宗压力太大。直到皇太后刘娥去世，郭皇后被废，宋仁宗心情舒畅，才生下自己第一个孩子。此时，宋仁宗赵祯已经29岁了。宋仁宗“老”来得女，高兴异常，女儿出生不久就被正式加封为福康公主。宋仁宗一生虽然有十三女三子，但是除了四个女儿，全都早夭。而其他三个女儿也是在宋仁宗晚年才出生。可以说，福康公主从一出生，就得到父母，尤其是宋仁宗几乎全部的父爱。福康公主从小也聪慧可爱，天性仁孝。有一年宋仁宗生病，久治无效，福康公主非常担心。大冬天的晚上，这个八九岁的小孩子，竟然光着脚对月祈祷，希望代替父亲承受病痛之苦。

福康公主如此命好，如此孝顺，宋仁宗自然对其千依百顺。可是，如果是寻常人家也就罢了，身在帝王家许多时候都身不由己。宋仁宗疼爱福康公主，却给福康公主找了一个相貌才能平庸的女婿，亲手毁掉了女儿一生的幸福。这是为什么呢?

大宋公主的择偶范围其实很窄。为了防止武将专权，宋太祖搞杯酒释兵权，推行文官政治。在宋太祖时代，曾经把几位公主嫁给朝中武将，但前提是这位高官必须辞去所有职务。之后的太宗、真宗延续了这个做法。本来，官员们希望娶得公主，抬高自家的门槛，做更大的官。可现在却要辞去所有官职，做大宋的驸马，就意味着断绝仕途，自然，许多人不愿意干了。何况，驸马爷说起来好听，其实日子一点都不轻松。虽然说会有一些荣誉职衔，比如会兼任某某节度使，可是都有职无权，白领一份工资而已。而且公主在婆家就是君主，丈夫也好，公婆也好，每天都要向公主请安问候。最郁闷的就是不得公主宣召，不能够侍寝。至于想要纳妾，在外面风流什么的，想都别想，抓到了那就是个死罪。

于是，从宋仁宗时代开始，公主的出路大都只有一条，选择朝中的外戚、勋旧之门互相婚配。

## 似易实难的选择题

宋仁宗时期，曾经有四家外戚可以考虑。

第一家是宋仁宗嫡母皇太后刘娥家。皇太后刘娥在世时期，刘家风光无限。刘太后的侄子叫刘从德，为人蛮横，不守礼法，可是其子刘永年却文武兼备，一表人才。宋仁宗曾经随手指着一个假山，让刘永年写诗，刘永年当场写了一首《小山诗》，诗中有“一柱擎天”的句子，在场众人都为小永年的胸襟气度叫好。有一次，宋仁宗带着许多大臣在瑶津亭游玩，说话间偶然甩手把金杯给扔掉了。杯子甩到庭外的基石上。宋仁宗笑着对大家说，谁能够把金杯取回来呢？朕有重赏。在场的有不少武艺高强的侍卫、将军，可是，瑶津亭建在湖中，三面皆水，万一掉到水里，就算取得了金杯，也必然让人嘲笑。众人面面相觑，没人应承。此时刘永年站了出来，一纵身跳出庭外，用脚勾住亭柱，一个大弯腰抄起了水边的金杯，一挺身又跳进亭子。宋仁宗大喜，上前摸摸刘永年的脑袋，大赞刘永年“奇童子”。几年之后，刘永年长大了，曾经代表宋朝出使契丹。契丹人看到使者是一个毛头小伙，故意派人把驿站大门用大石头堵住，想要戏弄刘永年。大家都很害怕，延误了会盟时间惹出两国纠纷就不好了。可刘永年上前，随手把大石头抄起来扔在一旁。素来骁勇的契丹人也不禁大惊，认为刘永年是神人下凡，再也不敢怠慢。

可是，刘永年虽好，宋仁宗却不想把爱女嫁给刘永年。一方面是刘永年年纪比较大，福康公主出生的时候，刘永年已经19岁，有了妻室。另一方面，宋仁宗不想刘家的势力在朝中扩张。嫡母刘太后在世时，垂帘听政十多年，朝中高官大都是刘太后党羽。宋仁宗亲政之后做的第一件事情就清除刘太后遗留势力，培植属于自己的人马。虽然刘永年长大的时候，刘太后已经去世，但刘家庞大的关系网还在。

还有一个不能说出口的原因，是宋仁宗和刘永年的母亲王氏，多年来关系暧昧。宋仁宗十五岁时就喜欢上了王氏，可生生被刘太后拆散。王氏婚后没两年，丈夫去世，王氏借口看望姑母刘太后，多年来一直出入皇宫，成为宋仁宗的秘密情人。朝中高官大都知道这个秘密，甚至有人怀疑刘永年就是宋仁宗的私生子，不然，为什么刘永年出生不久，宋仁宗就把刘永年留在身边，在皇宫之中一直养到十二岁，大臣多次强谏不合礼法，才让刘永年出宫？

第二家是宋仁宗的养母杨太后家。杨太后的弟弟叫杨景宗，本是京城无行浪子，整天和一伙人喝酒赌博。杨太后有权之后给弟弟搞了一个正式编制，入朝为官。可是这杨景宗旧习难改，在地方为官欺男霸女，包揽诉讼。有一次喝酒，竟然把负责监察州县官员的通判大人给暴打了一顿。领导吕夷简看不下去，多番劝告，杨景宗不但不感谢，反而给杨太后打小报告污蔑吕夷简。幸亏吕夷简在宋仁宗那里根基深厚，宋仁宗将杨景宗贬官一级调用。等到杨太后去世，宋仁宗想起杨太后养育自己多年，把杨景宗调回京城，负责皇宫守卫。这杨景宗竟然私自放纵可疑人物带刀进入皇城，结果被贬到地方思过。多年之后，杨景宗老了，恳请担任一个实职，要求不高，一个州的知州就可以。宰相们都不好意思拒绝，宋仁宗却说，自己这个舅舅实在混蛋，性格贪婪暴虐，老了更不知道收敛，怎么能够把一个州交给他呢?

史书上对于杨景宗的儿子们没有交代，估计就算杨景宗有儿子，宋仁宗也不甘心把女儿交到这样混蛋的舅舅家中。

第三家是宋仁宗的第二任皇后曹皇后家中。曹皇后的弟弟叫做曹佾，此人就是传说中“八仙”之一的曹国舅。曹国舅和之前的几位国舅爷大有不同。虽然曹佾出身名门，祖父乃是大宋开国第一名将曹彬，父亲是朝廷员外郎（司局级），名副其实的“官二代”，但曹佾一点官家子弟的做派都没有。曹佾通晓音律，喜欢吟诗作画，姐姐虽然是当朝皇后，可曹佾对权位却从没有提任何要求，一生淡泊。从家风上讲，远过刘家和杨家。

当然，最主要的还是曹佾有个非常优秀的儿子。曹佾儿子比较多，和福康公主年岁相当的一个叫做曹评。曹评书法造诣颇高，曹皇后曾经让曹评写了一幅字张贴在皇后宫中的屏风上，连精通书法的皇帝也赞叹有加。曹评文史功底不错，宋仁宗喜欢作诗，曹评经常随侍左右，连一些翰林学士不知道的典故都能够知道出处。契丹使者访问大宋，两国官员到演武场阅兵。之后，契丹使团提出射箭比赛，让准备已久的神射手出赛。契丹射手一箭射中靶心，洋洋得意。年轻的曹评以左手连发两箭，第一箭射穿箭靶，第二箭穿过前次的箭孔。看到曹评出神入化的箭术，契丹使团失魂落魄，赞叹不已。有文才，有武艺这还不算，最让人赞赏的，是曹评此人虽然出身权门，却谦恭善良，皇族外戚之间人人都夸赞曹评淳厚，有君子之风。

皇族外戚都觉得曹评是福康公主驸马的最佳人选，可是，宋仁宗偏偏不从。

第四家是宋仁宗的生母李太后家。

李太后一生比较辛酸，虽然生了宋仁宗，可是孩子出生不久，就被皇后刘娥带走，交给杨妃抚养。宋真宗死去之后，为了防止宋仁宗了解真相，嫡母刘太后让李妃出官，为宋真宗守陵。一直到刘太后去世，宋仁宗才知道自己的生母是谁。作为儿子，却没有尽到一天的孝道，宋仁宗愧疚万分。除了追封生母为太后，提高祭祀的规格外，宋仁宗对自己的亲舅舅李用和也破格提拔。

这个李用和日子也过得闹心。早年在一个卖纸钱的店铺中打工，后来娶了老板的女儿，做了纸钱铺的老板。李用和出身微贱，有着下层老百姓常有的善良本分。虽然被宋仁宗加封为同平章事，拥有宰相的职衔，李用和却相当低调，在京城连一个大房子也不买，堂堂国舅爷竟然租房子住。李用和一生小心谨慎，不和朝中权门往来，朝中士大夫对其评价颇高，可是，皇族外戚却看不起李家，背后不叫李用和“国舅爷”，而称其为“卖纸钱的”。

李用和的长子叫做李璋，已经做官，为人忠孝，但年纪大福康公主许多，成婚已久，不用考虑。

剩下的就是李用和的二儿子李玮了。李玮这个人，估计是遗传基因不好，长得粗粗壮壮，呆头呆脑。史书载其“朴陋”，一方面指长相平平，更多的指见识浅薄。确实，出生在卖纸钱的小商贩家中，从小的教育、环境的熏染，自然比不了钟鸣鼎食的刘家、杨家、曹家了。李玮成年的时候，国舅爷李用和已经去世，只有李璋担任了一个宫廷供奉的小官。李璋是李用和正妻所生，李玮却是李用和小妾所生，自然就更让人看不起了。

## 苦心孤诣帝王心

那么，宋仁宗为什么放弃才情武艺兼备的曹评，硬要把女儿嫁给愚蠢平庸的李玮呢？

皇家公主十岁之后基本上就要考虑婚嫁之事了，基本上十五岁左右就可以出嫁。可是，福康公主却到嘉祐二年（1057年）虚岁二十岁的时候才出嫁。这之间的十年，福康公主的母亲苗淑妃必然想尽办法为女儿找个好女婿，宋仁宗最终顶住了苗淑妃、福康公主，甚至是曹皇后的强大压力，将女儿嫁给了李玮。

宋仁宗或许不是一个好父亲，却绝非一个糊涂皇帝。嘉祐二年的宋仁宗，已经四十八岁，距离去世也就五年。宋仁宗身体越来越不好，有时候坐在朝堂上忽然就晕厥过去。宋仁宗无子，万一出事，谁来继承大宋江山？早在宋仁宗三十岁左右的时候，就由养母杨太后做主，选择了赵宗实入宫当作皇子抚养。杨太后去世之后，就由苗淑妃抚养。可是，宋仁宗对选择宗室子弟做继承人很不情愿，顾虑重重。之后宋仁宗长子出生，赵宗实被礼送出宫。即使宋仁宗三个儿子连续去世，也没有再把赵宗实接入宫中。一晃，二十多年过去了，宋仁宗都年近五十了，还没有一个儿子活下来，宋仁宗只能面对残酷的现实。朝中大臣也好，皇族的长辈也好，还有许多人背后的曹皇后，都建议宋仁宗早早从宗室当中选择合适人选，以安江山。

当时，宋仁宗可以选择的人也有不少，最后宋仁宗还是选择了赵宗实（之后的宋英宗）。一来，是朝廷大臣满意，赵宗实对治国有一套自己的想法，为人低调谦恭，人前背后对宋仁宗十分尊崇，从来不显露任何觊觎皇位的心思。二来是皇族满意，尤其是曹皇后力挺。曹皇后比宋仁宗年轻十多岁，身体康健。按照常理，在宋仁宗去世之后还可以活很多年（仁宗去世之后还做了十七年的太后、太皇太后）。按照常理，曹皇后应该主张选择一个年幼的宗室子弟做皇位继承人，以便自己垂帘听政，掌控朝局。可是，曹皇后偏偏力挺已经二十七岁，继位之后完全可以立即亲政的赵宗实。

对曹皇后的做法，朝中官员一片叫好。可是宋仁宗却很担心。宋仁宗和曹皇后成婚已经二十多年，对曹皇后一直很疏远。后宫之中，即便是皇后，没有子嗣（有个公主也好），也是非常危险的。宋仁宗就想过废掉不喜欢的曹皇后，改立自己宠爱的张美人为后，可是却遭到朝中大臣的强烈反对。曹皇后处世低调，却精通权术，许多朝中大臣都和曹皇后同声一气。

现在曹皇后虽然支持年长的赵宗实为皇子，可赵宗实的妻子确是曹皇后的侄女（即后来的高皇后）。一旦宋仁宗去世，曹皇后利用权势，利用感情，把新皇帝当傀儡，也不是不可能（仁宗去世，曹皇后果然垂帘听政，数年之后方还政英宗）。

宋仁宗绝对不能允许曹皇后效仿嫡母刘太后垂帘听政，专擅国政。于是晚年宋仁宗的主要工作，就是削弱曹皇后的势力，培植赵宗实的势力。

此时，如果把长女福康公主嫁给曹皇后的侄子曹评，必然进一步扩大曹家在朝中的影响。在这样的情况下，宋仁宗只能选择忍痛割爱，将女儿嫁给生母李太后的侄孙李玮。李家得遇这种超常的恩宠，对宋仁宗自然感恩戴德，誓死效命。况且，当初赵宗实幼年入宫，就是由苗淑妃抚养，对曹皇后，赵宗实一直很敬畏，对苗淑妃却倍感亲近。在苗淑妃那里，赵宗实得到了难得的母爱，于是，赵宗实和福康公主关系一直很好。

福康公主作为长公主，多年之后，在皇族外戚中必然有很大的影响力，自然会成为拥护赵宗实的一只强劲的力量。将福康公主嫁给李玮，抬高了李家，也就削弱了曹家。事实证明，对李家忠诚的预判，宋仁宗都没有算错。宋仁宗晚年，为了保证赵宗实可以正常继位，任命李玮之兄李璋为殿前都指挥使，负责皇宫安全。宋仁宗驾崩，宋英宗继位。因宋英宗不是正牌皇子，宰相提议增加京城的军队，以防万一。李璋却说，只要照惯例换防就好，随意更换，反而会引发骚动。之后，宫廷侍卫都吵嚷不休，说以前宋仁宗继位的时候，在水果点心中放有黄金，新皇登基，也必须要有赏赐。等到水果点心送到，大家左看右看，却找不到黄金，将士们一片哗然，聚在一起，拿着刀剑要到大殿去找新皇帝讨个说法。一场兵变迫在眉睫。这时候李璋高喊，天子还没有亲政，就已经给大家赏赐果品食物。新皇登基，你们又有什么功劳？胆敢喧哗者，杀无赦！众人一看李将军出面，人家是皇亲国戚，话又说得在理，全都不敢出声。一场兵祸消弭于无形。

只是，李璋虽然骁勇果决，李玮却实在无用。宋仁宗将女儿嫁给李玮，平衡了朝局，成就了大宋江山的持续繁荣，却牺牲了女儿一生的幸福。婚后福康公主和丈夫一直不和，几次三番吵闹着要离婚。可宋仁宗顾念李家的颜面，更无力和强大的道德舆论抗衡，只能眼睁睁地看着爱女在婚姻的沼泽中挣扎。宋仁宗去世之后，宋英宗、宋神宗就更不敢做主了。于是，经历十四年痛苦的婚姻之后，福康公主身心疲惫，抑郁成疾，去世之时仅三十四岁。